Couverture inférieure manquante

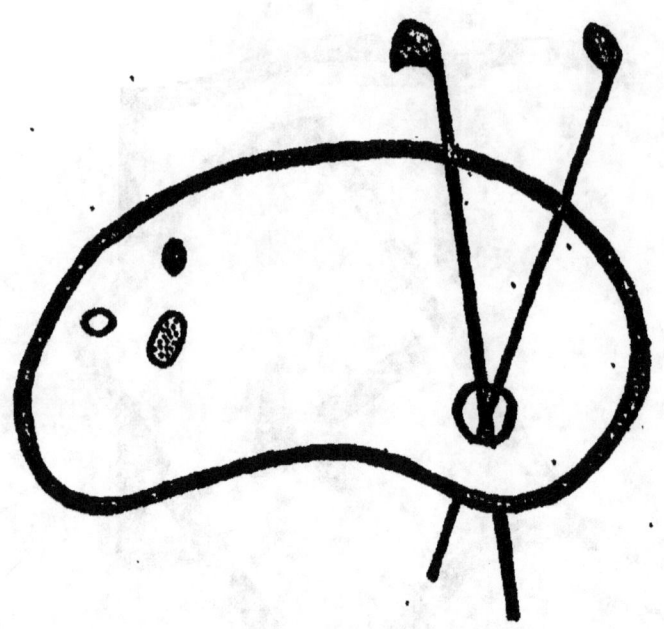

DEBUT D'UNE SERIE DE DOCUMENTS EN COULEUR

JULES TROUBAT

SOUVENIRS

DU DERNIER SECRÉTAIRE

DE

SAINTE-BEUVE

PARIS
CALMANN LÉVY, ÉDITEUR
RUE AUBER, 3, ET BOULEVARD DES ITALIENS, 15
A LA LIBRAIRIE NOUVELLE

1890

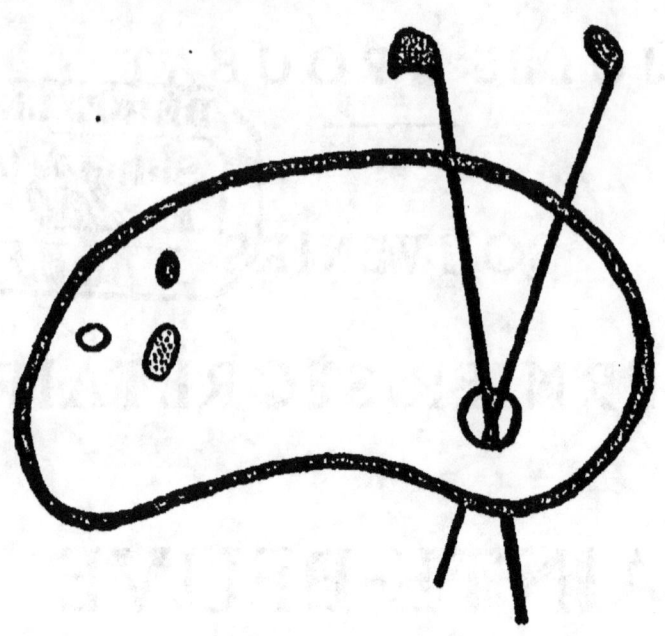

FIN D'UNE SERIE DE DOCUMENTS
EN COULEUR

SOUVENIRS
DU DERNIER SECRÉTAIRE
DE
SAINTE-BEUVE

CALMANN LÉVY, ÉDITEUR

SOUVENIRS ET INDISCRÉTIONS
— LE DINER DU VENDREDI SAINT —

PAR

C.-A. SAINTE-BEUVE

PUBLIÉS PAR SON DERNIER SECRÉTAIRE

NOUVELLE ÉDITION

Avec une préface, par Ch. MONSELET

1 vol. grand in-18.

JULES TROUBAT

SOUVENIRS
DU DERNIER SECRÉTAIRE
DE
SAINTE-BEUVE

PARIS
CALMANN LÉVY, ÉDITEUR
ANCIENNE MAISON MICHEL LÉVY FRÈRES
3, RUE AUBER, 3

1890
Droits de reproduction et de traduction réservés.

A MON AMI

CAMILLE RASPAIL

DÉPUTÉ DE TOULON

Il fallait que votre nom se trouvât en tête de ce volume, vous par qui il devrait finir, si j'avais continué mes *Souvenirs* jusqu'au bout. Mais j'estime que le rideau est tombé pour moi le 13 octobre 1869. Les événements qui se sont déroulés depuis ne m'ont apparu qu'à travers le prisme intellectuel et littéraire des huit années qui les précédèrent, tamisés et irisés toujours des mêmes couleurs. J'avais arrêté ma montre à cette heure. Comme la tortue, endormie sur les flots, dont parle Lockroy dans son livre étincelant, *l'Ile révoltée*, et qui se réveille à la géhenne, sans comprendre pourquoi, sur le pont d'un navire, ma pensée flottait, dans le passé, en une sorte de réfraction et de somnambulisme, qui mêlaient leur illusion à l'observation du présent. La réalité a laissé cependant un sentiment debout : et si j'embrasse aujourd'hui d'un même regret et d'une même sympathie le souvenir de Sainte-Beuve et le grand nom de Raspail, c'est que j'ai trouvé en vous, d'une manière irréfragable, durant le cours plein de ces vingt dernières années, l'intégrité, la droiture, l'énergie et l'inépuisable bonté qui ont éclairé et vivifié pour moi l'amitié.

J. T.

Compiègne, 18 octobre 1889.

SOUVENIRS
DU
DERNIER SECRÉTAIRE DE SAINTE-BEUVE

PREMIÈRE PARTIE

I

PAPÈTE

Depuis quelque temps le souvenir de celui que j'appelais *Papète*[1] dans mon enfance me hante et me domine.

L'hiver surtout, quand je passe devant la boutique d'un forgeron, vers les six heures du soir, je me sens réjoui et comme réchauffé par la vue de ce feu d'enfer, qui s'échappe en traits enflammés du brasier ardent de la forge, comme d'un volcan, à chaque coup

---

1. *Papète*, diminutif de papa, comme *mamète* est diminutif de maman. Ce sont les termes consacrés pour désigner le grand-père et la grand'mère dans les familles languedociennes.

de soufflet, et projette à travers la rue et sur le mur de la maison d'en face une lumière vive et rouge, semblable à l'effrayante clarté d'un incendie. A cette heure crépusculaire pour la vie de petite ville, où, seul, le forgeron paraît avoir conservé toute son ardeur du matin, au point du jour, quand déjà ses voisins songent à fermer boutique, personne ne s'émeut, dans la cité, de ces lueurs à travers lesquelles domine le bruit du travail; — personne ne s'en émeut, excepté celui qui s'arrête devant pour les regarder, et qui les contemple en oisif et en artiste, amoureux et respectueux de ce qui se passe dans l'antre et l'atelier de Vulcain.

Plus l'atelier est profond, plus l'effet est saisissant. Les desservants de la forge, au milieu du tumulte et de la mêlée (car le travail de l'atelier est un combat), noirs de fumée et de charbon, les uns à l'enclume, les autres attendant près du cratère en ébullition que le fer soit incandescent, ont le visage hâlé, brûlé, enflammé soudain de reflets fantastiques, qui supposent une soif impitoyable. Mais le besoin de se désaltérer n'est pas ce qui presse le plus, et, quant au pittoresque, on ignore ce que c'est : on est artisan, et non pas artiste, — ou plutôt on l'est, mais sans le savoir, car il sort de ces robustes mains, habiles à dompter le dur métal, de véritables bijoux, qui sont l'ornement des palais et des résidences bourgeoises (c'est tout un aujourd'hui).

Il est évident ce soir-là que la besogne presse : personne ne parle, excepté celui qui a seul le droit d'élever la voix pour donner des ordres, car il faut être attentif à la manœuvre. Il est aussi délicat de retirer à temps le fer du feu et de donner un coup de marteau à point que de ne pas partir dans un orchestre avant la mesure ; mais un bon compagnon a l'oreille et la main justes, et il se garde de taper à faux sur l'enclume. C'est l'art de saint Éloi de battre le fer, et le grand saint est autant le patron des orfèvres que des serruriers. Les coups, en tombant, ébranlent tout et font pleuvoir autour du métal assoupli des étincelles de fer et de feu, qui ont dû aveugler plus d'un cyclope.

Sans tirer vanité de mon origine, je puis dire, moi aussi, comme certains nobles, que j'ai eu un ancêtre bardé de fer. Mais il n'était pas chevalier. Il était serrurier, et très fier de son état, qu'il mettait au-dessus de tous les autres. Quoiqu'il n'eût jamais lu Proudhon, il partageait le paradoxe de ce dernier à l'égard des poètes, et disait en parlant de la littérature et du plus beau discours que « *tout cela* ne valait pas une bonne chaude de fonte ». — Je suis loin de partager cette opinion, car il est clair que les grands poètes sont plus rares que les bons serruriers, et que l'un d'entre eux, parmi les premiers, a, de nos jours, fait ce que les meilleurs forgerons n'auraient jamais pu faire : il a forgé les rayons du soleil.

Le nom de mon grand-père commençait aussi par un H, comme celui de deux ou trois poètes bien connus (depuis Homère jusqu'à M. Arsène Houssaye). C'était un homme fort intelligent, bien trempé et solide au physique et au moral, — un grand et beau gars, doué de passions vives, à rendre inquiète et soupçonneuse ma grand'mère jusqu'au jour où il expira. Sa force physique, sa grande et belle taille, son esprit à l'avenant, réalisaient en tout, dans ce fils émancipé de la race latine, le proverbe latin : *Mens sana in corpore sano.* Il aimait ardemment son métier, et me disait souvent, quand il me voyait aller au collège, étudiant le grec et le latin : « Ah ! si, au lieu d'être le fils de mon gendre, tu avais été mon propre fils, comme je t'aurais mis de bonne heure la lime et le marteau à la main ! Tu aurais fait un robuste serrurier, tandis que tu ne feras jamais rien. » Et de fait !…

Cet amour de son état se comprend, car il y était d'une habileté rare. Il avait la force et l'adresse, deux puissants auxiliaires pour des travaux qui exigent autant l'une que l'autre. Indomptable à la fatigue, il tenait parfois, toute la nuit, le quartier en éveil. Les voisins s'en plaignaient. Seule, la famille Cambon, issue du grand Cambon, qui avait sauvé la France de la banqueroute pendant la Révolution, faisait grâce. On savait que c'était maître Hérand qui travaillait. — Un romantique, qui ne saurait arguer de son ignorance de l'espagnol, pourrait trouver que mon grand-père donnait raison à la fameuse théorie des noms de Balzac, et qu'il était prédestiné par le sien à manier du fer, car, dans une contrée si voisine de l'Espagne, et où les mœurs et le langage espagnols ont laissé tant de racines, son nom pouvait venir de l'espagnol *hierro* (fer). Mais c'était là le moindre souci de mon grand-père, et, si quelqu'un l'en avait fait aviser, il n'y aurait ajouté aucune importance.

Il ne passait pas de nuit blanche sans sa femme. A défaut d'ouvriers, qui refusaient de veiller, elle lui tirait le soufflet à la forge, et lui tenait ensuite le fer à l'enclume. La vie n'était pas plus douce pour elle que pour lui. Cette rude race de femmes, aujourd'hui perdue, qui ne savait ni lire ni écrire (ce n'est pas un regret que j'exprime), se prêtait à toutes les exigences du plus dur travail de l'homme. C'était l'auxiliaire et la collaboratrice inconsciente. Des horions involontaires, comme en attrapent les apprentis qui se trompent, des jurons énergiques, qui témoignent que le maître est tout à son œuvre, et qu'il ne faut pas le contrarier dans cette période de somnambulisme, où la pensée ne fait qu'un avec son travail, étaient souvent la récompense obligée de cette nuit de veille sans compensation.

Elle, nonobstant, était fière à bon droit de son mari, et quarante ans après, dans l'effervescence de ses souvenirs, elle répétait encore qu'il avait été l'un des plus beaux hommes du pays. « Il fallait le voir, disait-elle, ent artilleur de la garde nationale, quand les trois couleurs revinrent en 1830! » Le choix de cette arme donnait aussi la mesure de ses opinions politiques, car, de tout temps, à Paris comme en province, l'artillerie de la garde nationale a passé pour être républicaine. Mon grand-père avait cependant un peu fléchi vers la fin du règne de Louis-Philippe. Ses relations constantes avec M. Zoé Granier, le député influent de la localité, sous le régime censitaire, l'avaient rendu quelque peu orléaniste. Électeur (ce qui était une qualité pour l'époque), il votait pour l'homme qui le faisait travailler et il était reconnaissant au régime sous lequel il avait fait sa petite fortune. C'est le secret de bien des opinions politiques. Le célèbre restaurateur Magny m'en disait autant sous l'empire. La république aura peut-être un jour ses conservateurs qui ne trouveront pas qu'on puisse être autre chose que républicain, pour la même raison.

Avec ses qualités et ses défauts, on ne sait pas jusqu'où aurait pu aller mon grand-père, s'il avait reçu (comme on dit) de l'éducation, dans un siècle où le hasard de la naissance compte pour rien, et où les capacités seules mènent à tout. Mais il était né au beau ou plutôt au plus vilain moment de la Terreur, de parents plébéiens et paysans qui envoyaient leurs enfants à la vigne pendant le jour, et le soir seulement à l'école. C'est ainsi qu'il apprit à lire et à écrire de bric et de broc. Il avait fait sa première communion dans une grange, et il en garda, toute sa vie, l'habitude rabelaisienne sinon voltairienne d'aller chaque dimanche à midi, à la messe la plus courte. « Courte messe et long repas, » disait-il ensuite en mangeant la soupe, qui se mangeait, en ce temps-là, à midi dans les provinces méridionales.

Cet enfant de la Révolution, par un illogisme naturel à bien d'autres, aimait beaucoup, comme tous ceux de sa génération, le grand soldat qui en était sorti et qui l'avait musclée; mais en vrai fils, aussi, de paysan qu'il était, il se sentait personnellement peu de disposition pour la gloire, et trouvait, comme il disait de longues années après, quand il me racontait sa jeunesse, « qu'il n'avait pas besoin d'aller se faire tuer pour un homme qui ne le connaissait pas ».

C'est le fond du paysan français de mettre ainsi la possession de la terre, par le travail, bien au-dessus des entreprises militaires. Tout fils de la terre, en France, est plus ou moins sujet du roi d'Yvetot, « dormant fort bien sans gloire ». Plus l'homme est près du sol, moins il est épique, à moins qu'on ne l'arrache à lui-même et à sa propre nature. Madame Sand a exprimé très sincèrement et presque d'instinct ce sentiment *terrien* et berrichon, qui est bien local et particulier à toute la France paysanne, dans ce livre d'ailleurs si profondément injuste et si peu patriotique, écrit du fond de son Berry, où elle a complètement oublié et méconnu notre sentiment d'honneur national et militaire en 1871, et qu'elle a intitulé : *Journal d'un voyageur pendant la guerre*. Elle s'y est montrée philosophe, à la façon des lapins qui s'enferment dans leur terrier.

Mon grand-père avait gardé, comme souvenir de famille, un sabre qu'avait porté son propre père, lors de la levée en masse, sur la frontière des Pyrénées, où il avait guerroyé sous Dagobert ou sous Dugommier. Mais c'était assez d'une fois dans la famille. Celui-là était parti en vrai patriote, sans sourciller, sous le souffle qui dominait tout alors et que Napoléon exploita et desséchа plus tard à son profit. Cette génération spontanée de héros ou tout simplement de braves ne s'est jamais revue depuis à ce point-là dans notre pays, et la faute en est bien encore au grand homme de guerre qui en avait épuisé la fécondation.

Les miracles de Jeanne d'Arc ne se renouvellent pas deux fois en un siècle. En 92, l'héroïque Pucelle s'était incarnée dans la *Marseillaise*. Les voix mystérieuses et sacrées s'étaient fait entendre partout.

Elles s'étaient tues depuis, au moment où le fils de paysan dont je raconte l'histoire refusait de hasarder d'aller se faire tuer pour l'empereur, qu'il n'en aima pas moins toujours pour cela. Cet enfant du peuple obéissait, sans s'en douter, au sentiment que Béranger, qui a chanté la guerre, sans trop l'aimer cependant, a traduit dans mainte chanson, et que La

Fontaine « en bon Français » avait déjà mis dans la bouche d'un âne raisonneur et sceptique,

>Notre ennemi, c'est notre maître...

Et moi, aujourd'hui, en vrai descendant de Jacques Bonhomme et de Jacques le Fataliste, que nous sommes tous un peu, nous fils de la glèbe et de la plèbe, je ne sais trop si je dois blâmer ou non mon grand-père de la détermination peu héroïque qu'il prit de préférer l'outil au fusil, quand il eut l'âge de porter les armes, en 1811; car, s'il avait laissé ses os sur un champ de bataille de l'empire, comme tant d'autres milliers de braves malgré eux, il n'aurait pas donné naissance à ma mère, sans laquelle je ne serais pas de ce monde. — Il fit donc bien, lui aussi, d'obéir à son étoile. Mais la ruse de paysan qu'il s'attribuait est peu digne, et j'ose à peine la raconter. D'après son récit, c'est Cambon lui-même, Cambon *la poule au pot*, qui vivait dans un domaine du voisinage, qui la lui aurait conseillée. Je crois plutôt que Cambon usa de tout ce qui lui restait de crédit pour rendre service à sa famille, et l'aider à se tirer d'affaire, sans trop bourse délier, car alors les remplaçants coûtaient cher, et il n'y fallait pas songer dans la famille de mon grand-père. Cambon aurait donc dit à son père : « Tu viens me consulter pour sauver ton fils de la conscription; tu sais bien que je ne suis plus rien, et que je ne veux rien demander... » Mais le père de mon aïeul insista : « Vous pouvez toujours nous donner un bon conseil... — Écoute, aurait dit alors Cambon à mon grand-père, tu feras ce que je vais te dire, mais tu ne le répéteras à personne, si tu veux que cela réussisse... » Et ici commence une de ces aventures encore plus dignes de l'esclave Ésope que du guerrier Ulysse — tout rusé que fût ce dernier — et dont mon grand-père faisait honneur à l'imagination de Cambon. Je ne sais qu'en penser, sinon qu'elle témoigne en effet, de part et d'autre, d'une bien grande répugnance à servir le tyran. Elle ferait dans tous les cas plus d'honneur à l'esprit qu'au courage de celui qui en est le peu vertueux héros, et il en résulterait en outre qu'on était encore un peu naïf dans ce temps-là, puisqu'on pouvait échapper, par une telle machine de *guerre*, aux mailles du filet qui englobait alors tous les hommes valides [1]. D'après son propre récit, mon grand-père aurait accompagné son régiment jusqu'à Gênes. Là, il serait allé trouver son colonel — un brave homme, comme on va le voir, — et lui aurait dit : « Mon colonel, donnez-moi un certificat de bonne conduite. — Et pour quoi faire, aurait répondu le colonel, tout d'abord un peu méfiant, veux-tu un certificat de bonne conduite? — Pour envoyer à mon père, mon colonel. Cela lui fera plaisir. Il me l'a fait promettre avant de partir. »

Mon grand-père, en me racontant cela, ouvrait ici une parenthèse : « Tu penses bien, me disait-il, que je faisais la bête... »

Le colonel n'eut pas de peine à être convaincu. Il délivra le certificat. Quelque temps après, des garnisaires s'étaient présentés chez les parents de mon grand-père, dont le fils était porté comme déserteur. Son père n'eut alors qu'à montrer le certificat du colonel, que son fils s'était empressé de lui envoyer,

---

[1]. Voir, dans *Ma Biographie*, le stratagème employé par Béranger, pour échapper à la conscription.

et qui mettait l'assertion des garnisaires en défaut. Une nouvelle intervention de Cambon aurait ici achevé de le délivrer. Je crois réellement que celui-ci rendit un grand service à mon grand-père et à mon bisaïeul, tout en maugréant contre l'empire et l'empereur qu'il détestait, sans pouvoir démêler aujourd'hui la part du vrai et de la légende dans tout le récit qu'on vient de lire.

Une autre histoire que mon grand-père m'a racontée sur Cambon est plus vraisemblable. Un jour que Cambacérès, qui était aussi, comme on sait, de Montpellier, se trouvait de passage dans cette ville, Cambon, qui demeurait à une lieue de là, vint de la campagne pour lui rendre visite. Comme il se présentait à la porte, le factionnaire, qui ne vit en lui qu'un paysan mal vêtu et couvert de poussière, voulut l'empêcher d'entrer. Mais alors Cambon se souvint d'avoir été l'homme du *forum* et, en pleine rue, il se mit à crier : « Cambacérès, Cambacérès, on ne veut pas me laisser monter chez toi... Cambacérès, Cambacérès... » L'archichancelier, s'entendant ainsi appeler, regarda par la fenêtre et reconnut son illustre compatriote. Il donna l'ordre aussitôt de l'introduire. — La scène se passait en face de la porte qui donne aujourd'hui accès au célèbre hôtel Nevet et à la Grand'Loge.

Mon grand-père m'en a raconté bien d'autres, mais je ne les ai pas toutes retenues, et puis elles n'intéresseraient pas toutes le lecteur. Sa situation avait été sans doute régularisée, puisqu'il put venir à Paris travailler de son état. Il y vit la fin de l'empire, la capitulation du duc de Raguse, l'entrée des alliés en 1814. Il en parlait comme un livre vivant ; ses souvenirs étaient ineffaçables, et, quoiqu'il eût tout fait pour éluder le service militaire, il resta frappé et marqué de la gloire impériale. Son esprit en avait gardé une empreinte indélébile. L'empereur seul, qu'il avait vu au Champ-de-Mars, dans une de ces belles et brillantes parades militaires, était au-dessus de Talma, le plus grand *comédien* de tous les temps, que rien au monde ne pouvait remplacer, et dont il avait retenu des vers entendus au Théâtre-Français. De toutes les histoires, celle qu'il préférait était l'histoire romaine, ce qui était bien dans le goût de l'époque. — Une pièce de monnaie n'est pas mieux frappée à l'effigie d'un souverain, que ne l'était resté mon grand-père à celle de ce temps-là. Il vécut toute sa vie dans ces souvenirs de onze ans d'empire.

Il se croyait pourtant quitte à jamais de toute dette de sang envers l'État, quand, l'année suivante, les Cent-Jours vinrent le surprendre déjà marié et établi dans le Midi. Nouvelle réquisition d'hommes : cette fois on s'arrangea comme on put, on paya un remplaçant qui partit. Je ne sais s'il alla bien loin. Waterloo était imminent, et avec ce désastre, la fin définitive de l'empire, le retour des Bourbons et la Terreur blanche dans le Midi, qui dépassa, en crimes et en horreurs, celle de 93. Mon grand-père était connu comme bonapartiste; on l'appelait, par suite de cette anomalie d'opinion qui confondait l'empire avec la liberté, *le grand libéral*, mais on le redoutait à cause de sa taille et de cette force d'athlète dont il avait eu occasion de donner des preuves. Ses ennemis lui tendaient des pièges, mais n'osaient pas se frotter directement à lui. Il se tint coi dans sa boutique, à son travail, et, en quelques années, il s'était fait une réputation dans son état. L'illustre chirurgien Delpech, qui fut assassiné en 1832, à la porte même de son établissement d'orthomorphie, allait le consulter sur la construction des appareils qu'il inventait pour le redressement de l'humanité. Comme il arrivait un jour en voiture avec son cocher nommé Boulet, assis sur le siège, un coup de fusil les tua tous les deux. Le meurtrier se fit aussitôt justice en se tirant un coup de pistolet. Il paraît que l'illustre praticien avait fait manquer un mariage à son assassin, en ne cachant pas à la famille dans laquelle ce dernier ambitionnait d'entrer un vice rédhibitoire dont il était atteint. Le médecin s'était cru obligé, par conscience, de déclarer la vérité.

Ce fut une grande douleur et une grande perte pour mon grand-père, — cet émule de Gamain, mais qui n'aurait pas trahi son maître. Vers la fin règne de Louis-Philippe, il lui était réservé un de ces déboires qui le dégoûta du métier et qui fut, dans le Midi, comme une marque de la corruption du règne. L'entreprise des travaux des ponts tournants du port de Cette était à l'adjudication. Mon grand-père s'était mis sur les rangs, mais les enchères furent adjugées par fraude à des gens qui avaient *graissé la patte* (comme on dit) de qui de droit. Un procès scandaleux ne tarda pas à révéler le pot aux roses.

Mon grand-père, qui avait compté sur ces travaux, rebuté par une telle injustice, se retira alors de la profession. Il ne vécut plus désormais que pour ses champs et ses vignes. Il cultivait lui-même son terrain, aidé toujours de sa femme, qui continuait à mettre la main à la pâte. Elle l'y mettait si bien, qu'elle se levait encore à trois heures du matin pour pétrir le pain de la famille.

Certes, voilà une histoire qui n'intéressera personne. Aussi ne l'ai-je écrite que pour moi. On comprendra cependant pourquoi il m'arrive parfois de m'arrêter avec complaisance devant toute boutique où résonne une enclume. Mais je ne reconnais plus dans le maître ouvrier du jour le costume du passé. Les mœurs ont changé. La simplicité s'en est allée. Aujourd'hui on n'est plus ouvrier, on est entrepreneur, on vient en redingote, on envoie un ouvrier travailler à sa place. Tout cela est peut-être du progrès, je ne le nie pas, et pourtant je regrette le temps où mon grand-père, arrivant un jour en retard chez M. de F*** avec sa boîte d'outils en bandoulière, fut apostrophé par ce monsieur de la belle manière. « Je vous attendais à trois heures, il est trois heures et quart ; vous savez, maître Hérand, que je n'aime pas attendre... Vraiment, on ne peut plus compter sur les ouvriers dans ce temps-ci, vous devenez tous trop riches, mais nous saurons vous mettre à la raison...

— Monsieur de F***, répondit sur le même ton mon grand-père, vous voyez bien ces mains, elles se moquent de votre argent. Avec ces mains-là je ferais ce qu'avec tout l'or du monde vous ne pourriez plus vous procurer, si tous les ouvriers refusaient, comme moi, à partir de ce jour, de travailler pour vous. Ah! vous avez plus besoin des ouvriers, que nous de vous. »

Il prit ses outils et se retira; — et c'est le marquis qui empocha la leçon.

II

MON PÈRE

La vie d'un homme est bien comparable à ces cours d'eau qui, ne pouvant pas toujours s'étendre en nappes profondes, pénètrent le roc à travers d'étroites gorges, où ils s'émiettent en cascades. Partout il y a une raie de mauvais chemin, disait ma grand'mère dans ce patois languedocien, aussi riche en proverbes que la langue de Sancho Pança, sa proche cousine. Je suis né à Montpellier le 19 septembre 1836.

Mes parents habitaient la rue de Girone, n° 2 (ce numéro de mon enfance s'est changé en n° 5). Je puis dire que je suis né dans une forge, car mon père, associé dans une maison de commerce de draperie de la rue de l'Aiguillerie (maison François Martin et Cie), en épousant la fille de maître Hérand, serrurier, avait fait ménage avec son beau-père et sa belle-mère. Je ne dirai pas qu'il ne lui en cuisît pas quelquefois, selon l'ordre naturel des choses.

Mon père, né à la Salle (Gard), était protestant. Il avait quinze ans de plus que ma mère. Il était né au commencement du siècle, ou à la fin du précédent (le problème n'a jamais été bien résolu), en 1800. Il est mort en 1886. Il avait été mis en pension, jusqu'à l'âge de quinze ans, au collége de Saint-Hippolyte-du-Fort, tout proche voisin de la Salle.

Ces camisards sont patriotes. Mon père m'a raconté qu'en 1814, à la première abdication de Napoléon, le principal du collége de Saint-Hippolyte avait voulu faire arborer la cocarde blanche aux élèves de son établissement. Troubat et quelques camarades s'y refusèrent. En 1815, au contraire, en apprenant le retour de l'île d'Elbe, mon père fut le premier à mettre une cocarde tricolore et une branche de laurier à son chapeau. C'était alors la manière de saluer la Révolution, car mon père était républicain, comme il l'a témoigné toute sa vie; mais en ce temps-là le nom de Napoléon absorbait toute idée de gloire et de grandeur nationales. Ç'a été, c'est toujours la logique des peuples et du peuple de se fondre en un homme.

On destinait mon père au commerce. Ses parents à la Salle cultivaient la petite propriété du *Campet*, entre deux collines, les *serres* du pays, les *sierras* d'Espagne.

La petite ville de la Salle, jetée dans un grand vallon au milieu des plus hautes montagnes des Cévennes, offre soixante filatures de cocons qui font travailler le torrent du Gardon et donnent de la vie et une couleur pittoresque au paysage, quand on l'aperçoit du haut de la route de Saint-Hippolyte. Dans ce vallon, la santé revient au plus malade par l'air fortifiant qu'on y respire. Les collines vertes sont plantées jusqu'en haut de grands châtaigniers, aux pieds desquels on ramasse des fraises. Les habitants sont obligés de faire des réservoirs à l'eau des ruisseaux pour l'empêcher de déborder. Ils n'ont besoin, pour tenir frais leurs jardins, que de faire un trou dans la terre, et il en jaillit immédiatement une source. Nulle part, on n'aperçoit la trace d'un roc ni d'une pierre aride. Et cependant on est en pleines Cévennes. Mais à quoi bon parler du pays *français* à des Français? Par tradition, ils lui préféreront toujours la Suisse.

Le *Campet*, la propriété des Troubat, se trouvait au bord du chemin, entourée de haies, plantée de châtaigniers, coupée de cours d'eau. Je tiens de mon père qu'un ivrogne qui n'était pas, je pense, de notre famille, avait coutume, quand il revenait la nuit du cabaret, de traverser l'un de ces ruisseaux, assez large et assez profond, en se suspendant à une branche de saule, qui le déposait sur l'autre rive. Jamais il n'avait fait de chute. « Il y a un dieu pour les ivrognes, » disait mon grand-père, et après lui, mon père, qui me racontait encore cette autre *farce* de paysans, aimant le mot pour rire. Mon grand-père avait un cerisier, tout rouge de cerises. Un jour, un voisin lui demanda la permission de grimper sur l'arbre, et d'en manger à *indiscrétion*. « Manges-en tant que tu voudras, » lui dit mon grand-père. Quand l'autre descendit de l'arbre, repu : « Maître Troubat, dit-il en manière de remerciement, vos cerises ont un goût... — Et quel goût ont-elles? — Elles ont goût à m... » Et il s'enfuit à toutes jambes. On en rirait encore dans la famille, si mes bons aïeux vivaient toujours.

Le four du Campet, où l'on cuisait la provision de pain, est isolé et en dehors de la maison, par crainte du feu : une date, se rapportant à la première moitié du XVIIIe siècle, est gravée dessus. Je regrette de l'avoir oubliée, car c'est celle de mon berceau paternel, sans lequel, physiologiquement, j'aurais été tout autre.

La ville de la Salle est en majorité huguenote. Les

catholiques n'y remplissent pas l'église, mais on y vit dans la plus parfaite tolérance.

J'y fus conduit bien jeune, et comme bon sang ne peut mentir, un matin du règne de Louis-Philippe, dans la principale rue de la ville, qui n'en a pas deux, on entendait un gamin de sept ans qui chantait à tue-tête la *Marseillaise*. Un paysan monta : « Je veux voir mon *nébu*, » dit-il. C'était mon oncle, brouillé avec mon père. Il me trouva couché sur une banquette, dont on avait fait mon lit pour notre séjour à la Salle. La prière nationale, que l'on m'avait apprise, comme je balbutiais à peine, remit la paix entre les deux frères.

A l'âge de quinze ans, mon père descendit de sa montagne, comme un *gabach* : on le plaça à Montpellier, dans la maison de draperie où il est resté jusqu'à plus de soixante ans.

Je ne le suivrai pas dans l'histoire de ses amours sous la Restauration. Je ne fais pas remonter ma vie au delà de ma naissance, mais tel que je vois encore mon père de loin, dans les premières années de mon enfance, il m'apparaît, sous sa toque de velours, cotant des toiles, les cheveux coupés court et gris de bonne heure, la barbe soigneusement rasée deux fois par semaine et par lui-même, un duvet de pêche sur des joues pleines, le teint frais et appétissant, tellement appétissant qu'un jour, revenant inopinément à la Salle, il entendit, dès son arrivée, ce propos à son sujet. Deux voisins se querellaient. L'un traita l'autre de cocu. Celui-ci riposta : « Cocu ! pas par toi, peut-être ! encore, si c'était par Troubat, cela se comprendrait !... »

III

L'INSTITUTION BOULET

Ma mère était catholique, et le mariage avec un huguenot ne s'accomplit pas sans les formalités requises par l'église. On demanda la permission au pape. La réponse se faisant attendre, il fallut signifier au clergé de la paroisse des trois *sans* cloches (la cathédrale Saint-Pierre, avec ses trois tours, dont deux étaient muettes) que, si Rome continuait à garder rigueur, on aurait recours, pour la consécration religieuse, au pasteur protestant, qui ne s'était pas du tout mêlé du mariage de mon père. Comme il y allait d'espèces sonnantes, et bien qu'il n'y eût pas en ce temps-là de télégraphes électriques, tous délais cessèrent miraculeusement : et l'on maria ces deux... « *chiens* ». L'Église a de ces privautés qu'on lui passe; elle est si vieille!

J'ai souvent pensé que si les conjoints à l'autel entendaient le latin qu'on leur parle, ils se sentiraient souillés, et se retireraient, sans attendre la fin.

Mon père et ma mère professaient, en matière religieuse, une indifférence toute gallicane. Ils n'y attachaient aucune importance. On me fit catholique, par *habitude :* les mœurs catholiques étaient invétérées dans le pays, et surtout dans le quartier du Cannau et de la place des Capucins, que nous habitions. L'église Saint-Mathieu, où ma grand'mère allait le dimanche matin entendre la messe basse, n'était pas loin. Nous avions des voisins catholiques : la clientèle de mon grand-père était catholique. Toutes ces raisons déterminèrent le choix d'une religion pour les enfants qui naîtraient de ce mariage.

Quand mon frère naquit en 1848, on le baptisa à Saint-Pierre, un dimanche. Mon grand-père servait de parrain. Puis une collation fut donnée aux amis dans notre maison de la rue de Girone. On avait dressé la table dans une chambre du premier, donnant sur la rue, la fenêtre toute grande ouverte. C'était pendant le mois d'août. Et voilà que mon grand-père se mit à entonner la *Marseillaise*, rendue à la France par la révolution de Février, et dont se souvenaient les anciens. Un vieux menuisier du voisinage, qui, dans sa jeunesse, avait appris le *Chant du départ*, du temps qu'on l'enseignait à l'école, réveilla l'hymne de guerre, moins connu, de Marie-Joseph. Et tous les convives de répéter en chœur les refrains entraînants de nos chants nationaux. La rue en bas en était émue, car on était prudent chez mon grand-père, et les voisins ne reconnaissaient pas sa circonspection habituelle. Nos meilleurs amis à table étaient légitimistes. C'était l'opinion dominante du pays en ce temps-là. Quand ma mère se promenait avec madame B... et madame R..., on les appelait *les trois couleurs*. Elle représentait la *rouge*. Cela n'empêchait pas tout le monde de chanter au baptême de mon frère. Chacun subissait l'élan de

> Ces airs proscrits qui, les frappant de crainte,
> Ont en sursaut réveillé tous les rois.

Je fus envoyé à l'école dès l'âge de quatre ans. Mon premier prix d'encouragement date de 1840. Mon père tutoyait les deux frères Boulet, anciens charbonniers, originaires de Saint-Martin-de-Londres, un village au milieu des bois. Les deux frères Boulet, Barthélemy et Jean, l'un l'aîné, l'autre le cadet, conduisaient, jeunes, à la ville, les mulets chargés de sacs de charbon, fabriqué par leurs parents et par eux-mêmes. Ils n'avaient reçu d'autre éducation que celle qu'ils se donnèrent. Ils prirent le brevet d'instituteurs primaires. Leur dieu était un homme bien oublié aujourd'hui, Dupont, qui signait de sa griffe la plupart des livres classiques élémentaires de ce temps-là. Qui se souvient de Dupont? Les frères Boulet ne juraient que par lui. Ils commencèrent par faire fortune. Leur établissement prospérait. C'était le bon temps de l'enseignement primaire, auquel le règne de Louis-Philippe (il faut lui rendre cette justice) avait donné tant d'impulsion, que les jésuites s'empressèrent d'arrêter et d'enrayer sous le ministère Falloux, en 1849.

L'institution primaire des frères Boulet (l'enseigne y est peut-être encore) florissait dans la rue des Pénitents-Bleus, adjacente à la rue des Étuves. Une grande cour, adossée au mur d'un ancien rempart, détruit par Richelieu et formant terrasse, était tapissée de cartes de géographie muettes, dessinées et peintes par les élèves eux-mêmes du pensionnat. On nous faisait mettre en rond devant l'une de ces cartes, et nous avions à désigner les noms des départements de France ou des diverses contrées des cinq parties du globe. Les poids et mesures du système métrique étaient également représentés sur ces murailles parlantes. Puis c'était la table de Pythagore, que nous apprenions par cœur. Les leçons de choses figuraient aussi dans cet enseignement par les yeux, à l'aide de toute sorte d'objets usuels, peints en premier plan sur la cymaise, qui était un banc, tout le long des murs, pour se reposer pendant les récréations.

Les deux classes, la grande et la petite, deux vastes salles voûtées, étaient également tapissées de tableaux et ornements pédagogiques. Dans la première, la petite, ainsi nommée, parce qu'on y initiait les petits à la connaissance de l'alphabet, les frères Boulet avaient inventé tout un système d'enseignement qui forçait l'enfant le plus bouché à apprendre à lire. Dans la seconde, la *grand'classe*, les figures de géométrie étaient représentées au naturel par des cylindres et polyèdres en carton.

J'ai appris là l'orthographe sans grammaire, à l'aide de dictées que M. Boulet l'aîné corrigeait ensuite, sous l'œil de chaque élève individuellement. Il prit une grande influence sur moi, comme il l'avait déjà sur mon père. Il me guettait, et m'eut à un âge tellement tendre que, comme il fallait traverser toute la ville pour me conduire à l'école, ma mère ou ma grand'mère venaient m'y apporter à déjeuner.

Un jour d'hiver, à la promenade, je demandai mon manteau en patois, langue paternelle et maternelle.

M. Boulet me reprit : « Il faut parler français, » et, dès ce jour, je me le tins pour dit.

Des ordres supérieurs étaient donnés aux instituteurs primaires de faire disparaître tout vestige de l'idiome local dans ces contrées méridionales. C'était l'œuvre de la Révolution qui se continuait. Les progrès dans ce sens sont tels que le patois a fait place à une langue francisée, avec l'accent du pays, et pleine de traductions du patois, qui créent des mots absolument nouveaux et inintelligibles pour un ministre de l'instruction publique. On comprend ce qui dut se passer au pied de la tour de Babel et la confusion des langues, lorsqu'on voyage dans le Midi.

En 1843, le tremblement de terre de la Pointe-à-Pitre fut l'occasion pour moi de monter sur les planches, voici comment. Les frères Boulet imaginèrent de donner une représentation au profit des victimes. C'était la coutume, jusque-là, de faire jouer tous les ans une pièce par les élèves à la distribution des prix. J'avais bien figuré une première fois dans *la Vanité punie*, une berquinade où un jeune écolier présomptueux, égaré dans une forêt, apprenait de la main d'un petit paysan à préparer des pommes de terre en robe de chambre sur la braise et à se faire un lit de mousse; mais mes débuts avaient paru timides. On crut trouver pour moi un rôle plus approprié à mon caractère dans *Joseph vendu par ses frères*, pièce biblique où chaque écolier, pour ne pas faire de jaloux dans les familles, devait paraître. J'eus celui du geôlier, qui vient consoler Joseph dans sa prison. Mon rôle n'était pas long, mais encore fallait-il le dire avec onction et conviction. Il s'agissait pour moi d'entrer dans la prison de Joseph, avec un trousseau de clefs à la main, et de lui adresser des paroles de commisération, en attendant que son innocence fût reconnue; en un mot, de le consoler.

Les costumes, se rapprochant aussi près de la couleur locale que possible, avaient été dessinés par un artiste de la ville. Le mien me laissait le cou complètement à découvert. J'étais habillé tout en soie, avec un capuchon rejeté sur le dos. On m'avait chaussé de sandales, retenues par un ruban grimpant le long de la jambe, comme en portaient alors les grisettes de Montpellier.

Les répétitions durèrent un grand mois, et bientôt il ne fut plus question d'autre chose dans la ville, ni dans la classe. Nous n'apprenions plus que nos rôles.

Il faut croire que nous ne nous en tirions pas trop mal, puisque M. Letellier, directeur du grand théâtre, disait à ses artistes quand il n'était pas content d'eux : « Allez voir les enfants de chez M. Boulet ; ils ont plus de *cœur* que vous. » C'est du moins ce que l'on nous disait pour nous encourager.

Les billets avaient été fixés à deux francs, toute entrée gratuite interdite.

Par une faveur rare et spéciale, les frères Boulet obtinrent que la musique du génie vînt donner des intermèdes. Elle joua pour l'ouverture celle de *Robert le Diable*. J'entends encore les détonations des cruchons de bière qu'on débouchait pour les musiciens invisibles. On les avait placés au-dessous d'une estrade formée par une barrière de grands poteaux verts et pointus, qui coupaient la cour en deux, afin d'empêcher l'accès d'un puits très profond aux écoliers. Au-dessus de ces poteaux, on avait fixé des planches, formant une tribune, à laquelle on arrivait par une fenêtre de l'escalier de la maison. Mais comme il fallait enjamber une barre d'appui, beaucoup de provinciales n'osaient pas aller montrer leur jambe. L'estrade se trouva tout de même pleine.

Le succès fut tel qu'à la demande générale, nous jouâmes deux fois *Joseph*.

Le chœur final, où tout le monde chantait en scène, était celui de Méhul :

> Dieu d'Israël, père de la nature...

C'était encore un des auteurs du *Chant du départ*. Par un scrupule d'un libéralisme éclectique, la fête du pensionnat, qui aurait dû être celle du patron de l'aîné des deux frères, avait été fixée à cette heureuse date, la Saint-Jean, à cause du cadet, que nous appelions tout court : monsieur Jean. On évitait ainsi de célébrer la Saint-Barthélemy !

Le jour de la Saint-Jean, les cent vingt écoliers de l'institution Boulot étaient conduits par la ville, de deux en deux. Chacun pouvait les voir et les compter. Puis on les ramenait dans la cour de l'école, où deux tables, servies de pâtés, de tranches de saucisson et de vin blanc doux du pays, très mêlé d'eau, les attendaient. On faisait partir des fusées et des pétards, quoique en plein jour ; on criait : « Vive la Saint-Jean ! » et la fête restait sans lendemain.

C'était le bon temps du règne de Louis-Philippe. Il semblait que cette prospérité devait durer. Le vin coulait en abondance. On le servait aux ouvriers et aux soldats à *un sou l'heure*, dans les cabarets. Un jour, M. Jean s'avisa que le jeune comte de Paris ne devait pas manger des raisins aussi beaux que ceux dont nous nous repaissions communément, et il lui expédia une caisse de l'espèce appelée *aspirans*, la plus présentable au dessert, avec une lettre dans laquelle il exprimait tous les sentiments paternels et pleins de déférence d'un maître d'école pour l'héritier du trône de France, encore aux mains des précepteurs, et à qui il manquait le bonheur, goûté par tous les enfants du Midi, de pouvoir mordre à même à de si belles grappes.

La lettre était bien tournée, et l'intention si courtoise que, quelque temps après, M. Jean reçut un écrin renfermant une épingle, formée d'une grappe avec de petits diamants en guise de grains de raisin.

Mais *non bis repetita placent*. En 1848, après la révolution de Février, M. Jean, qui se croyait acquis à l'orléanisme, voulut recommencer son cadeau.

Cette fois, les raisins lui revinrent d'Angleterre. Il en fut pour ses frais d'expédition et de retour. Sa grappe n'avait pas fait souche.

Il est mort, sous le second empire, marchand de vins à Civita-Vecchia.

Son explosion d'orléanisme local avait eu du reste des précurseurs dans le pays. Un pharmacien de la rue de l'Aiguillerie, nommé Vergne, était allé une fois à Paris par la malle-poste, comme on voyageait alors, et s'était arrangé pour se trouver à l'inauguration d'une Exposition quelconque. Lorsque le roi entra, dans un élan parfaitement sincère, le pharmacien s'écria : « Le voilà ce *grand* roi ! j'ai fait trois cents lieues exprès pour le saluer et crier : Vive le roi ! » Il revint avec la croix d'honneur.

D'autres ont fait moins que lui pour la mériter.

IV

PARTIES DE PLAISIRS

Ma petite amie s'appelait Eugénie R..., nous étions de toutes les promenades, de toutes les parties que faisaient nos parents. Tantôt c'était à la *campagne* de l'un, tantôt à la *campagne* de l'autre. L'été, on allait, dans l'omnibus de Masbon, à la mer. J'ai vu naître ainsi cette station méditerranéenne de Palavas, à laquelle on se rend aujourd'hui par le chemin de fer en quinze minutes. Dans mon enfance, c'était un village de pêcheurs, les Cabanes, couvertes de chaume, sous lequel des nuées de mouches gâtaient tout ce qu'on mangeait.

Sur l'autre rive, s'élevait un ermitage, une oasis habitée par un ex-viveur de la ville, qui faisait là son salut. Il s'était construit une maisonnette assez confortable : on l'appelait l'*ermite*, parce qu'il y demeurait seul, et qu'aux grandes fêtes, il passait l'eau pour venir prêcher à l'église des Cabanes, en costume d'ermite. Il prêchait contre le vol et l'ivrognerie. Il montrait, comme une curiosité artistique à ses visiteurs, un guéridon sur lequel il s'était fait peindre dans cet accoutrement, la gourde à la main, buvant à la régalade.

Les dunes de cette solitude nous paraissaient des montagnes, que nous nous efforcions d'escalader avec ma petite amie.

On nous fit faire une année l'ascension du mont Saint-Loup, autre ermitage des environs de Montpellier, où sont censés se rendre, pieds nus, les pénitents blancs des confréries d'alentour. Nous nous tenions par la main, Eugénie et moi, nous aidant l'un l'autre, par des sentiers rocailleux, à travers des broussailles rabougries qui nous piquaient les mollets et nous fouettaient au visage. Une fois en haut, à trois cents mètres d'élévation, taillés à pic, du côté des Cévennes, sur un petit plateau très étroit, s'entassent pénitents et grisettes. Ces dernières jettent leur mouchoir du côté du précipice, et, si le vent le leur rapporte, elles se marieront dans l'année. Pendant que le curé du plus prochain village célébrait la messe en plein air, nos parents avaient mis la nappe à terre, sur des rochers, et nous mangions l'oignon cru et le saucisson à l'ail au chant des pèlerins.

Une année, le carnaval fut si long que ma mère et ses deux amies résolurent de se régaler mutuellement pendant trois dimanches de suite. On s'offrit la *crème à la Chantilly*, une friandise dont le secret a fait là-bas la fortune d'une famille. On l'assaisonne naturellement de meringues, arrosées de muscat de Lunel et de Frontignan.

V

GARNIER-PAGÈS ET JACQUES BRIVES

On me mit de bonne heure au latin : ce fut un tort, car je n'ai su que cela. J'entrai au collége en sixième, en 1846, et, dès la première composition, je fus cinquième. J'eus un accessit d'excellence à Pâques, et plusieurs accessits à la fin de l'année. Le latin était mon fort et mon faible. Nous avions un redoutable professeur, qui nous terrorisait tous, M. de Groisy. Il portait la moustache, ce qui n'était pas d'ordonnance encore dans l'Université. Il avait pour cela une autorisation spéciale, en sa qualité d'ancien militaire. Il paraît que cette moustache dissimulait une cicatrice. On le disait accessible à la galanterie.

Nous écrivions sur nos genoux. Quelquefois les encriers se vidaient dans nos poches. Un jour, le bruit d'une bouteille cassée étonna et troubla la classe. En même temps, on sentit une odeur capiteuse; puis un ruisseau de bière coula des gradins supérieurs sur le sol. C'était le fils d'un brasseur qui avait apporté de quoi régaler ses camarades. M. de Groisy se leva furieux, et frappa d'un sec revers de main le délinquant à la tête, ce qui n'était pas permis. Celui-ci quitta la classe et courut se plaindre au censeur. Il n'eut pas lieu de s'en féliciter, car l'enquête donna raison à l'autorité, sans circonstances atténuantes.

Un vendredi, M. de Groisy convoqua le censeur et le proviseur à l'ouverture de la classe. Sa moustache noire avait ce jour-là quelque chose de terrible et de moqueur : on lui voyait le sourire aux lèvres, ce qui n'annonçait rien de bon. « Tenez, dit-il, messieurs, en leur communiquant des feuilles de papier couvertes d'écriture, j'ai des élèves qui encouragent l'industrie. Voici des pensums qu'ils ont fait lithographier... » Sans être experts en écritures, censeur et proviseur s'assurèrent de la vérité du fait. Une objurgation fut prononcée contre les parents qui donnaient assez d'argent à leurs enfants pour encourager la paresse et la fraude, et qui s'exposaient par là à encourir la responsabilité de délits de mineurs, coupables d'un faux!

— Oui, messieurs, un faux, criait le professeur, et vos parents seraient condamnés solidairement par votre faute, devant les tribunaux!

La classe était émue et atterrée, comme si l'appareil de la justice était sous ses yeux. Les coupables ne songeaient qu'à se faire petits et à s'effacer. Les bons élèves passaient la journée entière du jeudi à piocher les devoirs dont M. de Groisy nous accablait. Les autres s'étaient débarrassés de l'ennui de répéter cinq cents fois le même vers par le procédé ci-dessus.

Au mois de novembre 1847, j'étais en cinquième, je continuais à être fort en thèmes, quand Garnier-Pagès, au cours de sa tournée pour la réforme électorale, passa à Montpellier. Les républicains lui offrirent un banquet. Mon père refusa de m'amener avec lui, parce que je n'avais que onze ans, mais je me faufilai dans la foule, et j'aperçus de loin ce grand faux-col et cette crinière pendante et flottante, qui m'ont fait reconnaitre bien longtemps après Garnier-Pagès, la première fois que je suis entré à l'Opéra-Comique, où je n'ai jamais été sans l'y voir. Il pérorait à la tribune, lorsque je l'entrevis à Montpellier[1].

Parmi les commissaires organisateurs du banquet, je reconnus un ami de mon père, le citoyen Jacques Brives, ancien marchand drapier, ruiné au service de la politique républicaine sous Louis-Philippe, très intelligent, très actif, promoteur à Montpellier de la coalition sur le nom de M. de Larcy pour faire échec au candidat du gouvernement, M. Zoé Granier. M. de Larcy ayant échoué en 1846, grâce à la corruption censitaire, qui, dans ces temps où commençaient les chemins de fer, faisait tourner le passage de la voie ferrée au profit des électeurs influents, un agent des partis vaincus alla offrir à M. de Larcy, au balcon du théâtre, un bouquet *flétri*, par allusion à une parole célèbre de M. Guizot, qui avait *flétri* un fameux pèlerinage auprès d'Henri V à Londres.

Tout cela, comme on le voit, nous reporte loin.

Le citoyen Jacques Brives, que la révolution de Février allait bombarder préfet de l'Hérault, contractait dès ces années-là une alliance indissoluble avec M. de Larcy, qui, sans doute, lui sauva la vie, lors de l'entrée de l'armée à Paris, en 1871, après la défaite de la Commune. Brives, ancien représentant du peuple

---

[1]. M. Bérard, doyen de la faculté de médecine, ayant écrit une lettre d'adhésion à la réforme électorale, fut révoqué et remplacé par M. Ribes, un homme de talent, ancien saint-simonien, qui se fourvoya ce jour-là et fut outrageusement sifflé à son premier cours. Le 24 Février réintégra M. Bérard dans les mêmes fonctions.

de l'Hérault, proscrit du 2 Décembre, s'était laissé nommer gouverneur civil du Palais-Bourbon, sous Bergeret, gouverneur militaire. Il prit possession de ce poste en sceptique. Il dit en entrant aux dames chez le concierge : « N'ayez pas peur, citoyennes : je ne viole personne, je suis trop vieux pour cela... » Il venait quelquefois me voir, mais il s'empressait de rentrer à l'heure *régimentaire*, parce que, disait-il, Bergeret était très sévère sur la discipline militaire. En apprenant la prise ou plutôt l'occupation du Palais-Bourbon, en mai 1871, je crus Brives fusillé. Les journaux mêmes l'annoncèrent. Un matin, sur les cinq heures, je fus fort agréablement surpris en reconnaissant le vieil ami de mon père qui sonnait à ma porte. Il portait son bagage dans un foulard. Il revenait des pontons. Il me raconta que, lorsqu'on l'avait arrêté dans les caves du Palais-Bourbon, où il avait établi une ambulance, il s'attendait à être passé par les armes. Quelques années de plus ou de moins, me dit-il, je ne comptais plus à mon âge... Il rendit les clefs de la bibliothèque, la plus riche collection de livres de droit qui existe, ajoutait-il, et sur laquelle il avait patriotiquement veillé. Puis il se laissa conduire. On le fit passer d'un côté plutôt que de celui vers lequel il se dirigeait machinalement. Il ne doutait pas que M. de Larcy, alors ministre, n'ait dépêché un ordre le concernant en ce moment-là.

Je l'accompagnai jusque chez le concierge du Palais-Bourbon, où il allait réclamer ses hardes.

Je reviens à mes années de collège.

J'avais pour condisciples en cinquième des fils d'avocats. Le lendemain du banquet réformiste, il m'échappa de dire, avant d'entrer en classe : « Dans trois mois, nous serons en république. » Je ne me donnerai pas des gants. Je ne faisais que répéter, en parlant ainsi, ce que j'avais entendu dire la veille à mon père, au retour du banquet. Le camarade à qui je m'étais adressé dit tout bas à un autre : « Troubat est fou! » Le curieux, c'est que le père de celui qui me qualifiait ainsi fut le premier avocat général de la république, nommé à Montpellier après la révolution de Février, et que le propos, peu flatteur pour ma raison que j'avais entendu, avait été coulé dans l'oreille du fils d'un avocat légitimiste.

Je pourrais donc revendiquer le titre de républicain de la veille, car dès le mois de novembre 1847, mes sens s'étaient ouverts à la politique. Ils ne s'y sont jamais refermés depuis.

Je dois bien autre chose à ce banquet : la naissance de mon frère qui arriva juste neuf mois après, en août 1848.

VI

1848

J'avais passé mon enfance, dans la cour de M. Boulet, à voir s'agiter les bras du télégraphe aérien, sur une haute tour, reste des anciennes fortifications de la ville. Les dépêches mettaient plusieurs jours quelquefois, dans ce temps-là, à venir de Paris. Un jour du mois de février 1848, il se dégagea de ces signaux comme une étincelle électrique. Le préfet, un matin, fit afficher que la république était proclamée à Paris. Quant à lui, il avait déjà pris la malle-poste.

Nous eûmes coup sur coup, pour préfets de l'Hérault, M. Charamaule, que Victor Hugo a honoré de son amitié et immortalisé pour sa courageuse résistance au 2 Décembre ; puis l'ami de mon père, Jacques Brives [1].

Jacques Brives, exilé, a laissé à Bruxelles des souvenirs de sa gauloiserie. Elle ne s'est jamais démentie.

---

[1]. M. Jules Renouvier, frère du philosophe, philosophe lui-même, un vrai sage, à qui l'on doit, entre autres, l'*Histoire de l'Art pendant la Révolution*, fut nommé commissaire extraordinaire de quatre départements. (Voir l'appendice à la fin du volume.)

Le jour de la proclamation de la deuxième république à Montpellier, en 1848, une grande estrade avait été dressée sur le Champ de Mars à l'endroit même où la Révolution avait érigé une colonne commémorative, dont les matériaux servirent, sous la Restauration, à la construction de l'hôtel Montcalm.

Deux mâts, surmontés du bonnet phrygien, furent élevés aux deux extrémités de l'allée du milieu, sur l'esplanade, entre les deux bassins.

Une gigantesque statue de la Liberté, en robe et bonnet rouges, entourée de tous les attributs symboliques de la paix et de la guerre, dominait l'estrade.

Brives n'avait pas de redingote et de pantalon noirs de rechange. Le matin même de la cérémonie, il s'aperçut d'un accroc... aux faubourgs de la culotte. Il fit venir un tailleur républicain de la place de la Préfecture, nommé Rossignol, qui est mort déporté par le coup d'État en Afrique.

— Couds-moi cela, lui dit-il.

Le tailleur s'agenouilla, et raccommoda le pantalon, à l'endroit indiqué, sur la personne même du préfet.

Celui-ci, pendant l'opération, à la portée du nez du tailleur, se livrait à des plaisanteries de mauvais goût.

Les mœurs patoises du Midi bravent l'honnêteté, comme le latin.

— C'est bien beau, pour un préfet de la république, disait le tailleur, dans sa langue maternelle, sans cesser de tirer l'aiguille.

Par la simplicité de ses mœurs, sa frugalité, son désintéressement, le citoyen Jacques Brives appartenait à une école politique... et républicaine, qui tend à disparaître. Il est mort à Montpellier, le 5 janvier 1889, âgé de plus de quatre-vingt-huit ans.

J'eus, en cinquième, deux premiers prix, en thème latin et en version grecque.

Comme récompense, on m'amena voir jouer mademoiselle Rachel, qui donnait le même jour *Phèdre* et la *Marseillaise*, déclamée sur un rythme modulé d'après la musique de Rouget de l'Isle. On discuta beaucoup, en famille, si l'on ne m'offrirait pas une montre. La savonnette en argent ne vint que plus tard, mais comme mon père et ma mère avaient envie de voir mademoiselle Rachel, la tragédie l'emporta. J'en remercie mes parents, car je n'aurais jamais eu l'occasion d'entendre la grande artiste, n'étant allé à Paris qu'après sa mort. Elle repassa quelques années après, incognito, à Montpellier, avec M. Arsène Houssaye; mais elle cherchait la santé. Elle habitait alors la villa Coffinières, entourée de garrigues et de bois de pins, d'où l'horizon est borné au loin par la ligne bleue et souriante de la Méditerranée, cette ligne bleue qui manque à tous les enfants de ma ville natale, quand ils s'en éloignent, et qu'ils cherchent instinctivement des yeux, toute leur vie, en face des plus beaux sites. On reconnaissait la villa habitée par mademoiselle Rachel, à quatre statues de dames blanches, échelonnées sur le parapet d'un escalier, le long de la principale allée. Il y a aussi une grotte à stalactites, que j'ai souvent explorée, en passant par l'interstice que laissait l'étroit espace entre les pointes de la grille et la voûte d'entrée. Sans mon ami Auguste Cabrol, aujourd'hui journaliste à Marseille, une fois je m'y serais empalé. Il n'y eut que le pantalon!...

Nous avions fait don de nos prix, par patriotisme, à la république, au profit des blessés de Février. Nous dûmes donc nous contenter de simples mentions. Un royaliste, qui eut le front d'apporter des livres pour les donner à ses fils couronnés de laurier, sur l'estrade, fut rudement sifflé.

M. Giraud, professeur d'histoire, nous fit un discours qui ne s'oublie pas.

« Les premiers devoirs, dit-il, d'un bon citoyen, sont envers Dieu;

» Les seconds, envers la patrie;

» Les troisièmes, envers les parents. »

C'était un patriote, qui se souvenait des Cent-Jours. Il avait vu, dans son enfance, près de Cannes, Napoléon débarquer de l'île d'Elbe.

Au 2 Décembre, il me dit :

« Est-ce vrai que votre père est en prison?

— Oui, répondis-je.

— Dites-lui que je sympathise à sa cause. »

J'anticipe, mais toute cette période de 1848 à 1851 se passa, pour moi, à m'occuper de politique. Mon père m'en donnait l'exemple ; il me faisait lire les discours de Ledru-Rollin dans *la Révolution démocratique et sociale*. Il me prenait au club avec lui.

VII

VIVE LAISSAC!

Mes études se ressentaient beaucoup de la politique, et, quand mon père s'en plaignait, son ami Boulet lui disait : « A qui la faute ? tu lui fais lire les journaux... » Un ferblantier, M. Jonquet, m'initiait à Proudhon. Un soir, on me fit écouter, chez un tailleur de la Grand'-Rue, une page de Lamennais, très belle, inspirée par les événements et qui semblait ouvrir à la Fraternité universelle, à la Paix, à la Liberté et au Progrès des horizons nouveaux que la France n'a jamais vus.

Mon père, enivré par cette lecture, me dit : « Si tu n'es pas une *bête* (il se servit même d'un autre mot, plus expressif, très usité dans le Midi et en Italie), tu le prouveras... Tu vois quel avenir est réservé aux enfants courageux... »

M. Bouchet-Doumencq nous convoquait à des réunions phalanstériennes, fouriéristes.

Mon père faisait encadrer la Constitution de 1848.

Il avait voté pour Ledru-Rollin aux élections du 10 décembre 1848 ; mon grand-père, pour Cavaignac.

Tous les républicains furent consternés, à l'élection de Louis-Napoléon. Le nombre de voix que le télégraphe aérien apportait à toute heure, les abasourdissait.

— C'est incroyable ! disaient-ils.

Des paysans de Pézenas, à qui l'on demandait s'ils étaient pour la république, répondaient avec assurance : « Oui. »

— Et pour qui votez-vous?

— Pour Napoléon.

Ils ne doutaient pas que ce ne fût l'*ancien*, et on n'eût pu les détromper, en leur affirmant que même voter *pour* celui-là, c'était voter *contre* la république.

Le clergé des campagnes faisait de la propagande bonapartiste.

On vit là ce que c'était qu'un plébiscite.

Le pouvoir d'un nom remplaçait toutes les raisons.

Le suffrage universel, qui ne paraît pas encore avoir jeté sa gourme (27 janvier 1889), se conduisait comme ces hautes sources, dont l'irrigation, bien dirigée, peut devenir rosée bienfaisante, mais qui, lâchées et crevant tout d'un coup comme une trombe, transforment la plaine en déluge. La république fut submergée.

On espérait néanmoins, pendant ces quatre années que dura la présidence de Louis-Napoléon : on voit toujours tout en bleu dans les *pays rouges*, malgré la réaction débordante de toutes parts. On ne tenait pas compte des symptômes, saillants même en province.

La politique seule, je dois le dire, ne m'absorbait pas, et bien des polissonneries s'y mêlaient.

Je ne ferai pas ici toutes mes confessions : elles seraient celles de tous les écoliers qui s'émancipent, et que les parents croient sages et rangés comme eux, oubliant toutes les habitudes de désordre auxquelles peut entraîner une trop complète liberté, l'abandon de la bride sur le cou à des enfants toujours plus *avancés* qu'on ne le croit.

Qui est sans péché me jette la première pierre ; j'ai été dissipé comme tous mes camarades.

C'était le temps où nous semions de pois fulminants la salle des cours de la faculté des lettres, et où nous étouffions de rire en entendant les détonations sous les pas de braves gens qui entraient sur la pointe des pieds pour ne pas faire de tapage.

Un autre soir, sortant à neuf heures et demie de la Bibliothèque du musée Fabre, nous donnâmes deux tours de clef en dedans, et nous allâmes jouir de l'effet sur l'esplanade. A dix heures nous entendîmes la petite sonnette donnant le signal de la sortie. Le premier qui fut pour ouvrir la porte la trouva fermée. M. Paulin Blanc, le bibliothécaire, un *cacographe*, ouvrit la fenêtre, donnant sur le jardin, et s'écria : « Concierge, nous sommes enfermés, venez nous délivrer. » Le concierge, assez loin de là, dans un autre corps de bâtiment, dormait dans sa loge. Il ne se réveilla qu'à dix heures et demie, et fut étonné de l'heure. D'ordinaire, il comptait sur M. Blanc pour le réveiller. « Il se passe quelque chose d'insolite, » dit-il en langue frottée d'académie, et il alla voir. Dans le même instant, un des lecteurs enfermés à la Bibliothèque eut l'idée de tirer le pêne intérieur de la porte à deux battants, ce qui délivra les prisonniers.

Le lendemain, un article de M. Blanc, dans le *Messager du Midi*, annonçait aux populations alarmées qu'un attentat contre les libertés publiques avait été commis la veille par des malfaiteurs qui n'avaient pas reculé devant la séquestration arbitraire de paisibles citoyens dans un but de malveillance, difficile à pénétrer, mais heureusement déjoué à temps par la vigilance des custodes.

Nous nous plaisions encore le soir à attacher des marteaux de portes ou des cordons de sonnettes, et à tirer de bien loin.

Mais le plus drôle, et qui nous amusait le plus, était, quand M. le préfet donnait un bal, de piquer par derrière le second porteur de chaises, dans lesquelles se prélassaient de belles dames, que leurs maris suivaient à pied. Le porteur jurait, n'osant pas lâcher son fardeau. Cela nous valut une fois la poursuite d'un mari, et elle nous mena loin.

Cette frasque dispersa la bande et la *dissipa* (dans le sens restreint du mot). L'internement, qui n'avait rien de politique, s'ensuivit pour quelques-uns. Nous fûmes désormais sous la surveillance de la police, qui ne peut pourtant avoir l'œil à tout.

Une farce, dont nous étions trop jeunes pour être les complices, s'accomplit une nuit, à son nez et à sa barbe, et celle-là fit courir toute la ville.

Le gardien du Peyrou, qui en referme les grilles tous les soirs, vit un matin la statue équestre de Louis XIV coiffée d'un immense bonnet rouge : ses pieds, chaussés de sandales à la romaine, étaient barbouillés de même couleur, simulant le sang, ainsi que les jambes et le ventre du cheval, comme pour indiquer que l'animal en avait jusqu'au poitrail. Au milieu du piédestal, très élevé et d'une pierre froide et polie comme du marbre, un bonnet phrygien était peint à la sanguine. Les auteurs de cette dégradation n'avaient pu atteindre à la hauteur de la statue qu'à l'aide d'une longue échelle, qu'on n'avait pu introduire dans la promenade qu'en la faisant passer par le mur déjà très élevé de la promenade basse.

Quel scandale pour une municipalité, composée de trente-six conseillers légitimistes!

L'abbé de Genoude était venu poser sa candidature dans l'Hérault. Ce fut un regain pour le gros avocat Laissac, précédemment battu, et que le parti républicain nomma, pour ainsi dire, par acclamation.

Le cri « Vive Laissac! » était devenu populaire. Il s'accentuait surtout d'une certaine façon qui le rendait communicatif.

Le jour de son élection, tout le département se rendit au chef-lieu pour la célébrer. La garde nationale se promena avec des bouquets au bout des fusils dans les quartiers de la ville, où se recrutait principalement le parti légitimiste. Un orage épouvantable, salué par la *Marseillaise* et les cris de « Vive Laissac! vive la République! » éclata dans la rue de la Blanquerie.

Pendant ce temps-là, le nouvel élu donnait une consultation privée et des plus intimes dans une maison où un mauvais plaisant, l'entendant tousser et ayant reconnu sa voix, l'aperçut par le trou de la serrure et le fit bondir par le cri de « Vive Laissac! » — Une scène assez semblable à celle de Numa Roumestan, surpris par sa femme en bras de chemise, et criant : « Bompard, monte la brandade. »

VIII

L'ARBRE DE LA LIBERTÉ

Un autre événement gigantesque de ces années-là fut la plantation de l'arbre de la Liberté, sur la place de la Comédie, entre le café Blanc et le café de la Renaissance. On alla chercher un malheureux peuplier au bord du Lez, et on le ramena avec une escorte d'honneur, garde nationale en tête, aux cris et aux chants joyeux de toute une population qui lui faisait fête. Tous les soirs, on l'entourait en chantant. Une chanson de circonstance (car on chante toujours et à propos de tout dans le Midi) fut composée. Le refrain disait :

> L'an plantat
> L'an plantat
> L'aoubré de la Libertat.
> Sé mouris,
> Es tant pis,
> La barra toujour servis.

(On l'a planté, — on l'a planté, — l'arbre de la Liberté ; — s'il meurt, — c'est tant pis, — la barre toujours sert.)

La chanson avait vingt couplets, — on en ajoutait un tous les soirs, — à l'adresse du parti légitimiste.

Le pauvre arbre transplanté d'un terrain humide dans un sol sec dépérissait. On l'avait entouré d'une belle grille, mais la parure ne le sauvait pas. Les trophées de drapeaux brillèrent bientôt entre des branches mortes. La police finit par empêcher de chanter; mais ce qu'on n'avait pas prévu, c'est qu'un arbre mort eût des rejetons. Un matin le tronc dénudé et sec se trouva entouré de trois jeunes peupliers, de belle venue, qui avaient poussé dans la nuit.

Cette fois, c'en était trop, et le tout fut rasé. Une couche de cailloux recouvrit à jamais, sans en laisser de traces, l'endroit où l'arbre de la Liberté vit tant de grandeur et de misère.

IX

LEÇONS D'ACADÉMIE

L'année 1850 me fut favorable. J'entrai en seconde, et j'eus pour professeur M. Lenient, le futur auteur de l'*Histoire de la satire en France*, le savant maître de l'Université. Il arrivait de l'École normale avec M. Perrens, qui resta plus longtemps que lui à Montpellier, où il écrivit *Jérôme Savonarole*, en attendant de donner *Étienne Marcel* et cette magistrale *Histoire de Florence*, par laquelle il a illustré son nom. Les deux jeunes maîtres apportaient dans l'enseignement toute l'ardeur et l'enthousiasme de ces années-là. M. Lenient n'avait pas plus de vingt-deux ans. Ses cheveux bouclés, sa moustache blonde, que la république a toujours tolérée, un front vaste et haut, où la pensée avait contracté l'habitude du pli, une physionomie aimable, sympathique, en firent tout de suite l'idole de ses élèves. Sans médire de nos autres maîtres, nous sortions d'une classe lourde et pédante où le mot à mot de l'*Énéide* nous avait fait méconnaître Virgile. Que dans les langues de l'avenir, on *explique* ainsi nos classiques français, je défie bien qu'il reste rien de nos grands poètes ! On a déjà failli nous gâter ainsi Corneille et Racine. Avec M. Lenient, ce fut toute une nouvelle méthode, jeune, vivifiante. Nous goûtions l'esprit, sans tant nous appesantir sur la *lettre*. Plus d'essor était donné à l'imagination, et chacun de nous se réveillait à cet enseignement vif, entrecoupé de commentaires variés, où des rapprochements très modernes nous initiaient aux plus illustres contemporains. C'est ainsi que je connus Victor Hugo, Sainte-Beuve, et bien d'autres... Je les croyais jusque-là, naïvement, des auteurs *morts*, n'en entendant parler que de loin et comme d'hommes que l'époque actuelle ne produisait plus. M. Lenient nous en lisait des passages ou nous les faisait lire tout haut, à la fin de la classe. Ce fut toute une révélation pour moi, du moins, que l'on avait toujours tenu jusque-là principalement sur le latin, un peu moins sur le grec, et qui avais cela de commun avec les écoliers et les séminaristes, trop imbus d'un enseignement unique, de ne pas toucher à un livre du jour sans défiance. M. Lenient nous ouvrait des horizons, non sans y mettre des réserves, que commande l'Université, sur ce que la postérité, vieille déjà de près de quarante ans, a consacré depuis. Nous devenions poëtes et littérateurs sous cette rosée bienfaisante d'un esprit nouveau qui jetait des semences fécondes dans nos jeunes têtes. Poëte, je le fus, mais en vers latins seulement. M. Lenient en retrouverait la trace dans le cahier d'honneur de ses élèves, s'il l'a conservé.

En même temps, le besoin de grand air et de respiration se faisait de plus en plus sentir en moi. Quand vint le mois de juin, les bains de natation l'emportèrent sur la prosodie. Je devins un très habile nageur, à tel point qu'un jour, aux Cabanes, je fis le pari avec un camarade, nommé Vigouroux, devenu marin, à celui qui irait le plus loin en pleine mer. On nous aperçut du môle, et l'on nous crut en détresse. Une embarcation nous fut dépêchée. On redoutait pour nous ces courants du Rhône, qui tracent leurs raies transversales, bien loin, au large, dans la Méditerranée. Nous ne nous en doutions même pas. Nous nous reposions sur le dos, au grand soleil, en faisant la planche. Un moment, je voulus me laisser couler, pour aller sonder du pied, comme je le faisais dans le Lez, la profondeur de l'endroit où nous étions. Mais je fus effrayé par l'épaisseur du *vert* d'eau et je donnai un coup de jarret pour remonter à la surface. Quand nous remîmes pied à terre sur la plage, nous abordions à deux cents mètres de la cabine où nous avions déposé nos vêtements.

Quelqu'un nous dit : « Vous revenez de l'horizon. »

Le mot de gentilhomme était inconnu dans ma famille; mais, sauf le cheval, que mon père avait monté en plébéien dans sa jeunesse, et qui, par un préjugé bourgeois dans ce temps où la vélocipédie n'avait pas encore mis le noble animal *à pied*, ne devait être que l'apanage des riches, on me donna cette année-là des talents d'académie qui ne m'ont jamais servi à rien. Pour m'écarter les genoux et m'empêcher de marcher les pieds en dedans, mon père exigea que je prisse des leçons d'armes chez le célèbre Jean-Louis, à qui Vigeant a consacré un volume de reconnaissance.

Jean-Louis était un ancien tambour-major du premier empire. Ses traits indiquaient son origine créole. Il avait assisté à la bataille de Toulouse, où il fit de l'escrime avec sa canne. Vigeant a raconté un duel homérique, dont Jean-Louis fut le héros en Espagne.

C'était un géant, portant la tête droite; mais ce maître réputé et respecté que l'Europe prenait pour arbitre dans les combats singuliers, d'un sang-froid contre lequel s'était brisée plus d'une lame, loin d'exciter au duel, désarmait plutôt les adversaires. On ne poussa jamais plus loin la science des armes : on ne professa jamais davantage la philosophie de cette science. Sous ses principes d'honneur et de rigidité, il montrait une grande douceur; il assouplissait ses élèves, et leur enseignait surtout à ne pas faire blanc de leur épée. Il les rendait d'ailleurs invulnérables, quand ils ne se laissaient pas emporter par une fougue irréfléchie, défaut capital auquel on peut reconnaître le manque de vocation. L'homme qui n'est pas maître de lui dans un assaut, montre peu de présence d'esprit. Il n'y a aucune gloire à le battre.

Le meilleur élève de Jean-Louis était sa fille, d'une *beauté* de négresse, qui ne se sentait pas *jolie* au sens vulgaire du mot, et qui le reconnaissait carrément. Quand elle épousa M. D..., elle disait d'elle-même : « Mon mariage avec un aussi joli homme, moi qui suis si laide, va faire bien des jalouses... » Et, de fait, les caquetages ne manquaient pas d'aller. Les intéressées reprochaient à M. D... son *mauvais* goût. Comme si le goût pouvait tromper en amour! M. D... était le fils d'un naturaliste, en qui l'instinct d'une science héréditaire parlait plus haut que les conventions du *beau* ou du *joli*. Mademoiselle Jean-Louis était *belle* sous les armes, dans le costume d'amazone, à bandes rouges, qui flottait sur ses jambes, quand elle tombait en garde. Un jour, raconte Vigeant, dans une tournée d'assauts avec des maîtres d'armes de divers régiments, qui étudiaient les salles en renom, elle s'aperçut que l'un d'eux n'avouait jamais les coups qu'il recevait d'elle. Elle lui cria : « Démouchetons les fleurets, comme cela les coups marqueront. » Le maître d'armes, qui jouissait d'une grande réputation, humilié d'avoir été battu par une femme, sans avoir pu lui porter une seule botte, vaincu tout à fait par ce dernier trait, où le sang de Jean-Louis parlait haut, sentit la leçon et adressa des excuses dignes d'un homme d'honneur.

Mes leçons cessèrent au coup d'État, lorsque mon père fut emprisonné. Elles n'avaient pas duré plus de six mois. Je n'ai jamais tenu depuis le fleuret, mais, en revanche, j'ai vécu tant d'années assis, plume en main, que du peu d'escrime acquise à quinze ans, rien ne m'est resté. C'est comme si je ne l'avais jamais apprise.

En consultant davantage mes dispositions, des leçons de piano, reçues à cet âge, m'auraient été plus profitables. J'ai toujours regretté de ne pouvoir lire entre les lignes d'une portée de musique. Que d'ennuis vagues et concentrés, que de soucis chimériques j'aurais endormis et étouffés, pendant mes années de province, quand ne trouvant de distraction à quoi que ce soit, ni à des lectures qui m'intéressassent ni à un travail jaillissant et bouillonnant, dont rien ne renouvelait la source en moi, dans mes longues soirées d'hiver, en proie à l'insomnie, n'ayant jamais su jouer aux cartes (encore une distraction que l'on ne m'avait pas apprise), j'allais dans les rues de Compiègne ruminant un sonnet. Le sonnet, ce fut ma ressource.

J'ai toujours un sonnet qui traîne dans ma poche,

depuis ce temps-là. Je m'arrêtais sous les fenêtres où l'on faisait de la musique. Je ramassais ainsi les perles qui s'égrenaient dans les avenues ou dans la rue Mounier. C'était ma distraction et mon plaisir, les soirs d'hiver, privés de théâtre.

Que de fois, me levant de table, je me suis mis devant un piano, les doigts étendus sur le clavier, ne trouvant rien, ayant une partition ouverte devant moi, et dont j'aurais voulu déchiffrer le secret! S'il n'y avait qu'à prendre élan, l'homme volerait; mais il n'a pas d'ailes, et certains volatiles privés ne les recouvrent plus quand on les leur a coupées de bonne heure.

Pour compléter mes leçons d'académie (au sens ancien, et tel qu'il faut l'entendre dans *Manon Lescaut*), au lieu de musique, ma mère voulut qu'on m'enseignât la danse. C'était encore bien inutile, car taillé comme je l'étais, la force en moi avait tué la grâce.

Il n'en fallut pas moins passer par le crincrin de M. Coulon, le maître à danser. Celui-ci donnait des leçons à tous les jolis fils de la ville. Les leçons s'organisèrent chez M. Boulet, mon ancien maître d'école, resté seul maître de l'établissement, depuis que M. Jean était allé faire le commerce des vins à Civita-Vecchia. L'histoire de ce maître d'école ressemblait à celle de beaucoup de ses confrères. L'établissement déclinait de jour en jour, et au lieu de la fortune, c'était la ruine qui arrivait avec l'âge. Ma première danseuse fut une jeune sauvagesse d'outre-mer, amenée là un jour par ses parents qui l'y laissèrent, sous prétexte qu'un de leurs enfants s'y trouvait déjà. M. Boulet recevait parfois en payement une collection d'idoles indiennes, ou des tableaux de rebut, partis d'Europe et qui y revenaient, sans que la traversée eût opéré sur eux comme sur les vins qui se bonifient au balancement du roulis. Ce bric-à-brac avarié n'enrichissait pas M. Boulet, qui se consolait dans l'espérance de quelque compensation rémunératrice, laquelle payerait tout en une fois. Le bon cœur parlait plus haut chez lui que l'intérêt, et le moment vint où il cessa d'attendre et d'espérer. Il n'en garda pas moins ses pensionnaires.

Le dortoir servit de salle de danse. Trois jeunes gens et une jeune fille formaient un quadrille. On le répétait trois fois, afin que chaque danseur eût à tour de rôle la danseuse, pour s'accoutumer à être galant, disait M. Coulon. Nous ne l'étions guère, et nous dansions brutalement.

A la première occasion que j'eus de montrer mes talents chorégraphiques, je compris que, pour bien danser, il fallait d'abord désapprendre ce qu'on m'avait appris, absolument comme il faut recasser un bras mal remis pour le remettre à nouveau. Rien de plus gauche qu'un jeune homme, qui ne sait danser qu'au violon du maître. C'est comme l'écolier, très fort en calcul, et qui, lorsqu'il se trouve en présence de l'application de la théorie à la pratique, ne peut venir à bout d'une règle de trois.

Je *tricotais* : c'est le mot que j'entendis près de moi. Il fallait pourtant faire honneur à un costume de débardeur, sous lequel j'entrai pour la première fois dans un bal de modistes.

Toute une maison du boulevard du Jeu-de-Paume, tout près des fontaines de la Saunerie, aujourd'hui disparues, était occupée par deux ateliers de modes : au premier les chapeaux, au second les robes. La famille D... occupait le premier étage; une veuve, madame C..., le second.

M. Louis D..., coiffeur de dames, pour compléter l'ajustement de la tête, avait épousé une modiste. A eux deux, ils tenaient la plus riche clientèle de la ville. Ils occupaient vingt ouvrières. L'atelier d'au-dessus en avait bien autant, mais un peu plus grisettes que ces demoiselles du premier. Celles-ci étaient des filles de famille, relativement à celles du second, pour la plupart filles d'ouvriers des faubourgs et des bas quartiers. Les ouvrières de M. Louis, comme on les appelait, sortaient en chapeaux, les autres en bonnets. Quelques-unes des premières appartenaient à des familles de paysans quasi cossus des environs, qui voulaient faire apprendre un métier lucratif à leurs filles pour les établir ensuite et les marier dans quelque *gros* village. L'atelier de chapeaux envoyait des pratiques à l'atelier de robes. Les deux maisons se servaient réciproquement : c'était quasiment la même clientèle. Aussi un atelier ne veillait-il pas sans l'autre. C'était toujours la dernière maison éclairée de la ville à ses deux étages.

Un jour, deux Savoyards, armés de grands bâtons, se présentèrent chez madame D... et dirent : « Bonjour! nous venons chercher le piano de chez Moitessier (un grand fabricant et loueur de pianos). — Mais vous vous trompez, dirent ces demoiselles, nous n'avons pas de piano ici... — Pas de piano ! (et ils prononçaient à l'italienne, appuyant sur les deux premières syllabes, faisant à peine entendre l'*o* final)... Eh bien, et ça?... » Là-dessus, ils se mirent en devoir d'enlever la longue table de travail, tout encombrée de ciseaux, de bobines de tout calibre, de rubans, de champignons, de tout l'attirail de modes, qui servait d'*établi* à ces demoiselles. En même temps ils disposaient leurs bâtons, comme on fait aux pianos, pour les enlever et les emporter.

Aux cris de ces demoiselles, l'atelier du second descendit et prêta main-forte pour empêcher l'enlèvement du prétendu piano. Mais que peuvent vingt modistes contre deux forts et robustes Savoyards? Ceux-ci avaient *chargé* l'instrument sur leurs bâtons, et faisaient mine de vouloir s'en aller avec. Ces demoiselles formaient une barricade vivante, d'où partaient des cris aigus. Tout d'un coup l'une d'elles saisit un des hommes par la barbe : la barbe lui resta à la main.

Et l'on reconnut alors mon cousin Martin (un peintre d'enseignes) et son compère F..., qui avaient voulu faire une farce.

Le piano, absent ce jour-là, pénétra bientôt dans la maison. Il s'agissait de donner un bal et de recruter des danseurs, de qui la morale n'eut rien à redouter.

Nous avions pour voisine et amie une brave dame qui vint me demander à ma famille. Il fut convenu que mes parents m'accompagneraient. Le bal devait être travesti. J'allai en débardeur. C'était simple et pas trop cher.

Je ne recommencerais pas aujourd'hui, car j'étais dans les transes. Je ne me suis déguisé qu'une fois depuis, et j'ai toujours évité ces sortes de divertissements où je me fais l'effet d'un bœuf à qui l'on demanderait de la légèreté et de la grâce ; mais je devais un souvenir à la bonne madame Jonquet, qui m'avait valu mon entrée dans le monde, et à ces braves gens, chez qui l'on s'amusait avec tant d'abandon et de cordialité.

X

ARISTIDE OLLIVIER

Le coup d'État vint bientôt couper court à toutes ces *folies*. On cessa de rire ; mais, auparavant, je dois dire quelques mots du duel d'Aristide Ollivier avec M. Fernand de Ginestous, qui eut lieu le 21 juin 1851.

Ce jour-là, sortant de la classe de M. Lenient, à quatre heures, j'appris, dans la rue de la Barralerie, qu'Aristide Ollivier venait d'être tué dans son duel au sabre avec un ancien officier de cavalerie. Celui de qui je tins la nouvelle était Soulas, l'ami le plus intime de ma jeunesse à quelques années de là, et avec qui nous avons tant fait de politique et de littérature.

Aristide Ollivier, frère de M. Émile Ollivier, rédigeait à Montpellier *le Suffrage universel* depuis le 25 mars 1851, où parut son premier article. Il n'avait pas vingt-trois ans. Nous le voyions passer tous les jours, en allant au lycée (le collège était devenu lycée en 1848), quand il se rendait à son journal, dont les bureaux étaient situés en face l'église Notre-Dame. Je le dépeins de mémoire, mais j'ai pour m'y aider, en ce moment, le médaillon que mon ami Auguste Baussan en fit dans la soirée qui suivit sa fin tragique.

Cette relique, ce souvenir pieux que nous étions

déjà accoutumé à avoir sans cesse sous les yeux pendant notre enfance, nous l'avons retrouvé, toujours accroché à la même place, chez des amis frappés d'emprisonnement, d'exil ou de déportation au 2 décembre. Le souvenir d'Aristide Ollivier est un culte dans le pays, et sa physionomie est celle d'un martyr. On dirait qu'elle en porte le rayonnement.

Une barbe fine et qui était blonde, vierge sans doute du rasoir, car on l'aurait crue toujours naissante, de longs cheveux rejetés du front en arrière de la tête, l'œil bleu, doux et vif, intelligent, profond, l'expression du visage tout à fait sympathique, quelque chose de souriant, d'attirant et de doux, une nature de prédestiné. Il portait habituellement un habit bleu à la française avec des boutons dorés. Il avait mis ce vêtement à la mode parmi la jeunesse républicaine du pays.

Sa beauté d'adolescent presque imberbe inspirait une grande sympathie. Sa mort inspira une grande pitié. Que de larmes coulèrent! Ce fut un deuil public. J'en ressentis la seconde émotion profonde que m'aient fait éprouver les événements politiques. J'en fus malade, comme au lendemain du 24 février, où une indisposition, causée par les nouvelles, qui ébranlaient tout mon être, m'obligea à garder le lit.

Les causes de ce duel étaient venues d'une polémique entre le journal républicain et *l'Écho du Midi*, feuille légitimiste, rédigée par un petit homme grincheux et bossu, nommé Escande. Les plumes s'envenimèrent, et bientôt, sur le refus d'Aristide Ollivier de se battre avec un infirme, sur qui il aurait eu trop d'avantages, ces messieurs de la Grand'Loge tirèrent au sort, au nombre de douze, le nom de celui qui prendrait la place de leur rédacteur attitré. Ce fut M. de Ginestous.

Notre ami Perrier, architecte à Montpellier, veut bien copier pour nous dans *le Suffrage universel*, du 1er juillet 1851, la lettre qu'Aristide Ollivier écrivit à son père, le citoyen Démosthènes Ollivier, futur proscrit du 2 décembre, avant de partir pour se battre :

« Mon cher père,

» Je pars pour me battre en duel avec M. Fernand de Ginestous.

» J'y vais, parce que j'ai été gravement insulté et que je ne veux pas souiller le nom que tu nous as donné. Ma dernière pensée sera pour toi et pour mes frères, pour ma pauvre sœur.

» Si je vais rejoindre ma bonne mère dans un monde différent, nous parlerons souvent de vous avec elle, et si nous pouvons vous venir en aide par nos bénédictions, elles iront vers vous ardentes et passionnées.

» Dans tous les cas, la dernière de mes pensées, je te le répète, sera pour toi et mes bons frères Émile, Ernest, Adolphe, Élisée et pour Joséphine.

» Je vous demande pardon des peines que j'aurai pu vous occasionner, et de celle surtout que je vais te procurer, à mes frères et à ma sœur aussi.

» La meilleure de mes caresses à vous tous.

» ARISTIDE OLLIVIER.

» Samedi, 21 juin 1851, onze heures et demie. »

Aristide Ollivier avait le pressentiment qu'il ne reviendrait pas de ce duel. On ne peut se défendre encore aujourd'hui, malgré les trente-sept ans écoulés, d'un serrement de cœur, quand on relit cette lettre, à la fois généreuse et pleine de tristesse. C'est la fleur d'une âme ardente qui s'y révèle avec les sentiments spiritualistes d'une révolution qui faisait bénir les arbres de liberté par le catholicisme. N'en sourions pas, en présence de tant de conviction et de bravoure. Il ne faut pas demander à un temps les idées d'un autre. Nous pourrions nous-mêmes paraître *naïfs* à nos descendants, dans la manifestation de certaines de nos aspirations politiques ou philosophiques, que nous croyons très avancées et dégagées.

La rencontre eut lieu à une lieue de la ville, dans la propriété de la Valette, immense enclos, traversé par le Lez, et l'une des promenades les plus pittoresques et les plus accidentées des environs de Montpellier.

Un médecin dévoué, le docteur Rosière, tint à assister son ami Ollivier en cas de malheur. Le pressentiment le conduisait aussi, mais il ne prévoyait pas la catastrophe si grande.

Ollivier ne savait se servir d'aucune arme. Ses témoins, MM. Gustave Raymond et Ferdinand Rouch, peut-être en cela trop chevaleresques, avaient accepté celle de son adversaire, le sabre de cavalerie.

Les témoins de M. Fernand de Ginestous étaient MM. Gabriel de Paul et L. de Rodez-Bénavent.

Sur le terrain, Ollivier se fendit, transperça du premier coup M. de Ginestous, et tomba lui-même, frappé au côté par ce dernier, qui, probablement, ne dirigeait plus son bras.

Le sourire adressé en ce moment par Aristide à ses amis fut ineffable. Puis il s'affaissa. Le docteur Rosière courut à lui et le trouva mort.

Alors le devoir professionnel le fit secourir M. de Ginestous, renversé sur le ventre, qui râlait et étouffait. Une hémorrhagie interne se déclarait. Tout cela se passa très rapidement, et je ne fais que répéter ici de souvenir le récit que m'en a fait, dans ma jeunesse, le docteur Rosière.

Celui-ci sauva la vie à M. de Ginestous, qui serait mort sans sa présence, aucun autre médecin ne se trouvant là, et l'on ne pouvait espérer en ramener un de la ville en moins de deux heures, temps qu'il fallait pour aller et revenir en voiture[1].

M. de Ginestous fut un an entre la vie et la mort[2].

Les funérailles d'Aristide Ollivier donnèrent lieu

---

1. Le docteur Rosière refusa tout honoraire pour les soins qu'il avait donnés à M. de Ginestous, disant qu'il n'avait été là que comme républicain, pour son ami Aristide Ollivier. La famille de Ginestous n'oublia pas ce service après le 2 décembre. Cette famille était toute-puissante dans une ville où le parti légitimiste formait l'unanimité au conseil municipal, et avait tout d'abord adhéré au coup d'État (sauf à le combattre plus tard). Le docteur Rosière fut arrêté, comme bien d'autres, une nuit à domicile, au moment où il se disposait à aller sonder un malade, M. F... Les protecteurs qu'il s'était acquis par son désintéressement, s'interposèrent pour lui faire rendre la liberté. Il en fut quitte pour un court emprisonnement dans une cellule partagée avec un compagnon (car la prison regorgeait de monde, et l'on ne savait où les mettre *tous*). Cette nature toujours en mouvement, vive, nerveuse, exubérante, avait bien de la peine à tenir entre les quatre murs d'une cellule étroite. Je lui ai consacré un article de reconnaissance dans mon volume *Plume et Pinceau*, et j'y renvoie.

2. Les quatre témoins furent condamnés à un an de prison. Dans l'intervalle et avant le coup d'État, M. Émile Ollivier était venu plaider en cour d'assises, dans un procès intenté, avant le duel, au *Suffrage universel*, pour un article d'Aristide. La situation était dramatique. Elle émouvait jusqu'au président, qui déplora que tant d'éloquence fût mis au service de la *démagogie* et qui prédit à M. Émile Ollivier qu'il en reviendrait un jour. — Il ne croyait peut-être pas si bien dire!

à une manifestation imposante. L'enterrement civil était encore chose inconnue de la province, et surtout du Midi, où le catholicisme a pénétré profondément les mœurs. Pour mettre d'accord les doctrines *républicaines* que l'on attribuait au Christ avec l'émouvante cérémonie, on se contenta d'un vicaire de la paroisse Sainte-Anne, et de la plus simple croix.

Le cortège immense, parti de la rue de la Barralerie, sur laquelle donnait le balcon d'Ollivier, s'ébranla vers le cimetière Saint-Lazare, où le cercueil fut déposé dans un terrain provisoire, tout près de la chapelle.

Pendant des années, ce terrain a été *inculte*, abandonné pour ainsi dire. On se trouvait alors sous le régime du 2 décembre, et il fallait de courageuses mains pour se souvenir d'Aristide Ollivier, et apporter des couronnes, le 21 juin, sur la terre où il reposait; nous n'y avons jamais manqué, ma mère et moi, tant que j'ai vécu à Montpellier jusqu'en 1858 inclusivement; et à l'honneur de la police bien informée, cela figurait dans le rapport me concernant, lorsque je fus condamné à trois mois de prison, comme *suspect*, cette année-là.

Mon ami, le sculpteur Auguste Baussan, eut bien du mal à contenir la foule qui voulait envahir la chambre où le corps avait été rapporté après le duel. De ses mains d'artiste, il dut faire œuvre d'anatomiste dans cette soirée lugubre, où, seul, il conservait son sang-froid. Il prit l'empreinte du visage, dont il avait besoin pour son médaillon.

Une souscription pour élever un monument à Aristide Ollivier fut ouverte immédiatement dans *le Suffrage universel*. Tout le Midi républicain porta son obole, au point qu'en 1854, mon ami Soulas et moi nous nous servions de ces listes pour faire de la propagande républicaine. Beaucoup de nos envois n'arrivaient certainement pas à destination. Le 2 décembre avait décimé la population du Midi, et ces listes elles-mêmes avaient dû servir de tables de proscription à la police.

La dernière fois que j'ai visité l'atelier de Baussan, j'y ai vu le buste de M. Martin, ancien curé décédé de la paroisse de Saint-Denis, surnommé Martin *bouche d'or* à cause de son éloquence, — un homme remarquable et distingué à tous égards, qui avait refusé d'échanger sa cure de Montpellier contre un canonicat à Saint-Denis. — Il aimait mieux rester le premier où il était... — Il professait des opinions libérales. La jeunesse ne doute de rien. Deux amis, Soulas et A..., osèrent aller lui proposer de souscrire pour le monument d'Aristide Ollivier. Il eut l'esprit de ne pas refuser, et il s'inscrivit modestement : *un démocrate*, — avec le chiffre de la somme à la suite.

Le montant de la souscription, qui s'éleva, je crois, à douze mille francs, resta déposé à Montpellier. Le célèbre sculpteur Auguste Préault fut chargé de la statue. Les Montpelliérains de passage à Paris allaient la voir dans son atelier; mais l'empire la traita comme l'*Histoire des Condés*, du duc d'Aumale. Il s'opposait à ce que l'œuvre de Préault vît la lumière en plein soleil. Ce n'est que dans ses dernières années, à l'heure de la détente (et avant l'avénement du ministère Émile Ollivier, il faut le reconnaître), qu'il permit enfin que le monument d'Aristide Ollivier fût érigé.

Encore aujourd'hui, Aristide Ollivier n'a rien perdu de son auréole dans le pays, et le tombeau où reposent désormais ses restes atteste un culte, entretenu par de nombreuses couronnes fraîches et renouvelées souvent.

On lui a donné une place vraiment monumentale au sommet d'une colline, dominant la vallée du Lez et la grande route de Nîmes, dans le cimetière de Montpellier. L'horizon alentour est grandiose et pittoresque. Cette campagne du Midi de la France affecte tellement le caractère italien, qu'on croirait avoir un paysage du Poussin sous les yeux. Les eaux basses du Lez s'épandent en cascades, laissant à nu le caillou blanc, sur lequel de nombreuses lavandières, qui travaillent constamment dans l'eau, mettent leur linge radieux à sécher.

Le village de Castelnau, plus espagnol que français, jeté là comme un tas de pierres, au pied d'un mont couvert d'oliviers et de vignes, a, sous ses toits ondulés et irréguliers, des tons de Marilhat, couleur de brique, qui cuisent au soleil.

On peut, en passant, d'un coup d'œil rapide, apercevoir de loin, en vagon, la statue en bronze d'Aristide Ollivier, assez élevée sur son piédestal, et de grandeur naturelle, tête nue, revêtue d'une redingote boutonnée. L'habit à la française eût été plus conforme à la réalité, mais Préault l'ignorait sans doute... à moins qu'il n'ait voulu lutter avec une forme moins gracieuse que celle de l'habit rond, sans pans coupés.

La partie la plus remarquable de ce monument, décrit plus au long dans mon volume, *Plume et Pinceau*, est le beau bas-relief du socle, représentant une forme humaine ou plutôt féminine, inclinée sous un voile épais, qui la recouvre entièrement : on ne voit pas le visage, mais une main sort des plis de ce long voile et serre dans ses doigts la tige élancée d'une fleur brisée à peine éclose. Une plante de cimetière, qui ne saurait être une végétation de l'oubli, pousse aux pieds de cette apparition shakespearienne ou romantique.

Le talent de Préault est ici hors de cause. Pourquoi la province va-t-elle toujours chercher à Paris ce qu'elle aurait tout aussi bien sous la main? Baussan connaissait mieux Aristide Ollivier que Préault, qui ne l'avait jamais vu, et, à coup sûr, il l'eût fait plus ressemblant (à moins qu'on ne tienne la ressemblance pour une quantité négligeable). On eût eu moins d'idéal, peut-être, et plus de réel.

De même, quand il s'agit d'élever un monument au peintre Fabre, bienfaiteur de la ville, dans le jardin du musée qui porte son nom, on s'adressa d'abord à un membre de l'Institut, M. Lemaire, qui fit un envoi grotesque.

Aujourd'hui, la mode est de faire venir, par train rapide, des dîners complets et tout prêts de chez Véfour! « J'aimerais mieux des *manouls* (tripes traditionnelles et locales), » disait Brives à M. Bouisson. Sans afficher un goût si prononcé pour les *manouls* que je n'aime pas, c'est aller chercher bien loin des provisions qu'on n'a qu'à se baisser pour prendre. Montpellier a toujours passé, et à bon droit, pour une ville de goût et de ressources, se suffisant à elle-même sous tous les rapports artistiques et culinaires, — et la mer lui fournit un immense vivier.

XI

LE 2 DÉCEMBRE

Le télégraphe aérien n'avait pas la rapidité de la foudre.

J'étais alors en rhétorique.

Le 4 décembre, à sept heures du matin, un condisciple, un ami entra dans ma chambre, chez mes parents, et me dit : « La république est assassinée !.. le président a fait un coup d'État... c'est affiché à la préfecture... »

Nous courûmes voir, et nous lûmes la dépêche annonçant l'attentat, et tâchant de le justifier aux yeux de la France.

C'en était fait de nos libertés publiques.

Notre professeur de rhétorique, M. Noël, un sarcastique, au nez pointu, n'était pas homme à nous laisser les loisirs de nous occuper de politique entre deux classes. Il nous chargea de travail pour la classe du soir, de façon à nous empêcher d'aller aux nouvelles.

Quand nous sortîmes à quatre heures, la première personne que je rencontrai me dit : « Votre père vient d'être arrêté et conduit à la Maison centrale ; ils sont peut-être trois cents... »

La Maison centrale est cette prison pour femmes,

flanquée de deux hauts donjons, dans l'un desquels fut détenue, pendant des années, madame Lafarge. Elle y était encore en ce moment-là, sauf que Louis-Napoléon la gracia bientôt après. Pendant sa longue captivité, les jeunes gens allaient lui donner des sérénades sur le boulevard, au-dessous de sa fenêtre.

D'en bas, en passant en plein jour, on voyait parfois, derrière la vitre, et à travers les barreaux, une forme vague, qu'on croyait être le visage de madame Lafarge.

Le poëte-ferblantier, Hippolyte Roch, dont on a un volume de poésies patoises, lui adressait des vers auxquels elle répondait en prose, et, comme il travaillait pour la Maison, il était admis à la visiter quelquefois, en costume d'ouvrier avec ses outils.

C'est le même brave homme qui me dit un jour : « Si Marie avait vécu, elle m'aurait recommandé à Émile et à George. » — Marie, c'était Marie Capelle (madame Lafarge); Émile, Émile de Girardin; George, George Sand.

Je ne pus que le présenter à Sainte-Beuve, qui lui trouva l'air fin. On parla de Jasmin naturellement, et ce fut une occasion pour Roch d'offrir son recueil de vers, *le Portefeuille de l'ouvrier*.

Madame Lafarge avait à Montpellier un défenseur ardent et militant, son propre parent, l'honorable M. Collard, qui n'aurait pas hésité, a-t-il écrit en tête des *Heures de prison*, à donner pour second mari son propre fils à la condamnée, tellement il partageait la conviction de tous ceux qui la croyaient innocente. Un jour, elle tenta de s'évader en costume de religieuse. La sentinelle la tint en arrêt. Une voiture attendait non loin de là. Madame Lafarge fut réintégrée dans la chambre de sa tourelle; mais, pour qu'elle ne pût plus correspondre avec des passants par des signaux, on mit devant sa fenêtre un abat-jour, qui lui interceptait toute communication avec le dehors. Elle ne pouvait plus regarder qu'en haut. La vue d'en bas lui était désormais interdite. C'était une terrible privation pour elle; mais combien d'autres ne jouissaient pas des priviléges du rang et de la fortune, dans la même prison !

Cette Maison centrale a eu aussi pour détenue une conspiratrice républicaine, sur qui ne pesait pas une accusation de crime de droit commun, la belle mademoiselle Grouvelle, de qui fut aimé l'heureux Étienne Arago, et qui perdit la raison pendant sa captivité.

Barbès avait fait sa détention, sous Louis-Philippe, à la Maison centrale de Nîmes, réservée aux hommes; il prit la malle-poste à Montpellier, quand la révolution de Février lui rouvrit les portes de la prison.

La Maison centrale de Montpellier, exclusivement destinée aux femmes, était seule capable de contenir, dans la nuit du 4 au 5 décembre 1851, l'immense quantité de détenus que le général de Rostolan avait ramenés d'un seul coup de filet.

Il faut dire que les républicains s'étaient bénévolement pris d'eux-mêmes au piége.

Ils avaient adopté, en effet, comme lieu de réunion pour protester contre le coup d'État, une salle dite du jeu de Paume, à laquelle on aboutissait par deux ruelles sans autres issues que celles par où l'on était venu, quand une fois l'on s'était engagé dedans. Le général de Rostolan laissa s'agglomérer la réunion; il avait l'air, pendant ce temps-là, de passer une revue sur l'esplanade voisine; puis, quand il jugea la nasse suffisamment pleine, il fit cerner et boucher, des deux côtés, les deux rues qui menaient à la salle du jeu de paume.

Le commissaire central, M. Renaud, se présenta à la porte ceint de son écharpe. Ce fut alors un défilé, dans lequel la police procéda par sélection, en faisant son triage. On prenait tous les noms, mais on ne retenait pas toutes les personnes. Mon père, ayant déclaré qu'il ne voulait pas se séparer de son ami M. Boyer, ancien avocat général de la république dégommé par la réaction, entra dans le filet, malgré les dénégations du commissaire central qui le connaissait pour un marchand de drap, chez qui il allait se fournir.

On les conduisit ainsi, au nombre de trois cents environ, par le boulevard longeant l'esplanade.

MM. Lenient et Perrens protestèrent hautement et crièrent: « Vive la République! »sur le passage du cortège, où l'on ne voyait que des bourgeois républicains marchant entre une double haie de soldats, d'agents de police et de gendarmes.

On attribua au général de Rostolan l'idée première de les mener fusiller contre les remparts de la citadelle, ainsi que cela se pratiquait dans le même temps à Paris. Mais le maire de la ville, M. Parmentier, qui prit une part active à cette journée, ainsi que cela se lit au cimetière, sur sa tombe, à côté de celle d'Aristide Ollivier, ne voulut pas encourir une aussi effroyable solidarité avec l'autorité militaire. L'évêque aussi, M. Thibault, ancien confesseur de la reine Marie-Amélie, intercéda pour ses brebis égarées. On se contenta de garder celles-ci en prison.

Deux hommes de cœur, espérant que le mouvement ne s'arrêterait pas là, eurent l'envie d'aller intercepter les dépêches au plus prochain télégraphe, dont les signaux aériens transmettaient directement les nouvelles de Paris à celui de Montpellier. La police y avait pensé avant eux, et fort heureusement ils s'arrêtèrent en chemin. Les télégraphes étaient gardés. Nos deux amis n'échappèrent pas à la déportation sur la dénonciation d'un nommé Isidore Roux, pour cause vague de société secrète. Ils auraient été fusillés sur place s'il avaient tenté de mettre leur projet à exécution.

A la Maison centrale, les prisonniers entassés, debout, sur une haute terrasse, à laquelle on arrive des deux côtés par un double escalier de pierre, formaient là une masse imposante d'hommes respectables, appartenant pour la plupart aux classes aisées, aux professions libérales, au commerce.

La fleur de la bourgeoisie protestante y était représentée par des fils de banquiers, Albert Castelnau, dont l'âme était si résistante sous son enveloppe frêle et maladive [1]; Alphonse Coulondre, fils d'un des plus grands propriétaires de la contrée; de jeunes avocats en grand nombre, Rouch, Bourrély, Carrière... Tous ces noms et bien d'autres figurent dans les tables de proscription publiées depuis. Castelnau paya de la déportation son dévouement au peuple. Les autres furent exilés... Mais n'anticipons pas.

Le mot d'ordre plébiscitaire était de *taper* surtout sur les avocats. Je m'en aperçus bien quelques jours après, quand j'allai avec mon grand-père solliciter

---

[1]. Voir l'appendice à la fin du volume.

auprès d'un colonel en faveur de mon père. « Que fait votre gendre ? demanda cet officier. Est-il avocat ? — Non, il est commis marchand drapier... — Oh ! alors, eut l'air de dire le militaire avec un haussement d'épaules significatif, nous ne le garderons pas longtemps. »

La classe ouvrière avait peu répondu au rendez-vous du jeu de paume, soit que l'heure du milieu du jour ne fût pas propice pour elle (elle travaille jusqu'au soir), soit qu'on eût évité à dessein de faire main basse sur elle, quand elle n'était pas représentée par quelque personnalité trop compromise. Il y avait une pensée démagogique dans cette exclusion.

Il y avait peut-être aussi une autre raison.

Le parti légitimiste était encore en grande majorité dans la ville, et le conseil municipal s'empressait, quelques jours après, d'offrir par souscription une épée d'honneur au général Rostolan. Il approuvait le coup d'État, en haine de la république, comme la ville entière avait applaudi avec enthousiasme à la chute de Louis-Philippe, croyant à une restauration prochaine. Le club au nom symbolique de l'Urne, qui entretenait et fomentait ces chimères, était placé sous l'invocation du suffrage universel, comme le coup d'État, qui arborait cette devise, en rendant au peuple les droits confisqués, à l'instigation de M. Thiers, par la loi du 31 mai 1849 : *Vox populi, vox Dei.*

Les passions politiques dans le Midi sont trop vives pour que le peuple y sût longtemps gré au coup d'État de ses ménagements affectés. La suppression de *l'Écho du Midi*, la fermeture de l'Urne désabusèrent sans doute le parti légitimiste, resté seul maître de l'opinion, après que le parti républicain fût réduit encore à une minorité moindre, par suite des arrestations qui s'opéraient maintenant la nuit à domicile. Il en restait bien peu capables de nuire au nouvel ordre de choses établi. La ville de Montpellier fut néanmoins le seul chef-lieu qui donna la majorité aux *non* lors du plébiscite des 20 et 21 décembre 1851.

Il est temps de retourner voir mon père.

Quand j'arrivai devant la Maison centrale, l'administration faisait monter des bottes de paille, qui annonçaient aux familles atterrées que ceux qu'elles réclamaient ne coucheraient pas, cette nuit, dans leur lit. On étendait cette paille dans une salle basse, en guise de lit de camp. Sur le boulevard de la Blanquerie, chacun cherchait des yeux les siens dans la foule, en haut, sur la terrasse. Le courant magnétique qui s'établissait naturellement d'en bas entre chaque détenu et sa famille, avait spontanément établi un langage muet entre mon père et moi. Je compris ce dont il avait le plus besoin, comme tous ses compagnons. Je courus chercher son caban, ce vêtement si commode, que tout le monde portait alors. En route, je fus insulté, sur la place de la Chapelle-Neuve, par une femme qui, comprenant à la direction que je prenais, en traversant ces bas quartiers, que j'apportais à un détenu de quoi passer la nuit, me cria : « Surtout recommandez-lui de se tenir bien chaud ; il en aura besoin cet hiver. » Je la *rimai*... à la manière de Ver-Vert ; elle m'y avait provoqué, mais la réponse, bien *française*, était peu courtoise. J'ai appris depuis que, même quand elle est méritée, il est plus poli de l'éviter. La femme, furieuse, chercha un sergent de ville. Ils étaient tous à la Maison centrale. Je parvins enfin à la petite porte d'entrée, gardée par des agents. Ceux-ci se chargeaient de transmettre les vêtements qu'on apportait. Je voulus me faire arrêter. D'autres aussi provoquaient les agents, mais on les repoussait malgré eux, quand ils ne paraissaient pas de bonne et utile prise.

La nuit fut mauvaise, pour la plupart, dans l'entassement d'une salle fétide.

Un juge de paix vint commencer l'instruction le lendemain. A sa vue, M. Boyer s'écria : « Quoi ! c'est vous qui m'interrogez, vous qui me devez tout, vous que j'ai cru républicain et dont j'ai fait la position ! Et vous osez me demander mes nom et qualités ! Ah ! je comprends que vous les ayez oubliés !... homme indigne, inscrivez que je suis un honnête homme qui a obligé un traître ! »

Le juge de paix sentait qu'en effet les rôles étaient intervertis et n'osait rien répondre.

Dans la journée, commença le transbordement de la Maison centrale à la prison cellulaire. Mais celle-ci était trop étroite pour loger tous les prisonniers. On les mettait par groupes, autant que les salles et les cabanons pouvaient en contenir. Mon père fut mis dans une salle de vingt-huit. Il se trouva là avec mon ami Perrier-Charles, architecte, dont le fils, M. Armand Charles, ancien secrétaire général du Var, est actuellement sous-préfet ; M. Antonin Cazelles, ancien colonel de la garde nationale, frère de M. Brutus Cazelles, ami de Napoléon III...

M. Antonin Cazelles était un sincère républicain, malgré sa parenté. Je crois l'entendre encore, en 1848, à la remise du drapeau de la garde nationale, terminer son discours vibrant et patriotique, en plein soleil, au champ de Mars, par le cri de : « Vive la République quand même ! »

Les Cazelles, originaires de Pézenas, ne se laissaient pas facilement intimider ; mais le plus énergique de tous, c'était leur père. Celui-ci, vieux républicain, avait subi la persécution, dès la chute de Robespierre, au lendemain du 9 thermidor. En 1815, il tint tête, avec ses deux fils, contre des bandes royalistes, qui voulaient dévaster sa propriété. Plus tard, sous le second empire, où il resta longtemps alité (car il mourut très vieux), quand son fils Brutus venait le voir, il lui demandait en patois : « Qu'est-ce que tu as donc à la boutonnière ? — C'est le ruban de la Légion d'honneur, répondait Brutus en *rougissant*. — Ah ! c........, va ! criait le vieillard, toujours en patois.

M. Antonin Cazelles ne pouvait rester longtemps en prison. Un jour, on vint lui signifier sa mise en liberté. Il protesta violemment : il fallut l'enlever de force, et rien n'autorise à croire que ce fût là une comédie.

Il n'est rien tel que les affranchis pour servir les crimes des tyrans. Dans le régiment du génie en garnison alors à Montpellier, se trouvaient deux nègres, qui eussent volontiers bu le sang des détenus politiques.

Au contraire, des sous-officiers *blancs* auraient volontiers échangé le vin qu'ils buvaient contre le sang de Bonaparte.

Dans les premiers jours, vers une heure de l'après-midi, on allait au-dessous de la prison cellulaire, qui donne, comme on sait, sur le Peyrou, voir si, à travers les meurtrières, on n'apercevrait pas quelqu'un des siens. Ces messieurs étaient au secret, et les plus jeunes d'entre eux, en se faisant la courte échelle, parvenaient quelquefois à échanger des signes avec leurs parents ou leurs amis, qui les guettaient en bas sur le boulevard.

Un jour, en arrivant sur ce boulevard, qui longe le jardin des Plantes, j'entendis un coup de fusil. Au même instant la foule s'enfuyait. « On tire sur nous! » me cria quelqu'un. Un groupe se formait contre le parapet du jardin, et je vis là un malheureux, étendu par terre, et dont le corps venait d'être traversé par une balle. C'était un ouvrier tanneur qui, en attendant l'heure de son travail, allait tous les jours fumer sa pipe au soleil, à cet endroit, accoudé contre le parapet.

La balle qui l'avait atteint n'était pas du reste pour lui. Elle était destinée à un gamin qui, s'étant moqué du factionnaire, avait été mis au poste dans l'un de ces pavillons de pierre, bâtis des deux côtés du pont. On se battait depuis plusieurs jours à Béziers. Des prisonniers de cette insurrection pour le droit, expédiés à Montpellier par le chemin de fer, vinrent à passer, solidement entourés et gardés. Comme ceux-ci étaient des combattants pris les armes à la main, on étalait maintenant exprès, sous les yeux des populations, leur délabrement. Le gamin, qui se trouvait au poste, profita de la sortie des soldats, appelés devant la porte pour présenter les armes à la force armée qui passait, et il s'évada, pour ainsi dire, entre les jambes du factionnaire. Celui-ci tira dessus. La balle alla frapper un pauvre homme qui *prenait le soleil*, comme on dit à Montpellier.

La population de Montpellier n'aimait pas le 35ᵉ de ligne, qui le lui rendait bien. Ce régiment avait, dans le Midi, une réputation redoutée, à cause de sa participation au massacre de la rue Transnonain.

Une des premières personnes accourues au bruit du coup de fusil pour secourir l'infortuné, fut M. le professeur Dubreuil, de la faculté de médecine, dont l'habitation était à proximité. Il écarta la blouse, et l'on vit, sur la chemise, une tache de sang, large comme une pièce d'un franc. Il fit apporter le corps à son domicile, où le blessé mourut dans la journée.

Une croix, gravée dans la pierre du parapet, par l'ordre de l'instruction judiciaire, relate à jamais cet exploit mémorable qui s'ajoute à tant d'autres souvenirs du 2 décembre.

Mon condisciple Vernhettes, fils d'un représentant du peuple légitimiste de l'Hérault, protesta sur place hautement et courageusement. Il s'indigna, disant que son père était peut-être tué à la même heure dans les rues de Paris pour la défense du droit. On l'arrêta. Il fut conduit à la Maison centrale, où il ne tint pas à lui qu'il ne fût gardé. On ne pouvait le retenir plus longtemps à cause de son nom, dans une ville où les autorités réactionnaires pactisaient avec le coup d'État, mais il fit son devoir. Il avait seize ans.

Un misérable du nom d'Isidore Roux dressa une liste de prétendus conspirateurs, dans laquelle il engloba, comme membres d'une société secrète, qui n'existait pas, tout ce qui restait encore de marquant comme républicain dans la ville. Il y fit entrer, entre autres, un célèbre avocat, M. Digeon père et ses deux fils, dont le plus jeune était non seulement l'innocence, mais l'innocuité même. Tous les suspects, portés sur la liste, furent arrêtés. Le second des fils Digeon fut un des rares relâchés. L'aîné a joué depuis, à Narbonne et à Paris, un rôle politique, que je n'ai pas à apprécier ici. Tout enfant, je le voyais se promener devant la maison de son père, dans la rue Fournarié : c'était un beau jeune homme, d'une certaine excentricité dans la mise, rasant ses moustaches, n'en laissant croître que la pointe, habillé à la polonaise, avec des brandebourgs. Tout cela m'apparaît dans le lointain de mes souvenirs, comme un rêve. Mon grand-père était le serrurier de M. Digeon. C'était une famille honnête et respectée. Cette expression, entendue chez mes parents, me revient, à propos de M. Digeon père : « C'est le flambeau du barreau ». Il fut déporté en Afrique avec son fils aîné. Tous deux s'évadèrent, et se réfugièrent dans l'île de Palma. Au moment de leur évasion, un coup de feu tua un homme dans leur embarcation.

Leur délateur, l'infâme Isidore Roux, fut déporté aussi. Les uns ont dit que c'était parce qu'il avait trompé le général Rostolan, en grossissant la liste des suspects, pour que l'argent de Judas fût plus lourd. D'autres ont pensé qu'il avait été attaché, tout simplement, comme *mouton* au flanc du navire qui emportait les proscrits.

Il a reparu depuis, à la fin de l'empire, à Paris, où il a fait des dupes. On le croirait mort, depuis la Commune.

Les prisons de Montpellier regorgeaient d'habitants. Il fut question d'en déporter provisoirement un certain nombre au fort de Brescou, en pleine mer, en face d'Agde.

On s'en tint au fort Saint-Pierre, qui domine le golfe du Lion, et garde l'une des entrées du port de Cette. Un matin, au petit jour, on entendit un cliquetis de chaînes dans la prison cellulaire. D'honnêtes citoyens furent enchaînés deux à deux, et conduits au chemin de fer, où le premier train les emporta à Cette. Celui qui devint mon ami, Jean-Baptiste Soulas, était du nombre.

On les confia, au fort Saint-Pierre, à la garde d'un sergent Rousseau, qu'on avait choisi parmi les plus impitoyables de l'armée.

Les lettres ont leur destinée comme les livres. Mon ami Soulas reçut au fort Saint-Pierre un objet, je ne sais plus lequel, enveloppé dans un papier qu'il eut la curiosité de lire, et qui était une lettre de Schoelcher, se terminant par ce post-scriptum : « Ce vilain Pyat ne veut donc jamais me voir ? » Il la garda comme autographe.

A Montpellier, parmi les détenus, se trouvait M. Eugène Guiter, qui avait succédé à Aristide Ollivier, comme rédacteur du *Suffrage universel*. Il correspondait avec Michelet. Le grand historien lui écrivit à la prison : « Quels jugements, dans mon histoire de la Révolution, rectifie en moi ce qui se passe!... » Il en venait presque à la réhabilitation de Robespierre, lui, le glorificateur de Danton!...

Mon père était interrogé au juge d'instruction. Il répondait humblement, modestement. Il n'avait que ses opinions politiques à défendre. Elles étaient connues. Un jour, le greffier, M. Feuillade, dont les parents tenaient la pension : *Au panier fleuri*, où mon père prenait ses repas, quand il était garçon, s'écria avec des sanglots : « Monsieur le juge d'instruction, permettez-moi de serrer la main du plus honnête homme que je connaisse. » Et il embrassa mon père.

C'était courageux.

XII

MAMÈTE

Nous vivions sous le régime de l'état de siège. Il n'était pas permis de se promener dans la ville, passé neuf heures. Ma grand'mère et moi allâmes cependant au moulin à huile surveiller le produit de nos olives de Malbosc, dont la récolte ne se fait qu'en décembre. C'était une joie de mon enfance d'aller cueillir les olives. Je grimpais de toute mon agilité dans les arbres au feuillage frêle et argenté, aux rameaux flexibles : mon poids faisait craquer les vieilles branches, usées et rugueuses. L'olivier est un arbre délicat qui résiste peu aux frimas. Mon grand-père jurait, craignant moins pour moi dont la jeunesse allégeait les chutes que pour ses pauvres arbres, dont toute branche cassée était une perte sèche pour l'avenir. On recueillait, au-dessous, la récolte que je faisais pleuvoir sur les toiles, étendues à terre. De grandes échelles doubles, appelées *chèvres*, étaient en bordure des oliviers, pour atteindre les branches inaccessibles.

Chez nos voisins plus riches, de chaque olivier sortait une chanson d'amour, des complaintes de *gabachs*, descendus, hommes et femmes, de l'Aveyron, qui venaient se louer pour la saison.

Nous, nous récoltions nos produits nous-mêmes.

Nous trouvions qu'il faisait grand froid, quand une légère *vitre* couvrait à peine les ruisseaux du chemin. Nous appelions cela de la *glace*, dans cette heureuse campagne du Midi, où la terre durcissait à peine.

Nous avions sous les yeux le magnifique panorama formé par la vallée de la Mosson, avec tous ses accidents *alpestres*. Les arceaux de l'aqueduc du Peyrou et la ligne bleue de la Méditerranée donnaient un air de Poussin à ce paysage *italien*, comme la nature en offre partout à l'entour de cette ville agréable, et qui, rajeunie, est devenue elle-même une petite Florence.

A l'heure du déjeuner, on mangeait le *bœuf étouffé* à l'ail, qui faisait pâté dans la vaste marmite où il avait cuit la veille. On s'asseyait au soleil, abrité par un talus rocailleux, parfumé de thym, de sauge, et autres végétations aromatiques de la garrigue, qui dispute toujours à l'homme ce maigre terrain, dont le vin se ressent de la pierre à fusil. Nos maigres vignes étaient plantées d'oliviers et de figuiers.

Mon grand-père ne manquait jamais une fois par an de me faire arracher des ronces et des broussailles dans un fossé; puis, de m'y faire rechercher, avec la main, un dieu-terme, une pierre qui servait de borne, et qui avait été plantée là, très anciennement, par son propre père.

C'était l'unique jour de l'année, où toute la famille se trouvait réunie pour *une partie de campagne*. Mon père désertait sa draperie. Ma mère laissait pour une journée la poussière s'accumuler sur ses meubles. Elle en était quitte le lendemain pour un double frottage. On partait avant le jour, on faisait la route à pied. On avait plus d'une heure à marcher.

J'ai refait bien des fois en rêve cette promenade et revu, dans mes nuits de Paris ou de Compiègne, — de Compiègne, surtout, — le pays du soleil. J'y ai renoncé délibérément, mais je ne peux empêcher ma pensée d'y vagabonder quelquefois. Rien ne rapproche plus de l'enfance que la pente déclinante de l'âge. Je ne touche pas encore à la vieillesse, mais je suis sur la route qui y mène. Prenons-en notre parti gaiement.

Nos moyens ne nous permettaient pas de laisser sécher un petit revenu sur pied, parce qu'un membre de la famille était en prison, mais en décembre 1851 la récolte se fit sans perdre de temps, en une matinée. Comme toujours, on choisit un jeudi, parce que, ce jour-là, je n'avais pas de classe et que j'étais un bon auxiliaire ; mais nous revînmes déjeuner à la ville.

Je ne raconte pas ici tous les travaux des champs auxquels j'ai pris part, tant le lavage du linge à la rivière, où ma grand'mère trouva un jour un anneau d'or en traversant avec moi une chaussée torrentielle et très dangereuse, sur laquelle nous pouvions être entraînés et noyés, que les vendanges, où l'on m'employait à fouler le raisin aux pieds. La nuit, en fermant les yeux, je ne voyais que des raisins. Mon grand-père me faisait aussi nettoyer les foudres, en râcler le tartre. J'étais enfermé là-dedans comme dans une grotte à stalactites. De temps en temps, je venais respirer l'air à la *porte*, car mes yeux cuisaient et la lumière de la chandelle qui m'éclairait commençait toujours par baisser et s'affaiblir, dès qu'on la posait dans le tonneau. Il n'eût pas même été prudent de m'y faire pénétrer, sans s'assurer préalablement qu'elle ne s'éteindrait pas. Il y allait, en ce cas, de l'asphyxie. A un moment venu, je ne pouvais plus entrer dans le foudre. La porte, qui servait de *clef*, était devenue trop étroite pour mes seize ans ; et, quoique resté mince, il fallait que l'un ou l'autre cédât. Je ne cédai pas. Je dus faire place à un plus jeune.

A la moisson, on me faisait aller coucher à l'aire, c'est-à-dire passer la nuit sur des gerbes de blé, pour montrer qu'elles étaient gardées. Je m'endormais sur la paille à la belle étoile.

Mes grands-parents, du côté maternel (je n'ai pas connu les autres) vivaient, comme on le voit, de leurs propres produits dans une simplicité primitive, au milieu de leurs greniers d'abondance, cultivant leurs champs et leurs vignes, faisant leur pain et leur vin, ne s'inquiétant jamais de ce qui se passait au dehors, mais ne songeant qu'à l'économie, petits rentiers enrichis par le travail et l'épargne, menant toujours la vie d'ouvriers, même quand mon grand-père eût vendu son fonds de boutique, mangeant à la cuisine : leur principal revenu, comme dans la Bible, s'étalait dans la première pièce de notre maison, vaste hangar que traversaient tous ceux qui venaient nous voir à l'heure des repas, et où étaient disposés les produits de la terre, sarments et sacs de blé, à côté de l'établi de mon grand-père, sans compter le soupirail de cave, qui laissait entrevoir l'extrémité d'un canal en bois par où l'on jetait la vendange dans le grand foudre.

L'entrée de la cave, une vraie cave d'ancien couvent, à voûtes ogivales et à caveaux secrets, où dormait un vin devenu *paille* à force de vieillir, était dans la cuisine. De dix-huit à vingt et un ans, j'y ai fait quelques descentes, une nuit de Noël entre autres, où deux *hommes sérieux*, mes amis et moi, nous dûmes éteindre la lumière et ne faire aucun bruit, au fond du souterrain, pour n'être pas surpris par mes parents qui rentraient se coucher, et qui n'auraient pas approuvé ce pillage. Nous emportâmes ensuite notre butin à pas de loup.

La cuisine elle-même ressemblait à la sacristie d'une ancienne chapelle. La clef de voûte, très élevée, était traversée par une corde, partant d'un tournebroche à sonnette et se terminant par un poids énorme qui pendait de l'autre côté de la cuisine. Lorsque la broche tournait devant un feu de souches, alimenté par des sarments, et que la lèchefrite chantait, recevant le jus de volaille, sur laquelle on faisait flamber du lard enflammé, le gros poids descendait peu à peu du plafond. Dès qu'il touchait terre, le tournebroche se mettait à sonner. Immédiatement, ma grand'mère le remontait, jusqu'à ce que le gros poids eût retouché le plafond.

Mon grand-père excellait à faire sauter la brandade dans la casserolle, et à la rattraper en la retournant sans en rien laisser échapper dans le fourneau, où elle cuisait à petit feu. La morue aux truffes était le régal friand offert à ses confrères, le jour de saint Éloi.

Tout eût été hors de portée pour des mauviettes ou des nains dans cette cuisine, construite pour des gens de forte taille; mais tout le monde était de haute stature dans ma famille, et mon grand-père avait proportionné les choses à sa hauteur. Ma grand'mère, qui lui tenait le fer à l'enclume, se levait, même en hiver, à trois heures du matin, pour pétrir le pain, quand la femme du four du quartier venait lui crier sous sa fenêtre : « *Mos d'Iran, pastas.* » Elle répondait : « *Ou ai entendut, Rosa*[1]. » Et elle se mettait bravement au pétrin. Ces deux bonnes femmes ne se doutaient pas de tout ce que contenait de mélancolie et de poésie ces deux cris s'élevant dans le silence d'une nuit froide. L'une et l'autre remplissaient leur tâche, sans avoir conscience de sa rudesse et de leur courage. Ma grand'mère grimpait sur son pétrin pour atteindre à un grenier rempli de sarments; comme le pétrin n'était pas encore assez haut, elle mettait une chaise dessus, et pénétrait alors à la force des poignets et des genoux dans son grenier. Elle jetait les sarments au milieu de la cuisine, et redescendait de la même manière, en faisant vibrer les casserolles de cuivre, luxe de famille, qui faisaient autant de soleils sur le mur. Un jour, elle tomba dans la cave par un soupirail à fleur du sol qu'on avait oublié de fermer. Tout le monde crut qu'elle s'était rompu le cou, et brisé les jambes : elle en fut quitte pour un froissement le long de la cuisse, dont elle ne se ressentit jamais plus après la guérison. Elle est morte à quatre-vingt-neuf ans.

Elle vivait de rien, mangeant à peine, accoutumée à une sobriété qui lui constituait un régime. On avait beaucoup de peine à la faire mettre à table. Elle grignotait à ses heures; mais elle avait toujours des provisions pour ses petits-fils.

Très bonne cuisinière à la vieille coutume locale, elle apprêtait les plats du pays à donner appétit aux plus gourmets. Elle possédait tous les rudiments et raffinements de cette vieille cuisine qui se perd, et

---

1. Littéralement: « Morceau d'Hérand, pétrissez. » — « Je l'ai entendu, Rose. » *Mos de*, morceau de, cela rappelle la côte d'Adam, dont fut faite la femme. C'est languedocien et biblique.

qui se pratique aujourd'hui à la *française*, — comme le patois, — c'est-à-dire qui se gâte. C'est la loi du progrès, ou mieux : de la transformation, et qui, probablement, s'est exercée de la même manière de tout temps, car à en juger des mœurs que nous avons connues par celles dont les vieux livres nous offrent le tableau, nous ne reconnaissons même plus celles dont nous avons été les témoins. Il ne faut donc pas trop gémir sur ce qui s'en va, sous peine de perpétuer le rabâchage.

Mamète (car c'est bien ainsi que nous l'appelions) me dit un soir de décembre : « Veux-tu me tenir compagnie cette nuit au moulin à huile ? » J'étais toujours prêt. Nous nous y rendîmes sur les dix heures du soir, et nous eûmes les honneurs d'une patrouille qui, nous ayant demandé où nous allions, nous accompagna jusqu'au faubourg Saint-Dominique, où se trouvait le moulin Marioge.

Rien de plus pittoresque qu'un moulin à huile. Madame Figuier l'a décrit dans *Mos de Lavène*. La bonne odeur de l'huile chaude vous réconforte déjà en entrant. Autant l'olive est amère, autant l'odeur du précieux liquide d'or qui en découle, quand on a pressuré le fruit, est douce. On voit l'huile nager dans une grande cuve, où elle entre en fusion. Un servant du moulin en ôte la fleur, qui se renouvelle incessamment, à l'aide d'une lame plate en argent, qui effleure à peine la surface de l'huile, et en déverse ainsi, lame à lame, le contenu dans des vaisseaux préparés *ad hoc*.

Mais il faut être là pour assister à l'opération. Encore n'en voit-on pas tout, car le moulin à huile a un *enfer*, ainsi nommé, dans lequel on ne pénètre pas, et où les hommes travaillent tout nus, à cause du feu d'*enfer* qui s'y entretient. Les propriétaires d'olives se défient beaucoup de cet enfer; mais c'est peut-être une crainte vaine, comme celle des romanciers à l'égard du chiffre du tirage de leurs volumes, dont ils cherchent toujours à pénétrer le secret, même quand il n'y a pas de secret.

L'aspect d'un moulin à huile est fantastique la nuit. On entre dans une obscurité profonde et immense, au fond de laquelle on voit des lueurs rouges et des bras de pressoir, qui affectent des formes terrifiantes. Au dehors il fait un clair de lune glacial. La chaleur de l'intérieur vous attire, vous pénètre et vous sature alors de cette odeur douce et *relevée* d'un piment spécial et caractéristique, qui n'est dû qu'à l'olive. Peu à peu l'envie de manger vous vient. On veut goûter l'huile nouvelle, et qui vous tente autant que le vin, qui sort de la cuve après la vendange. Ses flots d'or ont un bouillonnement doux et caressant, dans lequel on tremperait les doigts. J'en ai vu y plonger furtivement une mouillette de pain, mais c'est défendu, car cela peut gâter l'huile.

Ma grand'mère me fit cuire, sur l'une des bouches de l'enfer, deux œufs sur le plat, qu'elle arrosa d'huile nouvelle déjà tirée. Puis, elle sortit du panier qui ne la quittait jamais un *fricandeau* froid, cette charcuterie de famille qui se conserve tout l'hiver et que, seul, connaît le Midi. C'est un hachis de porc, entouré de sa graisse, qu'on mange à volonté chaud ou froid. Réchauffé, il répand une odeur appétissante, à laquelle je n'ai jamais vu les septentrionaux résister.

Quand nous revînmes au matin, nous envoyâmes, en passant sous les murs de la prison, un bonjour à mon père, probablement endormi à cette heure-là, à moins qu'il ne pensât à sa famille et à la liberté.

XIII

LE PÈRE JOSEPH

Mon père nous fut rendu au bout de trente-huit jours sans conditions, purement et simplement. On le relâcha avec d'autres. C'était la première fournée à laquelle on rouvrait les portes.

J'allais tous les soirs, sur les six heures, attendre le train de Cette. Le débarcadère ne se confondait pas alors avec la gare du Paris-Lyon-Méditerranée. Le chemin de fer de Cette avait encore sa gare à part.

Un soir, je vis arriver Soulas, que j'embrassai. Ce fut le point de départ de notre liaison, d'où a dépendu ma destinée.

Le 24 février 1852, cet anniversaire d'une date, que l'on célébrait gaiement depuis quatre années, fut des plus sinistres.

Comme par un raffinement d'allusion cruelle, le premier départ des déportés pour l'Algérie eut lieu ce jour-là à Cette.

Dans l'après-midi, nous enterrions à Montpellier un homme de talent aimé et populaire, M. le pasteur Grawitz. Toute la ville fut à son enterrement. Je manquai la classe. Le lendemain, M. Loubers, mon ancien professeur de troisième, devenu cen-

seur du lycée, me demanda si j'étais protestant.
— Non, répondis-je, mais mon père l'est...

Cela suffit. Il aurait pu me punir. Il ne le fit pas.

Ma *rhétorique* se ressentait de plus en plus des troubles du dehors.

M. Noël, notre professeur, y mettait une ironie mordante. C'était un professeur *modèle*, un homme à pensums. Les bruits du dehors ne le regardaient pas. Le principe d'autorité avait remplacé pour nous le principe de liberté. Il ne me ménageait pas les épigrammes.

Mon père, sur ces entrefaites, fit son voyage de demi-saison à Paris, où il allait acheter des draps. Le coup d'État modifia ses projets sur mon avenir. Il ne rêvait plus de professions libérales, dans l'idée desquelles il m'avait bercé jusqu'alors. Ses amis de Paris, des commerçants de la place des Victoires et de la rue du Mail, lui conseillèrent de me mettre dans l'*article de Paris*. Il m'écrivit d'apprendre l'espagnol. Je prenais déjà des leçons d'anglais.

Justement il y avait à Montpellier un prêtre réfugié, le père Joseph, qui donnait des leçons d'espagnol chez M. Boulet. Je retournai chez M. Boulet pour en recevoir. Ce père Joseph, condamné à mort dans son pays comme *carliste*, était vicaire de la paroisse de Saint-Denis. La ville de Montpellier témoigna toujours de la sympathie à la légitimité de *tra los montes*. Sympathie de race et de voisinage. Les rois d'Aragon ont régné sur Montpellier jusqu'en 1349. Le sang espagnol et maure a laissé sa trace sur bien des visages. Le patois y est une sorte de castillan, qui fait qu'on est très bien compris des grisettes... espagnoles.

Dans mon enfance, je voyais des bandes d'espagnols, chassés d'au delà de la frontière de leur pays, tombant là comme du haut des Pyrénées, couchant sur les bancs des promenades, en attendant que la légitimité locale et française leur eût fait un sort. Ils trouvaient à Montpellier une noble compatriote, madame de Séména, qui avait des largesses et des prodigalités pour chacun. Les notables étaient reçus comme don Carlos, à Compiègne, dans les avenues, à la villa symbolique qui a pour emblèmes à sa porte les médaillons de Jeanne d'Arc et de Charles VII.

J'ai connu un colonel de circonstance, cocher de grande maison chez M. Broussonnet, maire orléaniste de la ville, ami du roi, auquel il ressemblait. La manie bien *espagnole* de ce cocher était de se couvrir de bijoux et de clinquant. Il s'en mettait aux oreilles. Il aimait qu'on l'appelât *colonel*.

La bienveillance avec laquelle on traitait ces insurgés, dans les meilleures et les plus recommandables familles de la ville, me prédisposait d'avance à l'indulgence pour les insurgés de la Commune, avec lesquels ils présentaient tant d'analogie.

J'avais pris, tout jeune, des leçons de tolérance.

Le père Joseph avait une de ces physionomies qu'on remarque et qui se gravent. C'était une tête caractéristique. De haute taille, robuste et corpulente, grands traits, fortement taillés : un nez proéminent, s'avançant à pic comme un promontoire, donnait à son profil un caractère singulièrement typique de moine-soldat; car il avait été l'un et l'autre dans la guerre civile de son pays.

Il portait le costume de prêtre. Je l'avais vu, tout jeune, à la procession de Saint-Mathieu, qui passait devant notre porte (dans notre rue un côté appartenait à cette paroisse : le nôtre était de Saint-Pierre) Le père Joseph, quoique vicaire à Saint-Denis, figurait avec le clergé, derrière le dais, en habits de fête couverts d'or et de dentelles, un cierge allumé à la main. Ces cierges à la nuit tombante prenaient, à cette heure, une lueur jaune qui m'impressionnait. Les voix graves de ces prêtres, pour la plupart âgés, dont les chants alternaient avec la musique militaire, ajoutaient à l'effet de la cérémonie, devenue imposante par le contraste de ces chœurs de basse-taille, aux crânes chauves ou chenus, avec le long défilé de jeunes filles, de femmes et d'enfants, qui serpentait à travers les rues de la paroisse, pavoisées de blanc.

Des enfants, au visage peinturluré, couronne d'aubépine en tête, croix de bois à l'épaule, attestaient le fanatisme du quartier.

Par exemple, l'on était bien puni quand, après les dames et demoiselles du monde, commençait l'interminable théorie de vieilles femmes, qui se mêlaient aussi de chanter.

Les voix chevrotantes des vieillards en veste de bure, porteurs de longs bâtons argentés ou dorés, rompaient avec la monotonie des vieilles femmes.

Les places d'honneur venaient derrière le dais pour le clergé invité des autres paroisses, suivi de messieurs en habits noirs, où l'on voyait les principaux paroissiens, représentant la noblesse, les autorités, les facultés, etc.

La tête du père Joseph m'avait frappé dès mes premières années.

Il me donnait à seize ans d'excellentes leçons d'espagnol. En six mois, il me mit en état de parler et de correspondre. Il me faisait lire et expliquer un pamphlet carliste, écrit en langue courante : *La Espada en la presente crisis*; mais il professait des idées semblables à celle de La Fontaine :

Aide-toi, le ciel t'aidera.

Il me raconta que, dans son pays, au bord de la mer, des paysans étaient venus lui demander une fois de dire la messe dans un champ, en plein air, pour exorciser les sauterelles. Il y alla ; puis, quand la messe eut été célébrée, il leur dit : « Maintenant, faites comme moi ; prenez tous un bâton, et frappez devant vous, par terre, en courant vers la mer. » En les poussant ainsi vers la mer, celles qui n'étaient pas brisées du coup allèrent toutes se noyer, sous cette avalanche de coups de bâton.

Un jour, me parlant d'un détournement de mineure, qui faisait du bruit, il me dit : « Comme s'il n'y avait pas assez de femmes de bonne volonté ! »

C'était un philosophe à sa manière.

XIV

JEAN-BAPTISTE SOULAS

Mon ami Edmond Robert, ancien député de Compiègne, actuellement préfet de la Vendée, m'a dit un jour, à propos de la nécessité du service militaire réduit et obligatoire pour tous, qu'un jeune homme, au sortir de ses classes, avait toujours deux ou trois années à perdre. Il les passe à observer, à flâner; il digère ce qu'il a acquis, il y ajoute des notions usuelles et pratiques. Il apprend la vie.

J'ai pu m'en assurer par moi-même de 1852 à 1858, année de mon départ pour Paris.

De seize à vingt-deux ans, je vaguai en apparence sans but : au fond, je me repaissais de toute sorte de choses qu'on m'avait laissé ignorer au collège.

Ma vie n'avait pas cessé d'être intellectuelle, mais de circonscrite, elle s'était développée en tous sens. Elle s'étendait à tout ce qui était nouveau pour moi; non que ma curiosité embrassât tout, mais je tombai dans un cercle d'amis dont la littérature et la politique étaient la préoccupation principale. C'est ce qui m'attira vers eux, naturellement, et me détacha d'autres amis qui ne m'en surent pas mauvais gré.

Aux remontrances et semonces perpétuelles de mon

père, j'aurais pu répondre ce que Sainte-Beuve a écrit de Piron :

« La nature l'avait fait inepte à d'autres professions, et, quand il ne l'aurait pas été absolument, l'éducation n'avait rien fait pour redresser à temps la nature. Les raisons que Piron donne à sa décharge dans sa prose un peu hétéroclite sont des plus sensées : on vous élève ou l'on vous élevait en ce temps-là au collége à ne rien tant admirer que Virgile, Horace, Ovide, Térence, à faire des vers à leur exemple, à ne voir la belle et pure gloire que de ce côté. De mon temps c'était encore ainsi. On cultive donc dans les études, on surexcite des talents qu'il faudrait aussitôt après rengainer et rendre inutiles. Le logis et la classe sont en guerre : d'un côté, l'on prêche le positif; de l'autre, on vous pousse ou l'on vous poussait au jeu de poésie. Pour peu que le génie de l'enfant s'y prête, il sort de là dans un parfait désaccord avec la société où il doit vivre, et tout disposé à mettre son *hoc erat in votis* dans quelque belle élégie, quelque composition touchante, quelque comédie applaudie. Les tendres ne rêvent que Tibulle, les libertins se jettent du côté de Martial; les uns comme les autres prennent le chemin de traverse en sortant. »

Mon inclination me poussa vers la même route. Je pris le chemin de traverse. On avait eu le tort de me laisser bourrer de latin et de grec pendant sept ans et demi pour venir me dire, en pleine rhétorique, que décidément l'on me destinait au commerce; qu'il fallait dépenser trop d'argent pour devenir avocat ou médecin; que ces carrières étaient encombrées; que mon caractère *posé* (c'est ainsi que s'exprimait mon père) me rendrait plus propre au notariat; enfin, qu'il était bien marchand drapier, et qu'avant de m'envoyer dans l'*article de Paris*, il fallait d'abord que je fisse un apprentissage auprès de lui, à Montpellier.

Je saisis la balle au bond, et demandai à sortir du collège à Pâques. M. Noël ne m'avait pas rendu la rhétorique attrayante.

On me mit le mètre à la main. En même temps, on m'envoyait tous les matins, à cinq heures, prendre une leçon de tenue de livres chez l'indispensable ami et conseiller de mon père, l'éternel M. Boulet. Cela dura six mois, au bout desquels je n'avais rien appris de ce qu'on voulait faire entrer dans ma tête, mais en revanche j'y avais mis quantité d'autres notions.

Ici commence mon éducation vraiment *littéraire*, mon initiation à cette littérature *romantique* du xix° siècle, dont nos professeurs, bien *clercs* en cela, avaient tout fait pour nous détourner, ne nous montrant pas dans les grands modèles les défauts qu'ils nous signalaient chez les modernes; voyant l'antiquité tout en *bleu*, ne découvrant de taches que dans les œuvres *immortelles* du jour. Ils nous auraient fait croire à une espèce de *révélation*, qui ne serait donnée qu'à l'École normale, comme l'ordination au séminaire. C'est là la rançon de l'Université, où l'on tient, — où l'on tenait du moins (car l'esprit paraît bien changé), — pour *protervia* tout ce qui rompait avec le convenu.

M. Lenient nous avait bien fait entrevoir, à travers les persiennes et les jalousies classiques, des horizons nouveaux, mais il était trop consciencieux lui-même, dans son libéralisme élargi, pour ne pas nous ramener sans cesse à l'admiration des anciens et de cette *perfection* du xviie siècle, qui serait la négation de toute originalité, et la gloire des commentateurs, qui vivent de rapprochements.

Le génie des Molière, des Corneille, des Racine dut s'accommoder du *despotisme* littéraire du temps, qui leur imposait l'imitation. Ils surent la relever et la rendre *individuelle* : ils planèrent au-dessus du plagiat. Ils *créèrent* en s'inspirant des *anciens*.

Ce fut longtemps la *règle*.

« Il ne nous reste, à nous autres modernes, qu'à les aimer, » disait Creutzer.

La religion du *classique* vit aussi sur des croyances qui admettent le miracle et n'admettent pas la discussion.

Il faudrait reconnaître alors qu'il ne se fait plus de *miracles*, et que force est de vivre sur le passé, et sur la foi.

Mais l'esprit humain, depuis le xviiie siècle, a brisé les moules, il est allé en s'agrandissant, écartant les barrières, les reculant. Il a fait pénétrer la lumière partout. La liberté, dans l'ordre de la pensée, paraît définitivement acquise, et le suffrage universel, notre maître à tous, même en littérature, a consacré de nouveaux noms, qui ne doivent à leurs prédécesseurs que d'être devenus leurs égaux pour la postérité, qui les verra à distance comme nous voyons les anciens.

De tout temps, les grands hommes ont obéi à l'esprit de leur siècle, et ceux que nous admirons tant, sous le règne de Louis XIV, auraient subi la loi commune de nos jours, chacun dans son ordre et selon son génie. Ils eussent travaillé en vue d'un autre public, et n'auraient pas cessé d'être grands pour cela.

Je n'en quittai pas moins les bancs du collège,

imbu du plus pur classicisme. Je ne doutais point des *vérités* que l'on m'y avait enseignées, et, en présence d'affirmations contraires, j'éprouvai tout d'abord ce sentiment de résistance qu'un fidèle, dont on essaye d'ébranler la foi, est tenté toujours d'opposer à la première contradiction.

Deux libraires, Patras et Sevalle, se partageaient alors la clientèle, comme dans toutes les villes de France; et ils étaient divisés d'opinions. Le second, Sevalle, tenait les classiques; l'autre fournissait le public mondain. J'avais souvent regardé son étalage de l'air entendu d'un *croyant* qui ne s'arrête pas longtemps à des bagatelles et à des futilités.

J'entendis un pédant, à la sortie d'une représentation de *la Dame aux camélias*, par madame Doche, formuler ainsi son jugement : « Il y a des négligences de style. » Il ne dit pas lesquelles, mais cela me raffermit dans ma foi. Je m'étais remis à préparer mon baccalauréat ès lettres, et l'homme qui parlait ainsi était un préparateur.

J'obéissais comme Sainte-Beuve à cette loi inconsciente, qu'il a exprimée dans un vers, que j'ignorais alors :

Ils m'ont dit, ces mortels, en qui toujours j'ai foi...

Et, comme beaucoup de fois inébranlables, la mienne allait fondre au contact d'amis dont je partageais la religion politique, mais qui y joignaient d'autres convictions littéraires.

La politique et la littérature me liaient un peu plus tous les jours avec Soulas, que j'avais vu le premier à son retour du fort Saint-Pierre, et qui s'était marié dès sa mise en liberté.

J'allais le voir, tous les jours, chez ses parents, qui tenaient boutique de faïenciers, dans le faubourg de la Saunerie. Là nous causions ferme sur le trottoir, devant la porte, entre une heure et deux de l'après-midi. Perrier, l'architecte bien connu, qui a donné tous ses soins à la construction du nouveau théâtre de Montpellier, alors employé chez son maître Lazard, s'arrêtait en passant. Un autre, qui est mort aussi, comme Soulas, nommé Dominique Prior, et qui avait fait ses trente huit jours de prison, comme mon père, se joignait au petit groupe.

Ce Prior, peintre de soierie, ami de Maisiat et de Charles Comte, Lyonnais comme eux, avait suivi à Montpellier son père, ancien soldat de l'empire, et longtemps déporté sur les pontons anglais. Le livre du peintre Garneray, *Mes pontons*, était la lecture favorite de ce vieillard.

Dans ce temps-là, paraissaient les livraisons à 20 centimes qui vulgarisaient beaucoup d'ouvrages connus et inconnus. Avec mes nouveaux amis, j'y portai plus d'attention que d'habitude. Ils m'initiaient. J'ouvris chez Patras ma première note.

Perrier me faisait connaître les dessins des grands romans d'Eugène Sue, *les Mystères de Paris*, *le Juif errant*, illustrés par Gavarni.

Ce nom-là m'était révélé. J'amassai ainsi des connaissances qui me furent utiles, lorsque, en 1863, secrétaire de Sainte-Beuve, qui étudiait alors la vie et l'œuvre de l'artiste, je pus fournir au maître quelques indications, emmagasinées dans mon cerveau depuis ces heures de flânerie où il semblait *que je ne faisais rien*.

J'écoutais davantage que je ne parlais : mes amis

étaient plus âgés, et ils en savaient plus long que moi.

Le frère cadet de Soulas, Célestin, esprit caustique, plein de sel, personnifiait le tempérament languedocien, comme Édouard Durranc, rédacteur de *la Justice*, qui est de Lodève, et que j'ai connu d'abord secrétaire d'Albert Castelnau. L'un m'a toujours rappelé l'autre, c'est la même saillie de conversation.

Ils sont bien tous les deux du pays de l'abbé Favre. Ils ont le trait comique ou mordant, et ne tarissent pas en anecdotes amusantes, laissant les brumes aux pays du nord. On est plus rabelaisien que lamartinien, là-bas, au pays du soleil.

J'ai vu à l'épreuve le cœur de Durranc à la mort de Castelnau; je raconterai sur Célestin Soulas des faits caractéristiques qui achèveront de le dépeindre.

Soulas l'aîné avait alors vingt ans. Son esprit critique a donné ses fruits, et il est mort à vingt-huit ans, en 1859, après avoir laissé trace de son nom dans *le Figaro* bi-hebdomadaire.

On pouvait le considérer comme un phénomène, à cette date, dans une ville du Midi, où les germes littéraires n'arrivaient pas par volée. Les télégraphes électriques, les trains rapides ont facilité depuis les bureaux d'esprit parisien. On en trouve aujourd'hui des succursales un peu partout. Mais en 1852, où l'on n'allait pas encore directement de Montpellier à Paris sans changer de train plusieurs fois, comment l'amour de la littérature était-il venu à ce point chez un jeune homme, dont le père, indomptable républicain et patriote, esprit indépendant et fier, n'attachait d'importance qu'à la politique?

Soulas tenait de son père sa moustache noire, un

teint bronzé, des cheveux longs et noirs, qu'il ne portait pas sans un certain orgueil, de petits yeux à peine percés, qui étaient le côté faible et l'un des traits dominants de sa physionomie. Il y avait comme du sang venu d'Espagne, dans les veines de cette famille.

Le père, sous la Restauration, assistant à un repas de baptême légitimiste, chantait :

Hommes noirs, d'où sortez-vous ?...

alors une nouveauté. Ce chant le fit si longtemps mal noter, que lorsque je devins ami du fils, quelqu'un avertit charitablement ma famille que j'avais des fréquentations dangereuses. L'éponge n'était pas encore passée.

Le père Soulas allait, dans les villages, étaler sa faïence et porcelaine sur la place publique. Quand il rentrait le dimanche à Montpellier, il dévorait les journaux au café. Il avait besoin de se refaire...

Le fils me rendit peu à peu romantique. Nous retardions, mais c'était encore avancé pour la province et pour l'époque... Comme un néophyte, je pris tout d'abord pour argent comptant les paradoxes des *Jeune-France*. La préface de *Mademoiselle de Maupin* me séduisit; celle de *Cromwell* me transporta.

Les *Émaux et Camées* furent une de nos lectures favorites, à leur apparition, dans un format-bijou, encadré de rouge, qui se vendait un franc. Aujourd'hui il en vaut vingt. Soulas en lisait tout haut les stances dans nos promenades à la campagne, et nous sûmes ainsi, par cœur, les *Vieux de la vieille*, qui firent pleurer Théophile Gautier lui-même, un jour que mademoiselle Favart les déclamait devant lui, de longues années après, chez la princesse Mathilde.

C'est la page *émue* du livre.

Nous recevions, en 1853, des bribes et lambeaux des *Châtiments* et de *Napoléon le Petit*. Un ami nous rapporta un jour de Nice un cigare, lequel déroulé était une suite de vers de l'œuvre nouvelle et vengeresse de Victor Hugo, découpés dans les journaux de Bruxelles.

Nous les copiions, nous les propagions.

Mais je n'en ai pas fini avec l'année 1852.

Au mois d'octobre, passa à Montpellier le président de la république, qui traversait la France, d'abord à l'Est, puis dans le Midi, se rendant à Bordeaux, où il prononça son fameux discours, qui préludait à l'empire (l'empire, c'est la paix).

Le matin même de son arrivée, la police déchira sur les affiches, annonçant les réjouissances publiques, ces six mots, collés la nuit à la main, à la suite du programme : « Et deux hommes guillotinés à Béziers. »

Je vois encore le beau Danican-Philidor, un descendant du célèbre compositeur, joueur d'échecs, secrétaire du préfet M. Durand Saint-Amand, caracolant sur son cheval blanc, qu'il flattait de sa main gantée, aller au-devant du futur empereur à la gare.

Le département terrorisé était descendu, par curiosité, au chef-lieu. On n'acclamait pas, on regardait. La police seule poussait des cris *séditieux*. *Le Moniteur* constatait deux jours après qu'on avait crié : *Vive l'empereur* !

Tout près du Peyrou, un cri, un seul cri, le seul qu'on pût entendre, retentit à l'oreille du président à cheval :

— Vive la République !

Un agent de police, très connu dans le pays, se précipita, criant : *Quaou ès aquel?* (qui est-ce?) et cherchant partout. Personne ne trahit le coupable qui restait froid et impassible, car s'enfuir eût été se dénoncer.

C'était le frère de Soulas.

A quelques années de là, comme il conduisait sa charrette de faïencier à Marsillargues, ville républicaine, une femme sur la route l'embrassa, disant : « Je vous reconnais : c'est vous qui avez crié *Vive la République!* quand Napoléon a passé. »

En 1870, Célestin Soulas, qui avait près de quarante ans, et qui avait été exempté pour myopie, à son tirage au sort, s'est engagé dans les chasseurs à pied. Il a fait la campagne de l'Est, dans l'armée de Bourbaki, et dut suivre la retraite en Suisse.

Il a été depuis conseiller municipal à Montpellier.

Je lui ai dédié mon petit livre sur l'abbé Favre : *Histoire de Jean-l'ont-pris*, par déférence pour son caractère et par amitié

XV

VIVE L'AMNISTIE!

La jeunesse du pays, toujours *généreuse*, décida qu'indépendamment du bal officiel, qui avait lieu au théâtre, un autre, plus populaire, serait offert à celui qui avait tant sévi sur les pays *rouges*. Nous ne partageâmes pas cet avis, Soulas et moi, ni aucun de nos amis, et refusâmes notre concours.

Cependant, ce bal fut signalé par un épisode qui mérite d'être rappelé.

Quand le prince-président entra, il fut salué par le cri unanime de *Vive l'amnistie!*

Il monta alors à l'estrade des musiciens, et répondit visiblement troublé (ce qui n'était pas toujours facile à deviner sur cette physionomie d'ambitieux, terne et froide) :

— L'amnistie, je l'ai autant dans le cœur que vous, sur les lèvres. Tâchez de la mériter par votre sagesse et votre modération...

Ces mots allaient bien dans une telle bouche.

XVI

M. CAZOT

Nous ne devions rien faire pour *mériter* l'amnistie, et si elle vint en 1859, après la guerre d'Italie, ce ne fut ni de la faute de mes amis ni de la mienne, pendant les années qui la précédèrent.

Un de nos premiers actes aux élections municipales, dont le renouvellement eut lieu à ces mêmes heures de terreur bonapartiste, fut de propager, par tous les moyens en notre pouvoir, une liste d'opposition, où l'on ne portait que des candidats *libéraux*. Ah! dame, il n'était plus permis, en ce moment-là, de se compter entre républicains *purs*. On admettait des centre-gauche, presque des orléanistes, tout ce qui était vaincu et battu par le 2 décembre, — tout excepté pourtant le parti légitimiste qui avait odieusement pactisé avec le coup d'Etat.

La police, qui ne faisait qu'un avec l'administration préfectorale, interdisait d'imprimer des listes autres que la sienne[1].

Nous passâmes une nuit à griffonner la nôtre chez

---

[1]. En 1857, aux élections législatives, nous dûmes encore faire des bulletins à la main pour soutenir la candidature de M. Théodore Serre, qui eut 1300 voix de majorité dans la ville de Montpellier. La campagne nous trahit.

Soulas; nous nous réunîmes plusieurs pour cette veillée des armes.

Le docteur Vailhé, l'un de nos candidats, décoré du règne de Louis-Philippe, vint nous voir, et me dit : *Macte animo, generose puer*...

Je m'y attendais, mais je n'avais pas besoin d'encouragement.

Puis, peu à peu, nous nous mîmes à recevoir de Londres des caisses de gravures, renfermant dans l'épaisseur du bois des brochures très minces, imprimées en petit caractère, et qui étaient les *lettres* de Félix Pyat *à l'armée*, à la reine d'Angleterre. Ces caisses, adressées à un nom quelconque, nous étaient transmises, à leur arrivée, par un employé des messageries dans le secret. La police, qui les aurait ouvertes, n'y aurait vu que des lithographies coloriées, représentant les monuments de Londres; mais, en donnant un coup de couteau dans le flanc des parois, on découvrait des petits cahiers, très serrés, dont la boîte se trouvait bourrée. C'était un travail de menuiserie, exécuté par une main habile[1].

Je ne sais comment je m'y serais pris, si, appelé à de *hautes* destinées politiques, il m'avait fallu réprimer le colportage. Il me semble que je n'aurais pu oublier le temps où je traversais la Grand'Rue, les poches

---

1. Un brave garçon, nommé V..., ouvrier cordonnier, qui revenait dans sa ville natale pour s'y établir, arriva un jour muni d'une de ces caisses, dont il fit la déclaration à la frontière. On lui demanda ce qu'elle contenait. « Des gravures, » répondit-il. En ce moment, il se sentait sur une mine, prête à sauter. Il fut bien soulagé en la remettant dans nos mains. Je n'ai jamais reçu de meilleure accolade que la sienne, en 1870, quand je retournai à Montpellier, après quelques années d'absence. Il occupait alors une des plus belles boutiques de la Grand'Rue. Il est mort, et je lui devais ce souvenir, ainsi qu'à sa veuve et à ses enfants.

fardes de ces petites brochures, et où même j'allais en répandre dans la caserne de Cette.

Nous attendîmes longtemps une caisse devant contenir cent exemplaires de *Napoléon le Petit*, à cinq francs le volume. Nous avions prélevé des souscriptions dans le camp républicain. Ma part avait été des plus fructueuses. L'honorable M. G..., boucher, m'avait remis cinquante francs. La caisse fut saisie à Troyes. Elle portait le nom et l'adresse d'un brave citoyen, nommé Baumès, ouvrier mécanicien, — lequel travaillait en ce moment-là à Cette. La police de Montpellier alla l'arrêter, un dimanche, pendant qu'il lavait son linge dans le canal. On le tint au secret, trois jours. On lui disait : « Nous savons bien que ce n'est pas pour vous, mais nous voulons que vous nous déclariez pour qui cette caisse vous était envoyée. » Comme il était tout le contraire d'un imbécile, il pleura, il geignit, répondant qu'on voulait l'empêcher de gagner sa vie, qu'il n'était qu'un pauvre ouvrier, etc. Enfin on le relâcha sans en rien tirer : on lui paya même les journées de travail qu'on lui avait fait perdre.

Le commissaire central, M. N..., affectait parfois de dire tout haut en faisant sa partie de cartes, au café : « C'est singulier, nous avons une caisse de livres, qui vaut de l'argent, personne ne vient la réclamer...[1] »

---

1. Ce commissaire central, un *ratapoil* à tous crins, était un drôle de corps. Son sens moral lui permit de laisser mettre une enseigne, avec un réflecteur, le soir, pour que les étrangers et voyageurs de commerce ne s'y trompassent pas, à certaine maison, qu'on appelait la maison Cadet. La femme d'un haut fonctionnaire passait un jour, sur le cours des Casernes, avec sa fille. Celle-ci lut de loin l'enseigne, et demanda : « Maman, qu'est-ce que cette maison-là ? » Ledit commissaire central avait mérité son avancement à Bédarieux, et avait fait condamner à mort plusieurs insurgés, dont la peine fut d'ailleurs com-

La police avait des soupçons non sur les vrais coupables qui lui passaient entre les jambes, mais sur des avocats internés ou proscrits, qui étaient rentrés et qui se tenaient prudemment cois. Ils fuyaient, dès qu'on leur parlait politique.

En 1853, Michel de Bourges mourut à l'hôtel Nevet. Nous envoyâmes une adresse à la famille. L'une des personnes chargées de la recevoir et de nous remercier, fut M. Cazot, interné à Montpellier, à qui j'ai déjà consacré un souvenir dans mon *Blason de la Révolution*.

M. Cazot, actuellement sénateur, ancien premier président de la cour de cassation, ministre de la justice, devait son internement à la réputation qu'il s'était faite, en plaidant pour l'un des accusés dans le fameux complot de Lyon, inventé par la police, et où furent englobés tant de républicains. A la veille du coup d'État, c'était un prélude, une façon de décimer la France de toutes les forces vives de la république, avant de frapper le grand coup du 2 décembre.

M. Cazot, durant son séjour forcé à Montpellier, était tenu de faire acte de présence à la police. Il disparaissait dans l'intervalle. On savait (mais on ne le disait pas) qu'il rompait son ban d'interné : il allait voir son père, fabricant de verrerie à Alais ; mais il partait à pied pour dépister la police.

On était accoutumé à le voir se promener seul, dans la campagne, lisant, commentant les grands écrivains

---

muée ; il était chevalier de la Légion d'honneur. Sur la plainte de la mère de famille, scandalisée par la curiosité de sa fille, il tomba simple commissaire à Toulouse. O vicissitude des choses humaines, et ingratitude de la politique ! *Sacrifiez*-vous pour un régime !

du xvii° siècle. Nous l'avons rencontré, Pascal à la main. C'étaient là les loisirs d'un interné. Ses conversations roulaient ensuite sur ses lectures. Elles témoignaient d'un esprit ferme, empreint d'élévation et de noblesse : il avait toute la sérénité d'un sage.

Un jour, il nous arriva de Cette des déportés graciés, originaires de l'Ariège. Ils furent reçus à Montpellier par des étudiants de leur pays (Reusse, aujourd'hui médecin à Foix, Chabot...) Nous n'imaginâmes rien de mieux que de leur offrir une journée à la campagne, loin de la police, et d'inviter M. Cazot.

Ma famille possédait un *mazet* sur la route de Toulouse. Ce fut le lieu de notre réunion. Mon père se prêta avec plaisir à cette partie *fine* de politique en plein air. On était comme les *esurientes* de l'Écriture. On avait faim et soif de liberté. M. Cazot en fit tous les frais.

On sentait, dès ce temps-là, *quelqu'un* sous cette parole simple, naturelle, écartant tout sujet frivole. La jeunesse républicaine n'aimait pas toujours à *s'amuser* (au sens vulgaire du mot), et nous recherchions des plaisirs plus élevés et d'un autre ordre. Nous n'étions allés à cette partie de *plaisir* que pour entendre parler de république, et nous fûmes servis à souhait. Nous en eûmes un cours complet, à la manière antique, groupés autour d'un jeune maître, comme au cap Sunium, et justement en vue et non loin de la mer, dont la vaste nappe bleue resplendissait à l'horizon. M. Cazot nous parla tout le jour de Droit, de Liberté, de République, avec le ton de la science mise au service de la conviction. Et c'est en quoi cette journée d'effusion, passée à l'abri des mouchards, a laissé en nous un souvenir ineffaçable.

comme celui d'une oasis au milieu de ce vaste désert de silence, de ténèbres et de désolation, qu'avait créé ce temps de terreur bonapartiste, et que les générations nouvelles peuvent nier, puisqu'elles ne l'ont pas connu.

XVII

M. GERMAIN

Il y a si lontemps que j'ai été reçu bachelier ès lettres qu'il me semble que ce titre doit perdre de sa valeur avec les années. Je n'éprouve pourtant pas le besoin de célébrer mes noces d'or avec la Sorbonne. Saturé de latin comme je le fus depuis l'âge de huit ans, je passai d'emblée au mois d'avril 1854. La composition écrite me sauva; nous n'avions qu'un discours *latin* et une version *latine*. Le sort me favorisait, en m'envoyant du latin à écrire et à traduire. Oh! en français, cela aurait marché autrement. J'étais un assez mauvais narrateur, et surtout nourri de style classique, qui est une pure imitation latine. Mes tournures de phrases étaient du latin francisé; et je n'avais pas le génie de Bossuet, qui a tant donné d'essor de pure forme à la période cicéronienne, tout en restant, au fond, ce qu'on l'a appelé *le grand orateur des idées communes*.

L'Université exigerait sa marque de fabrique des meilleurs ou plus originaux écrivains. Je sais qu'elle s'est détendue depuis; mais, en 1865, un de mes maîtres vénérés, un homme respectable entre tous, M. Germain, doyen de la faculté des lettres de Montpellier, historien éminent, membre de l'Institut, me disait de cette voix aigrelette qui caractérisait en lui le principe d'autorité :

— Pourquoi MM. Champfleury et Monselet se sont-ils soustraits à l'obligation d'être bacheliers ?

— Pourquoi, répondis-je modestement et avec toute l'humilité sincère que je pus y mettre, tous les officiers distingués ou supérieurs ne sont-ils pas sortis de Saint-Cyr[1] ?

Il y a plus d'une manière d'être *clérical*, c'est-à-dire d'avoir l'esprit de corps et de le préconiser. De graves, honnêtes et consciencieux desservants ne connaissent qu'une devise : *hors de l'Église, point de salut*. — Ils ne voient que des *libertins* en dehors d'elle.

Tout enfant, je voyais passer M. Germain devant notre porte. Il demeurait dans la maison tout contre l'église Saint-Mathieu. Son attitude un peu courbée, sa figure méditative, sa tenue d'un homme d'étude propre et austère, tout en noir, tranchaient sur les habitudes de la rue. Sa figure complétement rasée, légèrement comprimée et ridée, sa tête penchée, indiquaient l'homme absorbé. Je le traduis de souvenir, n'ayant rien qui lui ressemble sous les yeux. Il connaissait mon grand-père, maître Hérand, à qui il rendait son salut. Il professait l'histoire à la faculté des lettres. Il avait d'abord été à Nîmes, d'où il avait

---

1. La province, défiante aux talents nouveaux et qui s'imposent, a une autre manière de les apprécier. Il lui faut une preuve matérielle et distinctive, sans quoi elle n'est pas bien sûre, — ne se doutant pas qu'en jugeant de cette façon, elle s'expose à être volée. — Un jour, un de mes compatriotes me demanda si Sainte-Beuve était *décoré*. Je répondis qu'il était commandeur de la Légion d'honneur. « Oh ! alors, il doit avoir beaucoup de talent. »

rapporté deux volumes, *Histoire de l'église de Nîmes*, écrits avec cette méthode savante et sûre, qui puisait tout aux sources mêmes, aux Archives départementales. Quand la faculté de Nîmes fut transportée à Montpellier, en 1838, il entreprit à Montpellier la tâche qu'il avait voulu s'imposer à Nîmes. Les Archives de l'Hérault le tentèrent : il s'y enferma; il en tira une œuvre qu'il mit douze ans à accomplir, l'*Histoire de la commune de Montpellier jusqu'à son incorporation à la monarchie française*, plus tard, ce fut l'*Histoire du commerce de Montpellier*... Ces travaux de longue haleine rempliront sa vie entière; il les multipliait, ne laissant rien dans l'ombre. Tout ce qui pouvait éclairer l'histoire de la formation des communes au moyen âge et de nos origines nationales était par lui mis au clair. Avec son infaillible connaissance des textes, il fit valoir des documents inconnus et importants, qu'il rapprochait, non sans bonhomie railleuse, des événements contemporains. Il en trouvait l'application immédiate. Il découvrait les femmes qui votaient, au XII° siècle, dans la commune de Cournonterral, et il en concluait : *nil novi*, dans les revendications modernes. Avec Soulas, je suivis son cours sur l'Histoire de Montpellier : avant de la réunir et de la publier en trois volumes, il la développait en leçons devant un auditoire attentif et qui remplissait les bancs de la salle de la faculté. C'était un plaisir attrayant que d'entendre les soirs d'hiver cette parole sympathique, malicieuse et piquante dans l'accent, nous révélant à nous-mêmes dans les faits et gestes de nos ancêtres. Nous y puisâmes un enseignement qui déjà nous initiait à ces principes certains de critique historique, dont le XIX° siècle s'est avisé le premier, et qui consistent à ne rien avancer sans pièces et documents authentiques.

M. Germain était né à Paris; il avait fait ses études à l'École normale. Il garda toujours le culte de Michelet, qu'il avait eu pour maître de conférences, sans épouser mais sans déplorer non plus ce qui le séparait du grand historien, car M. Germain professait une vraie tolérance philosophique en matière religieuse, tout en ayant contracté, de la religion universitaire, un mélange de catholicisme gallican.

Il ne voulut jamais aborder la guerre de religion au XVII° siècle, convaincu qu'elle donnerait tort au grand roi. Les Archives de l'Hérault abondaient en preuves de la duplicité du monarque qui avait trompé Jean Cavalier. Mentir à un manant ne coûtait rien à sa diplomatie.

J'ai été l'ami de M. Germain, je l'ai mis en relation avec Sainte-Beuve : je n'allais pas à Montpellier sans le visiter. Il me donnait l'exemple du travail. Je le surprenais à six heures du matin, dans son cabinet, donnant sur un jardin-terrasse. Il copiait en dernier lieu le *Cartulaire* de Montpellier.

« Que faites-vous à Compiègne? me dit-il un jour. A votre place, j'y aurais dépouillé les archives.

— Tout le monde n'a pas les mêmes facultés, répondis-je. Je n'ai été qu'un bon secrétaire de Sainte-Beuve. Il semblait que ce fût là ma destinée. »

Il m'écrivait, m'envoyait chacune de ses publications, et aujourd'hui elles forment une collection tout à l'honneur de cet historien, orgueil de la cité, dont la vie a été un modèle d'honnêteté, de conscience et de labeur.

Sa belle écriture de savant, qui se ressentait par la

calligraphie de son habitude de mettre au net des textes incompréhensibles pour tout autre que pour lui, constitue pour moi de précieux autographes, reconnaissables aux lettres allongées et bien ouvertes. Il y portait une application d'avant l'invention de l'imprimerie. Il en avait fait, sans y viser, une écriture élégante et fine dans les prolongements et les déliés. Elle est d'un caractère spécial et typique : elle indique avant tout l'intention d'être lisible. On y voit la préoccupation d'un esprit exact et qui craint pour ses textes les *coquilles* d'imprimerie.

A la mort de mon père, il voulut bien m'écrire :

« Montpellier, 28 décembre 1880.

« Mon cher monsieur Troubat,

» Je me suis fait un devoir d'assister aux obsèques de monsieur votre père, mort si rapidement; et si je ne vous ai pas écrit le même jour, c'est que j'espérais vous voir à Montpellier le lendemain ou le surlendemain.

» Vous n'aurez vraisemblablement pas pu vous absenter alors.

» Agréez, en attendant le plaisir de vous serrer la main, mes vives condoléances, et l'expression de ma meilleure amitié.

» AL. GERMAIN. »

Des historiens émules et rivaux ont essayé d'entamer M. Germain : c'était plus facile que de l'imiter. Pour moi, quelles qu'aient été ses opinions historiques et religieuses, j'honore sa mémoire et je la respecte.

Il est mort le 27 janvier 1887, à l'âge de soixante-dix-sept ans.

XVIII

M. SAINT-RENÉ TAILLANDIER

Un autre de mes examinateurs au baccalauréat ès lettres fut M. Saint-René Taillandier, qui professait la littérature française à la faculté des lettres de Montpellier. Esprit disert, honnête, il choisit, pour sujet de cours, au commencement de l'empire, Béranger. Je ne l'entendais pas, sans émotion, scander *le Vieux caporal:*

>   Conscrits, au pas...

J'ai ressenti, depuis, les mêmes impressions de chauvinisme, en voyant, en 1859, entrer les Français à Turin. Les ovations qu'on leur faisait, les fleurs, les oranges qu'on leur jetait, les acclamations et les vivats des braves Piémontais me reportaient au cours de M. Taillandier. J'ai retenu ce vers de ces leçons :

>   Le Rhin lui seul peut retremper nos armes...

Quand M. Saint-René Taillandier fut décoré, des applaudissements éclatèrent dans la salle, dès qu'il parut en robe, la croix sur la poitrine. Ce *lapsus linguæ* bien excusable lui échappa : « Messieurs, je vous remercie de ces *sympathies de témoignages*... » pour : de ces *témoignages de sympathie*.

M. Taillandier lisait, mais avec l'habitude un peu traînante, à laquelle on finissait par se faire, de répéter le dernier lambeau de phrase, un peu comme un homme qui monterait un escalier, et tiendrait un instant un pied sur l'avant-dernier degré avant de franchir l'autre degré.

Un souvenir inséparable de M. Saint-René Taillandier est celui de l'enterrement du poète Brizeux. Le barde breton était venu mourir à Montpellier, où il fut l'objet de soins touchants de la part de son savant confrère et collaborateur de la *Revue des Deux Mondes*.

J'étais en prison — mon Dieu, oui, — en cellule, en 1858. M. Gavini, préfet de l'Hérault, m'avait ménagé mes quartiers d'hiver. De dessus ma table, scellée au mur, je me hissais sur une pile de livres, formée par le *Manuel du baccalauréat ès sciences*, et de cet observatoire, rien ne m'échappait sur le pont du Peyrou. Un dimanche, je reconnus mon père, se rendant à la campagne, et cherchant des yeux ma cellule; puis il s'en alla d'un air triste. Un jour, sur les dix heures du matin, je vis passer un enterrement, que je crus être celui d'un étudiant. Il n'y avait que des habits noirs. Le lendemain, un numéro du *Messager du Midi*, qui me parvint avec mon déjeuner, m'apprit que j'avais assisté, sans le vouloir et sans le savoir, aux funérailles de Brizeux. Le journal — le seul alors de la localité — reproduisait les paroles de M. Saint-René Taillandier, et des vers d'un républicain, M. Théodore Serre

De 1858 à 1865, j'avais changé de domicile. J'étais alors secrétaire de Sainte-Beuve, qui publiait, cette année-là, des articles sur Proudhon, dans la *Revue contemporaine*. De loin en loin, je rencontrais M. Taillandier dans Paris, et nous échangions quelques mots. Nous nous croisâmes une après-midi dans l'escalier de la Bibliothèque impériale. « Signalez, de ma part, à M. Sainte-Beuve, me dit-il, un ami de Proudhon, qui a beaucoup de lettres de lui : M. Bergmann, doyen de la faculté des lettres de Strasbourg. Je l'ai connu quand j'étais moi-même professeur à Strasbourg. Il y a, dans cette faculté, des professeurs qui tournent le dos à la France, qui affectent de faire leur cours en allemand... » Et M. Taillandier me cita quelques exemples. — « Vous devriez écrire, lui dis-je, un article dans la *Revue des Deux Mondes* sur la faculté de Strasbourg... — J'y penserai, » me dit-il. Il ne l'a jamais fait, mais je rendis compte, en rentrant, de sa conversation à Sainte-Beuve, qui écrivit aussitôt à M. Bergmann, l'ami de Proudhon.

Quelques jours après, nous reçûmes la visite de M. Langlois, le futur colonel de 1870-1871, autre exécuteur testamentaire de Proudhon, à qui M. Bergmann avait écrit en recevant la lettre de Sainte-Beuve, dont il n'avait pas bien lu la signature.

Les relations avec M. Langlois commencèrent; et bien des fois, par la suite, il vint s'entretenir de politique et de philosophie sociale avec l'illustre causeur des *Lundis*.

Quant à l'appel adressé à M. Bergmann, il fut entendu, et Sainte-Beuve reçut en échange quantité de lettres qui étaient comme autant de mémoires explicatifs de Proudhon sur ses propres ouvrages. Le critique tira parti de cette communication dans ses articles, qui sont, à proprement parler, une étude sur Proudhon d'après ses lettres. La Correspondance de Proudhon y est révélée pour la première fois, et le livre de Sainte-Beuve, publié après sa mort, en a été, pour ainsi dire, la préface.

Je demande pardon de la parenthèse ouverte ici ; mais, puisque M. Taillandier m'a conduit à Bergmann, je ne la fermerai pas sans en finir avec ce délicat sujet, dans lequel l'éminent professeur de la Sorbonne m'avait fait toucher du doigt l'une des plaies de la France dans l'Est.

XIX

BERGMANN ET PROUDHON

Quand M. Bergmann est mort, à Strasbourg, le 13 novembre 1887, âgé de soixante-quinze ans, j'ai publié (pensant déjà à mes *Souvenirs*), dans *le Voltaire* du 23 novembre, les quelques lignes suivantes, qui, bien que n'arrivant pas ici à leur date, trouvent naturellement leur place à la suite du chapitre précédent.

On a beaucoup reproché, disais-je, à Bergmann d'avoir opté pour l'Allemagne, après l'annexion de l'Alsace, et nous n'avons pas à plaider les circonstances atténuantes. Il en est une, cependant, qui expliquerait à la rigueur, si elle ne justifiait pas cet acte de mauvais Français, dont M. Saint-René Taillandier avait le pressentiment dans sa conversation avec le secrétaire de Sainte-Beuve en 1865.

En 1866, les amis et exécuteurs testamentaires de Proudhon publièrent à la Librairie internationale Lacroix et Verboeckhoven une œuvre posthume de Proudhon, les *Évangiles annotés*. L'ouvrage fut saisi à la requête du parti clérical, qui dominait alors. Un avocat crut couvrir M. Lacroix en faisant valoir au tribunal correctionnel que les épreuves avaient été corrigées par un savant et, qui mieux est, un membre de l'Université. Ces paroles ne tombèrent point dans l'eau. M. Bergmann fut assigné devant le conseil académique, au ministère de l'instruction publique... et des cultes.

Il arriva un dimanche, et fut conduit droit chez Sainte-Beuve par M. Langlois.

Depuis des années, Bergmann n'avait quitté sa *capitale* de... Strasbourg. Il y faisait de l'exégèse à son aise. Là, discuter les textes hébreux n'était pas un crime. Bergmann faisait même partie du consistoire ; il était de la *fabrique*. Il n'avait rien vu de contraire à l'esprit d'examen et d'analyse, que comporte le protestantisme, en acceptant de corriger les textes hébreux ou grecs du livre de son ami, et là s'était bornée sa part de coopération à la publication de l'ouvrage condamné.

Mais il fallait faire entendre raison au conseil académique, très mal disposé à l'égard de Bergmann.

Sainte-Beuve y passa toute sa journée du dimanche, dictant à son secrétaire des lettres qui furent adressées à chaque membre du conseil. On a recueilli, dans sa Correspondance, celle qu'il écrivit à M. Ravaisson (12 mars 1866) :

« Personne, y disait-il, à l'heure qu'il est, excepté les intéressés, ne sait l'affaire de Bergmann. Sauf la sphère gouvernementale, où la question a été soulevée, *personne*, je le répète, ne prend intérêt à cette affaire. Excepté les érudits, personne ne sait le nom de Bergmann. Qu'on le frappe même incomplétement, et, dans l'état actuel de l'opinion, on verra quelle impression défavorable, plus que défavorable, il en résultera.

» Ces considérations toutes politiques ne seraient

sans doute que bien générales et tout extérieures si Bergmann était coupable. Il ne l'est pas. Non seulement il est innocent, mais c'est un *innocent* dans toute la force du mot. Ce loyal et profond savant n'a corrigé les épreuves que sur le point spécial philologique. Le libraire a pu faire plaider le contraire... Bergmann affirme; qu'on lui demande de donner sa parole d'honneur, il me semble que le point sera vidé.

» Il a été imprudent, pas autre chose; il a été naïf. Un conseil disciplinaire paternel est fait précisément pour apprécier ces choses. On croira être utile à l'Université en scindant l'injustice. Je ne sais comment cet honnête homme prendra cette part publique de dégradation, mais je sais bien que Strasbourg et l'Alsace tressailleront!...

» ...Pour moi, si Bergmann était complétement frappé, je me voilerais la face et je crierais; s'il l'est à demi, je ne me couvrirai qu'une joue et je gémirai... »

Sainte-Beuve y mit toute sa chaleur d'âme. Bergmann en fut quitte, le lendemain, pour une admonestation après une longue attente au ministère de l'instruction publique. Il vint remercier Sainte-Beuve, et, comme celui-ci lui conseillait d'aller voir, avant de partir, un ou deux membres du conseil académique, qui s'étaient montrés plus conciliants que les autres, M. Giraud entre autres, le doyen de la faculté de droit : « Non, monsieur Sainte-Beuve, répondit Bergmann, j'ai bien trop envie de quitter Paris : ils m'ont fait trop souffrir aujourd'hui, pendant que j'attendais mon sort comme un accusé; je n'y reviendrai plus. »

Et il n'a que trop tenu parole... en 1871.

C'est étonnant, cependant, comme certains milieux

solennels et officiels impressionnent les natures candides et nerveuses! Certains vieux prêtres de montagne n'ont pas plus de répugnance à descendre à l'évêché, que n'en montra ce jour-là Bergmann à franchir le seuil du palais... épiscopal de la rue de Grenelle. Il avait hâte d'en sortir et de n'y plus revenir.

XX

L'ABBÉ FLOTTES

Je reviens à mon tour d'un peu loin.

La faculté des lettres de Montpellier s'honorait encore de posséder l'abbé Flottes, dont Sainte-Beuve, en polémique avec lui, a dit dans son *Port-Royal* (tome III, page 605, édition de 1866) :

« L'abbé Flottes, qui est mort le 25 décembre 1864 et dont on peut parler avec plus de liberté, était un homme d'étude plus qu'un homme d'esprit, un homme de piété aussi, d'une piété éclairée et qui admettait le raisonnement; dont la messe toutefois, me dit-on, ne durait guère qu'un quart d'heure : il avait à Montpellier la réputation d'une *messe courte;* il la disait tous les matins entre neuf et dix heures à l'église Saint-Paul, et sa vitesse à la dire tenait plus à sa vivacité d'esprit qu'à l'envie de se dépêcher. Il avait eu, dès sa jeunesse, la vocation ecclésiastique et s'y était livré, quoique sa famille eût d'autres vues. Au demeurant, un de ces hommes de province remarquables et qui honorent leur cité; une de ces têtes que l'on distingue et qui ont un caractère ; — un peu singulier d'ailleurs, mais singulier d'habitudes plus que d'humeur, dont toutes les journées se ressemblaient, et qui, ayant habité toute sa vie à Montpellier, où il était né, n'avait jamais franchi l'enceinte de la ville, n'avait jamais vu la mer que du haut du Peyrou et des promenades, à la distance d'une ou deux lieues. Il a laissé à Montpellier un souvenir de bonté, d'honnêteté, et sa mémoire y est encore entourée d'un sentiment de vénération. Ayant professé la philosophie à la faculté des lettres pendant de longues années, il a légué à la Bibliothèque de la ville ses livres formant eux-mêmes toute une bibliothèque, dans laquelle la philosophie et la théologie se donnent la main, et où quatre sujets, quatre branches surtout sont au complet, *Pascal*, *Huet*, *saint Augustin* et *Port-Royal*, les quatre principales occupations de sa vie. »

Ce portrait est tellement exact qu'on croirait que Sainte-Beuve avait connu l'abbé Flottes, et pourtant il ne l'avait jamais vu; mais Sainte-Beuve était bien renseigné.

XXI

LA JEUNESSE DE GONDINET

Le charmant esprit qui vient de s'éteindre le 19 novembre 1888, âgé de soixante ans à peine, à Neuilly-sur-Seine (31, rue Chauveau), Edmond Gondinet, avait fait ses *premières armes* à Montpellier. Cet enfant de Limoges, qui lui a décerné des obsèques, où s'est révélée toute l'indifférence d'une ville morte pour un fils qui aurait mal tourné, occupait, en 1854, à Montpellier, la fonction de premier commis chez son père, directeur de l'enregistrement. On devine ce que cette place pouvait laisser de temps et de loisir à un jeune homme d'une éducation littéraire particulièrement soignée, plein de distinction, élevé dans une famille dont la bienveillance était le trait essentiel et caractéristique. Le père de Gondinet ne voulait jamais croire au mal. — Quand la nouvelle arriva à Montpellier de l'assassinat de l'archevêque de Paris, Sibour, par un prêtre, Verger, le brave et honnête homme disait que ce n'était pas possible !

Edmond Gondinet, aux petits soins chez ses parents, gâté, choyé, entouré de tout le confortable et même le luxe de la vie, membre de la Grand'Loge (cercle aristocratique et nullement *maçonnique*, succursale du Jockey-Club dans le Midi), ami de la préfecture sous le second empire, malgré les opinions légitimistes de sa famille, qui furent longtemps les siennes, comme celles du monde *comme il faut* en ce temps-là, se tenait plus souvent dans le jardin que dans les bureaux de l'enregistrement. Ce jardin qui *y est* probablement toujours, comme le *tunnel* dans l'une de ses pièces, a servi de berceau à ses premières œuvres... locales. Gondinet n'était pas fâché qu'on allât le *déranger* au bureau de son père pour conduire ses amis dans l'allée du fond ou du milieu. Là, tout en les bourrant d'abricots, il essayait sur eux l'effet de ses scénarios, entremêlés de couplets qu'il réglait sur des airs connus, d'après un exemplaire de la *Clef du Caveau*, et qu'il chantait de sa voix aigrelette, — une voix de vaudevilliste. — J'en parle en copiste, qui eut l'honneur, en ces années, de lui servir de secrétaire et confident.

La saison dramatique, qui commence comme l'année classique, en automne, vit naître à Montpellier, en 1854, un petit journal littéraire, qui devait acquérir, par les noms de ses collaborateurs, une importance que n'ont pas d'ordinaire ces petites feuilles, apparaissant en septembre, disparaissant en mai. *Le Furet*, fondé par un homme d'esprit, M. Achille Kühnholtz-Lordat, très expert en matière de théâtre, vit venir à lui un collaborateur qui se cachait sous le pseudonyme de Julien de Laurières (un nom maternel). C'était Edmond Gondinet. L'esprit attirait l'esprit, car, bien que faisant partie l'un et l'autre de la Grand'Loge, MM. Kühnholtz et Gondinet ne s'étaient pas donné le mot.

Ce journal eut une influence décisive sur la destinée de Gondinet, comme il en eut une sur celle de mon ami Soulas. (Je fus ainsi entraîné moi-même dans la voie que j'ai suivie depuis).

Gondinet lança un jour, dans *le Furet*, ce paradoxe qui fit beaucoup crier à Montpellier, et auquel son propre talent donnait un perpétuel démenti : *De la difficulté d'avoir de l'esprit en province*. — *Le Furet* était la preuve du contraire.

La politique se trouvait rigoureusement interdite en ces années de terreur bonapartiste. M. Kühnholtz n'était pourtant pas homme à s'en priver absolument. Des opinions royalistes bien connues l'éloignaient de l'empire, et lui, l'ennemi de *Philippe*, qui travestissait dans *le Babillard* (de collaboration avec Léon Guillard) le nom du préfet de l'Hérault, M. Roulleaux-Dugage, en *Barreau de cage*, n'aurait pas été fâché de recommencer la guerre à coups d'épingle ; mais la collaboration de *Julien de Laurières* était un porte-respect autant qu'un paratonnerre auprès des autorités successives du jour, MM. Costa et Gavini, qui joignaient les terribles fonctions de préfet de police à celles de simple préfet.

Jusqu'en 1855, Gondinet ne fut que journaliste. On le voyait aller brillant, l'œil pétillant à travers ses verres de myope, faisant l'hiver un tour de Grand'-Rue, l'été un tour d'esplanade avant d'entrer au cercle, où il allait exposer quelques louis. Il pariait, mais il ne jouait pas. Il invitait presque tous les soirs son ami Edward Geoghegan, rédacteur du *Messager du Midi*, et un autre, plus jeune, qui ne le quittait pas, à venir prendre une glace au café du Musée. On ne parlait que de littérature et de théâtre.

En 1855, un directeur habile et hardi, grand oseur, vint révolutionner le théâtre de Montpellier. Il le tira de l'ornière et de la routine. M. Vachot voulait que les populations méridionales goûtassent la comédie et le drame autant que l'opéra et l'opéra-comique. Il amenait deux troupes de choix, deux troupes d'élite. Madame Rauïs, du Conservatoire de Liège, fut notre première chanteuse légère, à seize cents francs par mois! Il fallait à M. Vachot des décors nouveaux, une salle fraîche. Le peintre Baudouin, le père, dut brosser un rideau neuf. Mais comme, pendant tous ces préparatifs, le public s'impatientait à la porte et qu'on retardait de jour en jour l'ouverture, M. Vachot alla trouver Gondinet et le pria de lui composer un Prologue pour le jour de la *première*.

Gondinet, qui n'attendait que l'occasion de se manifester, et qui déjà connaissait son personnel du théâtre, improvisa un très joli acte où figuraient tous les *pensionnaires et sociétaires* de M. Vachot. Cela s'appelait : *Ah! enfin!* Ce fut un succès fou. Gondinet y avait introduit des couplets sur tous les vieux airs méridionaux; et la danse des *Treilles*, et la danse du *Chevalet*, tout y rentrait. Il fallait entendre avec quel entrain convaincu il donnait le branle aux acteurs.

Ce fut son début, bientôt suivi d'une parodie-tragédie, *la Vigne sauvée ou le Triomphe du soufre*, qui aurait guéri la vigne de l'*oïdium* (maladie d'avant le phylloxéra), si elle avait pu rire. M. Auguste Baussan en dessina les costumes. Albéric Second se trompa sur les intentions de Gondinet et crut qu'il y avait encore à Montpellier des auteurs de tragédies! Gondinet lui adressa sa brochure, et le bon Albéric fit réparation et rendit hommage à la nouvelle étoile comique, encore au-dessous de l'horizon.

Le troisième début de Gondinet, comme auteur

dramatique à Montpellier, fut un vaudeville qu'il écrivit pour racheter de la conscription un jeune comique, qui promettait beaucoup alors, et qui, depuis, a fini en directeur du Palais-Royal, M. Briet. Le comédien, au lever du rideau, s'approchait de la rampe, un pantalon garance à la main, chantant des couplets dont le refrain, après avoir exprimé peu d'amour pour le métier militaire, était :

> Voyez la fatalité :
> Moi, je suis bien emboîté.

La représentation, donnée au bénéfice de l'acteur, dépassa et de beaucoup la somme nécessaire pour son rachat.

Ces souvenirs de jeunesse méritaient d'être fixés.

Il en est un pourtant encore dont je tiens à lui faire honneur, par reconnaissance. Un jeune homme, à opinions politiques militantes, fut arrêté, par ordre de M. Gavini, en 1858, peu de jours après l'attentat d'Orsini. Gondinet mit tant de chaleur à le défendre, qu'il se brouilla avec le préfet de l'Hérault.

Tel il se montra, aux alentours du Palais-Bourbon, le 9 août 1870, jour de la convocation du Corps législatif par l'impératrice aux abois. Là se rencontrèrent et se serrèrent la main pour la première fois Albert Castelnau, Camille Pelletan et Edmond Gondinet. Le peuple acclamait Baraguey d'Hilliers, qu'il confondait avec Changarnier, sans prendre garde que Baraguey d'Hilliers était manchot. Le vieux maréchal d'empire fit croiser la baïonnette. Gondinet s'écria : « Sacrebleu ! si j'étais plus jeune, je sauterais par-dessus ce mur. »

Il fit mieux, il s'engagea dans les bataillons de marche, malgré sa myopie et ses quarante-deux ans.

Il fit le coup de feu contre les Prussiens à Montrouge et revint l'un des derniers de Montretout, rapportant le corps d'un enfant de dix-sept ans, qu'un père patriote lui avait confié pour le conduire au feu, en lui faisant promettre de le lui rendre mort ou vif. Gondinet s'attarda sur le champ de bataille pour retrouver le cadavre.

La capote de Gondinet porte les galons de sergent.

XXII

M. ACHILLE KUHNHOLTZ

Soulas me fit un jour confidence d'un article qu'il venait d'écrire sur l'*Histoire de la Commune de Montpellier*, par M. Germain. « Copie-le-moi, me dit-il, je l'enverrai au *Furet*, sans le signer... » Il prenait lui aussi un pseudonyme, Alfred Demi. L'article parut, et bien d'autres. Ce fut une série qu'il recueillait à mesure en volume, par un tirage à part sous le titre de *Physionomies littéraires*.

Soulas savait que nul n'est prophète dans son pays, et ne voulait pas rompre le mystère qui ajoutait du prestige à sa littérature. On allait jusqu'à attribuer ses articles à M. Saint-René Taillandier!

La rédaction du *Furet* finit par prier M. Alfred Demi de vouloir bien se révéler. « Donnez-nous, si vous le voulez, lui écrivait-elle à la petite correspondance, rendez-vous à Palavas... le secret sera bien gardé... »

Soulas alla tranquillement chez M. Kühnholtz, et dès lors la glace fut rompue.

M. Kühnholtz était ce qu'il est resté : très accueillant et très avenant. Il aime la littérature, les livres : il est membre de la Société des gens de lettres, depuis

1847. Son père, M. le docteur Lordat, érudit de premier ordre, était bibliothécaire de la faculté de médecine. Par sa mère, M. Achille Kühnholtz est petit-fils du grand Lordat, dont il porte le nom.

Ses opinions légitimistes n'ont rien d'intransigeant. Il aime avant tout les arts et les lettres, et nous l'avons toujours trouvé la main tendue, souriant aux souvenirs de ces années où la passion politique, refoulée, se traduisait en littérature.

XXIII

PHYSIONOMIES LITTÉRAIRES

M. Francisque Sarcey ne se souvient peut-être pas de ce qu'il doit à mon ami Soulas, mais c'est certainement à l'occasion d'un article retentissant de ce dernier, dans *le Figaro*, en 1858, contre les écrivains anciens élèves de l'École normale et déserteurs de l'Université, que ce nom nouveau, celui de M. Sarcey de Suttières, professeur à Grenoble, fit son apparition dans la presse parisienne. L'article de Soulas, dont aujourd'hui je suis loin de partager la querelle, avait soulevé le condisciple et l'ami d'Edmond About; mais M. Sarcey força lui-même à son tour la note en parlant de *littérateurs de brasserie*, ce qui était complétement injuste et faux pour mon ami Soulas.

D'abord il n'y a pas de *littérateurs de brasserie*. Il y a des littérateurs qui vont dans les brasseries, mais leur littérature, quand ils en font, ne sort pas plus de là que la poésie ne sort des mauvais lieux, hantés par de grands ou d'illustres poètes. C'est attacher trop d'importance à l'influence des milieux, que de croire que l'inspiration vient toujours aux artistes ou aux écrivains, des pays libres qu'ils fréquentent. La brasserie n'est qu'une transformation de nos mœurs, ainsi que le démontra Alphonse Duchesne, auteur d'une chanson sur la Vigne, qui revendiqua aussitôt comme une gloire pour lui-même, — citant d'indiscutables ancêtres, François Villon et cet autre François (Rabelais), — le titre de littérateur de brasserie et de cabaret.

Le pauvre Soulas retourna pour mourir à Montpellier, comme je l'ai dit, à vingt-huit ans, en 1859, ne se doutant pas de la portée de son article, sans lequel nous n'aurions peut-être pas eu Sarcey.

Je ne puis, sur Soulas, que me répéter moi-même et recourir à un livre oublié : *Plume et pinceau* (1878), où j'ai déjà jeté pêle-mêle quelques *Souvenirs de jeunesse*, qui retrouvent leur place, plus justement, dans le présent volume.

Je n'entrerai point, y disais-je, dans l'analyse de ce que furent les *Physionomies littéraires*. Soulas y apportait de véritables instincts de critique, et certaines analogies m'ont frappé depuis, qui prouvent que, dans l'échelle des êtres, la nature a des moules semblables pour créer des individus de même vocation. Des germes identiques se retrouvent du moins dans les productions du critique géant et du critique nain.

Le défaut principal de ces articles est qu'ils se ressentent nécessairement de l'éloignement de Paris. Là-bas, les œuvres étaient mieux connues et mieux étudiées que les hommes : de là des erreurs de jugement et des préventions qui se rectifient et s'effacent de près. Mais M. Saint-René Taillandier, le critique de la *Revue des Deux Mondes*, n'était guère mieux placé à Montpellier pour bien observer les hommes et les choses de l'Allemagne.

Quoi qu'il en soit, Soulas, dans sa ville natale, de tout temps dévouée au culte des lettres, était, à son moment, l'esprit le plus nourri de littérature contemporaine : pour ne prendre que quelques-uns des noms qui ont passé sous sa plume, je citerai Jules Janin, Gérard de Nerval, Eugène de Mirecourt, Ponsard, Raousset-Boulbon ; — ces noms donnent la date des *Physionomies littéraires*. — Il fit aussi des études sur Lamartine, Sainte-Beuve, Théophile Gautier, Arsène Houssaye, Champfleury, Maxime Du Camp, etc. Le jeune critique avait pris un rôle d'initiateur.

Deux témoignages flatteurs lui arrivèrent un jour, et ils prouvent, par leur ton qui n'a rien de banal qu'il avait été pris au sérieux, comme son intelligence et son esprit le méritaient. Je copie textuellement :

« Paris, le 27 février 1855.

» Monsieur,

» Je reçois et je lis avec beaucoup d'intérêt, comme vous devez bien le penser, et avec reconnaissance, les articles que vous m'avez fait l'honneur de me consacrer. Il ne m'appartient pas de les juger et d'avoir un avis sur moi-même, mais ce que je sais bien, c'est que la bienveillance que vous m'y montrez est extrême et faite pour me toucher ; car, en étant de ceux qui la ressentent le plus vivement, je n'ai jamais été au-devant plus qu'il ne convenait, et je n'ai pas toujours été *gâté* sur ce point-là. Vous-même avez rappelé des jugements plus que sévères et que j'ai droit d'appeler injustes (*allusion à ceux de Balzac*). Il m'est donc doublement agréable de voir mes efforts appréciés et de recevoir ces marques de sympathie de la part de lecteurs éclairés et de bon juges. Veuillez agréer, monsieur, l'expression de mes sentiments les plus distingués,

» SAINTE-BEUVE. »

Et cette autre lettre :

« Monsieur,

» Je suis tout à fait charmé de voir ma *physionomie* dans votre cadre d'or, si finement ciselé. On n'est pas plus poétiquement prosateur, et je vous ai lu gaiement, comme s'il m'arrivait en pleine poitrine un coup de soleil de Montpellier.

» Si vous venez à Paris, frappez à ma porte, et, de près ou de loin, croyez-moi tout à votre cause,

» ARSÈNE HOUSSAYE.

» Paris, 6 juin 1855. »

Je trouve encore, mais dans ma mémoire seulement où ils sont restés gravés, des lambeaux d'autres lettres ; je les cite au courant de la plume, tels qu'ils me reviennent. Soulas avait envoyé à Victor Hugo des copies de manuscrits du moyen âge se rattachant à l'île Barbe de Lyon, dans lesquels figurait le nom d'un certain abbé Hugo. Le grand poëte lui écrivait de Guernesey :

« ... Votre lettre, Monsieur, m'arrive, peut-être même intacte... Notre siècle de virilité répudie ces enfantillages héraldiques, mais n'est pas insensible pour cela aux filiations de famille... »

Le reste m'échappe et je n'ai pas le texte sous les yeux ; mais ce qui précède en est la note caractéristique et méritait d'être cité. Une autre fois, Victor Hugo, répondant à l'envoi d'une brochure, écrivait à Soulas :

« ... Vous avez raison de combattre le pédantisme, surtout chez les jeunes; il est comme une ride au front de la jeunesse. »

En refaisant la toilette à mon ami, je ne pouvais mieux faire, pour rafraîchir sa mémoire, que de la parer de tous ses joyaux.

A son arrivée à Paris, il m'écrivit la jolie lettre suivante, qui a presque aujourd'hui la valeur d'un document historique (28 juin 1855) :

« J'ai vu Arsène Houssaye ; il m'a tendu la main d'une manière familière et complaisante, le sourire sur les lèvres. « Je vous remercie, monsieur, m'a-t-il dit, du bien que vous avez écrit de moi. — Il n'a été que juste
» à votre égard, monsieur. » Nous nous sommes assis sur le divan. Alors il a repris : « Depuis combien de
» temps êtes-vous à Paris ? — Depuis quelques jours
» seulement. — Comptez-vous y rester ? — Oui, ai-je
» répondu, si je le puis. — Sans être trop curieux, a-
» t-il ajouté, quelle est votre position sociale ? — Des
» plus précaires. » Il a paru soucieux un instant. « Que
» comptez-vous faire à Paris ? — Me faire connaître,
» et, pour cela, il me faudrait être édité. — Cela est
» très-possible... Travaillez, je pourrai faire insérer de
» vos articles dans l'*Artiste*... Je vais vous donner vos
» entrées aux *Français*... » Et il a commencé à écrire. Arrivé à mon nom, il a hésité et m'a demandé : « Pourquoi ne changeriez-vous pas votre prénom de
» Jean-Baptiste ? Je le trouve trop long. La pensée s'ar-
» rête sur Baptiste, et il faut qu'elle se relève pour pro-
» noncer Soulas, nom que j'aime assez. — C'est un nom
» d'amour, de gaieté, de *gai savoir*, ai-je ajouté... Mais
» veuillez être mon parrain, et je suis persuadé que

» vous me porterez bonheur. — Il faudra y réfléchir,
» mais je n'aime pas Jean-Baptiste ; je préfère Jean
» seulement. — C'est à cause de cela peut-être que
» vous avez si malmené Jean-Baptiste Rousseau ?... »

Après cette conversation, Soulas prit le prénom de son père, Bonaventure.

Arsène Houssaye en a débaptisé bien d'autres, et moi-même (*si parva licet...*) j'ai été engagé par lui à changer de nom dans *l'Artiste*. Sans sortir de ma famille, je choisis à l'instant celui de Hérand. « Un beau nom ! s'écria Houssaye. Il commence par un H comme Homère, Hugo... — Et Houssaye, » fallait-il dire ; mais l'idée ne m'en vint qu'en route. J'avais manqué d'esprit et d'à-propos.

Soulas débuta à Paris par un article sur madame Émile de Girardin, qui venait de mourir (29 juin 1855). Cet article parut dans l'un de ces nombreux *magazines* auxquels l'Exposition universelle de 1855 avait donné naissance et qui ont pris tant de développement depuis, *les Cinq centimes*, créés, je crois, par Émile de Girardin, à l'ombre et à l'abri de *la Presse* et dans la même imprimerie. L'article de Soulas a été recueilli depuis dans un petit volume, qui est comme une guirlande funèbre sur la tombe de l'illustre femme. On n'y a fait entrer que les plus dignes. L'étude de Soulas n'est pas l'une des moins fines ni des moins approfondies. C'était, dans tous les cas, l'une de ses *Physionomies littéraires* les plus vives et les plus intéressantes, que nous regretterons toujours de n'avoir pas vues réimprimées et réunies au complet en un volume d'édition parisienne.

En les relisant, j'y retrouve tous mes souvenirs ; on

y sent, on y respire de la passion, de la jeunesse, de l'élan : des germes de critique, poussés par un vent léger à trois cents lieues de Paris, ont fécondé ce jeune esprit ouvert à toutes les aspirations actuelles et intellectuelles de son temps. Son livre méritait d'être préservé de l'oubli, et c'est ce que nous nous efforçons de faire. Si l'on y trouve trop de passion et de fouillis, n'en n'accusons encore une fois que la jeunesse et ses ardeurs généreuses, — un grand défaut pour qui ne les a plus.

J'ai parlé de fouillis. Un des défauts de Soulas était, en effet, de paraître trop touffu. Quand la verve et la passion l'emportaient, il s'y livrait avec toute l'ardeur *méridionale* (puisqu'on veut que ce soit l'apanage des méridionaux) ; mais ce défaut aurait passé avec l'âge : il s'en serait assez vite corrigé à Paris, s'il lui avait été donné d'y vivre longtemps et d'y réussir. Les milieux *distingués* (où il aurait été appelé) l'auraient contraint à s'amender et à s'émonder de plus en plus dans ce sens. La mode et le goût, d'ailleurs, lui eussent imposé des allées, des éclaircies à travers ces touffes de vigne vierge, venues d'un seul jet et qui rappellent parfois l'abondance et la naïveté des écrivains polémistes du XVI° siècle, qui ne veulent rien laisser perdre de leur végétation naturelle. Soulas écrivait un peu parfois comme du temps où la langue n'était pas encore *taillée*. Citons-en un exemple, choisi en plein dans son efflorescence languedocienne, la plus riche et la plus expansive. Voici comment Victor Hugo est caractérisé par cet écrivain de vingt ans, en opposition à Ponsard :

« Et en ce Titan, qui dans sa marche rapide avait

tout abattu, tout renversé, tout bousculé, tout anéanti; qui avait nié les dieux classiques afin de créer un Olympe nouveau, où il pourrait se faire proclamer le Jupiter-Salvator; en ce génie, où Dieu mit tant de passion, tant de flamme, tant d'amour; en ce vaste cerveau, cuvier en ébullition, où s'élaborent (en un enfantement, en une incubation continus) de si belles images, de si magiques pensées; dans ce dramaturge, qui fit monter sur la scène française le roi et le bouffon, qui mit côte à côte la majestueuse beauté et l'ignoble laideur, et la rayonnante, l'éternelle élégance, dans le cœur le plus vil, le plus lâche, le plus corrompu; dans le poëte enfin qui avait arraché à Lope de Vega son originalité, à William Shakespeare son génie, à Gœthe sa pensée profonde, la bourgeoisie pas davantage ne pouvait voir un des siens. »

Il y avait du courage alors, en 1854, à parler ainsi en public, dans la presse française, de l'exilé de Guernesey, — du plus grand poëte de la France.

Il n'a manqué, somme toute, à Soulas, que le temps d'attendre, — un peu de fortune, en un mot, — dans ces premières années de loisir forcé que crée toujours à Paris la carrière littéraire. Il y apportait un fonds d'acquis, — mais il lui manquait le fonds principal, — et il se mit au service, comme secrétaire, de M. François Verasis, comte de Castiglione, pour lequel il écrivit une brochure sur le Piémont, qui fit du bruit en 1857.

XXIV

PIERRE BONAPARTE

Je continue sur Soulas. Il a occupé une place trop importante dans ma destinée, pour que je n'épuise pas, pendant que je le tiens, tout ce que j'ai à en dire. Je ne m'expose qu'à me piller moi-même, mais je ne crois pas que beaucoup de lecteurs s'en aperçoivent. *Plume et pinceau* me fournit encore ce *souvenir de jeunesse*, qui a son intérêt.

Son emploi auprès du comte de Castiglione lui avait procuré la correspondance d'un journal de Turin, *l'Indipendente*.

Un prétexte d'exploration botanique dans les parages de la Grande-Chartreuse et de Briançon le conduisit, en 1858, à la frontière. Soulas la franchit d'une enjambée au mont Genèvre, et alla rendre visite à son rédacteur en chef, M. Pierre Castiglioni, à Turin.

Il en revint porteur des *Mémoires* et du portrait d'Orsini. On l'avait chargé de les remettre lui-même à un habitant d'Auteuil, qui devait faire beaucoup de mal... à l'empire, en tuant Victor Noir.

Le prince Pierre Bonaparte demeurait, comme on sait, dans la maison de madame Helvétius. Il avait transformé cette maison d'*idéologues* en salle d'escrime, retentissant tout le jour de coups de pistolet tirés dans le jardin.

C'était la passion du prince.

Il y joignait celle de la chasse et de la poésie. Il versifiait en français et en italien.

Ses amis étaient le prince Murat, grand-maître des francs-maçons, et M. Ducoux, l'ancien préfet de police, directeur des Petites-Voitures.

On faisait beaucoup d'opposition à table chez Pierre Bonaparte, et l'on y présageait toujours le futur retour de la république. Les traditions se perpétuaient ainsi dans la famille : Napoléon III y avait continué l'oncle; le prince Pierre y continuait son père Lucien, en boudant et vivant à l'écart.

Ce cousin de l'empereur était un grand gaillard, solide, carré, à large face, avec une grande barbiche noire qui rejoignait la moustache et couvrait tout le bas du visage; un large pantalon à la *houzarde* et les éperons, résonnant de grand matin sur le parquet, justifiaient assez bien le surnom de *Franconi* que lui avait donné son collègue Brives, de la Montagne, en 1848.

A la Montagne, il avait déjà fait preuve de brutalité en frappant au visage un respectable vieillard, représentant du peuple, qui avait dit : « Le président prépare un coup d'État. — Vous calomniez mon cousin, » avait répondu Pierre Bonaparte, et il lui donna un soufflet.

C'était un butor.

Théophile Gautier expliquait ainsi, par induction physiologique, le meurtre de Victor Noir. Je le rencontrai une après-midi sur la place du Palais-Royal. Il me dit : « Pierre Bonaparte se ressent de la branche

8.

condottiere de cette famille : il est venu quatre cents ans trop tard... »

Les *Mémoires* de Miot de Melito, publiés en 1858, rallumèrent son ardeur batailleuse. Ils contenaient des attaques contre son père Lucien Bonaparte. Le prince Pierre en fit remonter la responsabilité au général Fleischmann, aide de camp du roi de Wurtemberg, et le provoqua en duel, dans une lettre que les journaux français refusèrent d'imprimer, sauf un seul, le *Figaro-Programme*; on peut l'y retrouver : elle est datée du 3 juillet 1858. — Le directeur de *l'Indipendente*, de Turin, à qui la lettre avait été également adressée, pria Soulas, avant de l'insérer, d'aller demander quelques explications au prince. C'est ce qui ramena mon ami dans cette maison où le malheureux Victor Noir devait trouver la mort douze ans après.

Soulas, à chaque visite, notait sa conversation avec le prince.

L'histoire, a-t-on dit, est la lettre morte des nations, et l'on ne saurait contester que le document suivant n'appartienne aujourd'hui à l'histoire :

« De bonne heure, ce matin, écrit Soulas (25 octobre 1858), j'ai pris le chemin de fer pour Auteuil, et j'ai été voir le prince Pierre-Napoléon Bonaparte. Je lui ai communiqué la lettre du comte de Castiglione au sujet des chasses en Piémont qui sont peu importantes, excepté celles des réserves du roi. Le prince m'a dit qu'hier il avait vu l'empereur, qui lui avait demandé s'il était, lui, Pierre, populaire en Corse. Il m'a entretenu ensuite de l'opinion des Napolitains sur Murat, qui ne semble pas être favorable à ce nom. Puis il a ajouté que l'empereur était toujours grand partisan de la cause italienne. De là nous avons causé

de son père Lucien, insulté dans les *Mémoires* de Miot
de Melito, et de l'article que M. Beugnot a publié dans
le Correspondant, qui renchérit encore. Le prince est
en ce moment en pourparlers avec M. Beugnot, qui
se montre porté à faire une rétractation. « Sans moi,
m'a dit le prince, l'empereur aurait suspendu cette
revue (*le Correspondant*). » Cependant il a insinué à
l'empereur, dans leur entrevue, que, si l'on s'attaquait
à Joseph, à Eugène, à Lucien, et non à Louis ni à lui,
c'est que l'on n'osait pas. Je lui ai fait remarquer que
les dernières publications, y compris *l'Histoire du Consulat et de l'Empire*, par M. Thiers, ne me paraissaient pas devoir être un résultat favorable à la mémoire de Napoléon Ier. Nous avons reparlé ensuite de
Lucien. Le prince m'a raconté sa mort en Italie, la
dispersion de la plupart des papiers de son père; il
m'a dit que, pour sa part, il regrettait beaucoup cela;
qu'il les faisait rechercher; que l'empereur l'avait
assuré n'en avoir pas; que pourtant lui se rappelle
fort bien une grande armoire de famille où Lucien
enfermait ses papiers; que là devaient se trouver
jusqu'à trois cents lettres de Napoléon Ier, plusieurs
de Bernadotte, d'Augereau, etc., etc., et certainement
des notes de son père... Il m'a raconté deux ou trois
entrevues que Napoléon Ier avait eues avec Lucien,
et dans lesquelles le premier avait été d'une arrogance extrême. A cette observation de Lucien : « Mais,
sire, vous voulez donc faire de la France un corps de
garde? — Oui, aurait répondu Napoléon Ier, tout le
monde soldat, et sous moi des caporaux. » Mais leur
brouille datait de l'entrevue fameuse de Mantoue.
Lucien, sous le premier empire, était comme une
protestation, et le prince Pierre a ajouté « comme

un remords. » — *Moi :* « des frères de Napoléon Ier, quel était le plus aimé ? » — *Le prince* : « Joseph, puis Jérôme comme le plus jeune, excepté à la fin... il aimait peu Louis... » *Moi* : « Est-ce qu'entre eux ils se tutoyaient ? » — *Lui :* « Dans les premiers temps, oui ; mais, à dater du Consulat à vie, rarement ; plus tard, pas du tout. Moi-même, avec l'empereur, nous nous tutoyions, alors qu'il n'était que simple représentant du peuple à la Constituante ; mais, comme, une fois, dans les premiers temps de la présidence, je dis *vous*, il en parut offensé et m'en fit l'observation, en ajoutant : « Du reste, ce sera comme vous voudrez. » Depuis lors, nous ne nous revîmes plus sans nous dire *vous*. » — Nous nous sommes quittés après une conversation de trois quarts d'heure. En passant dans la salle à manger, le prince m'a fait arrêter devant une belle lithographie représentant la Liberté, et une autre, le vaisseau *le Vengeur*. ».

Une autre fois, Pierre Bonaparte raconta à Soulas que se promenant à New-York avec le futur Napoléon III, ils avaient lu devant une boutique de changeur de monnaie : « On demande des napoléons pour souverains. » — « J'ai bien envie de me présenter, » dit Louis-Napoléon.

J'ai épuisé ce que j'avais de plus intéressant à relever dans l'existence si vite et si prématurément brisée de mon ami ; mais c'était un devoir pour moi de payer ce dernier tribut de reconnaissance à sa mémoire.

Je suis maintenant obligé de revenir en arrière.

XXV

FÉLIX PYAT A LONDRES

Je fis mon premier voyage de Paris, en 1855, avec mon père et ma mère, au mois d'août, pour voir l'Exposition universelle, et comme mon père avait un frère à Londres, il nous écrivit de Lille, où il se trouvait pour acheter des draps, de venir l'y rejoindre. Nous arrivâmes, ma mère et moi, un soir à Lille. Le lendemain, nous nous embarquions à Calais, et, le soir du même jour, nous étions à Londres.

Soulas m'avait donné une lettre pour son ami Frédéric Mijoul, de Montpellier comme nous, qui avait quitté le pays en 1848, et travaillait en qualité d'ouvrier relieur au British Museum.

Il faisait jour — s'il fait quelquefois jour à Londres — quand mon père et moi, nous vîmes se détacher dans les brumes les parties élevées du monument. Je demandai Mijoul : il vint. Je lui remis la lettre de Soulas. Il se jeta à mon cou. — « Quoi ! c'est vous ? me dit-il ; avez-vous vu ma mère à Montpellier ? oh ! nous nous connaissons bien... » Il demanda la permission de quitter son travail pour quelques heures, et tant qu'il eut un instant de libre, nous ne nous séparâmes plus pendant les dix jours que nous passâmes à Londres.

Nous prîmes pension chez lui, c'est-à-dire dans la chambrée où ses amis Bailly, Fontaine (j'oublie malheureusement les noms des autres) prenaient leurs repas ensemble. Il y avait là une jeune Anglaise, dont la douceur me pénétrait. C'était la compagne de l'un d'eux, tous ouvriers français républicains, quelques-uns même exilés.

Par le consul français, mon père retrouva son frère, que ni ma mère ni moi n'avions jamais vu et qui avait connu toute la proscription française, depuis le règne de Louis-Phillippe.

Mijoul, encore aujourd'hui l'ami intime de Félix Pyat et de Boichot, me conduisit voir Félix Pyat à sa salle d'armes, chez le fameux Prévot, où l'on rencontrait aussi le duc d'Aumale.

C'était sur les sept heures du soir. Félix Pyat, ayant pris sa leçon, s'épongeait dans sa *cabine*. Mijoul frappe. « Qui est là ? — Mijoul. — Entrez ! » Mijoul ouvre. Pyat était complètement nu. Il ne se gênait pas avec un ami, mais il ne s'attendait pas à la présence d'un tiers. Il en demanda pardon.

Je n'étai pas d'un caractère à m'en formaliser.

J'étais, à dix-neuf ans, la gaieté même, riant, sans retenue, d'un rire qui me faisait ressembler à la lune. Sans moustaches, mes lèvres faisaient en ce temps-là le tour de la tête quand elles s'écarquillaient pour laisser échapper des éclats de joie débordante. Je n'en avais nul souci. Une miss, amie de Mijoul, ne me trouva pas *poétique*. Je n'ai compris que bien plus tard ce qu'elle avait voulu dire, quand j'eus réellement mordu à la science du bien et du mal et brouté des roses, qui déniaisèrent l'âne de Lucius, car jusque-là j'avais à peine dévoré quelques ronces et broutilles qui ne m'avaient pas mis en appétit.

Alors je compris ce qu'une miss des brumes du Nord entendait par *poétique*. Il fallait couler du sentiment, avoir des mots exquis, chanter *le Lac*, — une guitare !...

J'étais *moliéresque*, sans le vouloir, sans le savoir. J'exprimais naïvement ma pensée qui était d'aimer (j'avais un amour quelque part, pour le bon motif), j'y pensais même à Londres, mais cela ne m'empêchait pas de gambader gaiement et joyeusement à travers les hauts gazons de Hyde Park, et de provoquer Mijoul, avec qui nous fûmes en vingt-quatre heures à *tu* et à *toi*, à sauter comme moi dans l'herbe.

Je connus à Londres une sainte famille, celle de la citoyenne Jeanne Deroin, femme héroïque et respectable, chez qui le travail et la veille avaient remplacé les heures des repas et du sommeil.

J'y vis aussi Martin Bernard, que j'ai retrouvé plus tard, vieux et usé, chez Albert Castelnau.

J'y rencontrai Louis Blanc, qui s'en est toujours souvenu, et pour qui le nom de Mijoul était inséparable du mien [1].

Un soir, nous nous promenions, Félix Pyat entre nous deux nous donnant le bras. Une de ces infortunées créatures, dont fourmille Londres, ivre de gin, s'enlaça à mon cou et ne voulait pas me lâcher, c'était comme une *pieuvre*. J'eus de la peine à m'en débarrasser. Pyat eut un mot de commisération et de répugnance qui fut comme un commentaire vivant et dantesque de la prostitution anglaise. J'avais entrevu l'abîme : j'y pris une leçon de socialisme.

---

1. Voir l'appendice sur Péret à la fin du volume.

Au même moment, des agents de police emportaient une autre femme, ivre-morte, sur un brancard.

Pyat vint prendre une autre fois le thé avec nous, ou plutôt il assista à notre thé, car lui ne but que de l'eau. — « On n'a pas besoin, dit-il, en exil, de se procurer des insomnies. » A la vue de mon oncle, il s'écria : « Où peut-on être mieux qu'au sein de sa famille ? » Ils se connaissaient, et il le retrouvait, en effet, en famille.

Je n'ai jamais revu mon oncle. Il est mort à Londres vers la fin de l'empire. Le dernier qui m'ait parlé de lui a été le citoyen Boichot, dans une excursion que nous avons faite avec Mijoul à Pierrefonds.

XXVI

COURBET

Un dimanche du mois de mai 1857, le train de Paris, qui arrivait sur les huit heures du soir, jeta sur le pavé de Montpellier (pendant que toute la population écoutait la musique militaire à l'esplanade, resplendissante de son clair de lune et de l'horizon lointain de la mer) deux ou trois cents étudiants parisiens qui venaient explorer la flore méridionale sous la conduite de M. Chatin. Rendez-vous avait été pris pour le lendemain avec eux, au jardin botanique, habituellement si paisible et si poétique dans sa solitude, par M. Charles Martins, le collaborateur bien connu de la *Revue des Deux Mondes*, et l'un des plus éminents professeurs de la faculté de Montpellier; il devait de son côté diriger les étudiants de la ville.

Tous ceux qui ont habité le Midi savent combien le climat y prédispose à la vie heureuse et facile. Les citadins, hommes et femmes, les jeunes gens surtout, y vivent tout en dehors. En un clin d'œil, les restaurants si nombreux à cause des étudiants, les cafés, qui donnent tant d'animation et de gaieté à la place de la Comédie, les cercles, furent remplis de cette jeunesse bruyante à peine débarquée et attendue ardemment à la gare. Quant aux bourgeois plus âgés, aux dames et aux demoiselles, qui arrivaient aussi de Paris, la boîte de fer-blanc en sautoir et une pioche à la main, des omnibus les avaient transportés dès leur arrivée dans les hôtels tranquilles. Nous ne les suivrons pas dans leurs excursions botaniques.

La joyeuse bande n'amenait pas seulement des botanistes avec elle. Le bruit ne tarda pas à se répandre que MM. Champfleury et Courbet étaient dans *nos murs*. Courbet y était déjà connu par le long séjour qu'il y avait fait quelques années auparavant, et dont il avait rapporté ces merveilleuses vues de mer dans lesquelles il semble que le peintre se soit tellement identifié avec la nature, qu'on dirait qu'il a fait partie lui-même des éléments qui l'entourent avant d'avoir forme humaine. Quand Courbet était devant un paysage, surtout un paysage de mer, l'homme semblait ne plus exister pour lui. Toute créature vivante sans exception avait toujours le dessous dans ces premières toiles de Courbet, qui sont les meilleures. J'en excepte pourtant le beau tableau de *la Rencontre*, qui fait tant d'honneur au paysage *moderne* dans la galerie Bruyas, au musée Fabre. L'art et la nature se sont combinés cette fois pour peindre la campagne au XIXe siècle dans les environs de Montpellier.

L'artiste paraissait à cette époque de l'humeur la moins soucieuse et la plus gaie : il chantait des chansons franc-comtoises arrangées par lui, *sans rime* (il avait horreur de la rime comme le renard avait horreur des raisins qu'il ne pouvait atteindre); mais, à défaut de rime, ses chansons avaient du moins la raison et le bon sens. Elles ne s'élevaient pas, d'ailleurs, trop au-dessus de l'esprit villageois pour lequel elles étaient composées. C'étaient toujours des amours de cabaret et de village qui en faisaient l'objet. Mais la bonhomie, pleine de finesse, le rythme surtout sur lequel il les chantait et qui était de son invention, l'entrain qu'il y mettait en répétant les refrains, en faisaient quelque chose d'original et d'intraduisible. C'était le désespoir des musiciens qui ont essayé de les noter. Rien n'était moins naïf que ces compositions musicales, sortes de tyroliennes franc-comtoises, d'apparence si simple : elles étaient au contraire des plus composites, ce qui ne veut pas dire que Courbet eût pu être un grand musicien, pas plus qu'un grand statuaire, comme il en eut un jour la prétention.

Quant à la jactance du peintre, elle ne se montrait pas encore en ce temps-là ce qu'on l'a vue depuis : du moins elle était supportable. Ce défaut principal s'était accentué en lui, comme l'embonpoint, avec l'âge. En ces années de jeunesse, s'il parlait beaucoup de lui, c'était encore plus avec la conviction de son art et de la révolution qu'il avait la conscience d'opérer dans le paysage, que des mérites de toute sa personne. Sa parole devenait même douce et persuasive : il ne convenait guère à des Languedociens de s'apercevoir de son accent franc-comtois. Il rêvait déjà de faire de la politique, et il a longtemps conçu le projet de peindre un paysage gigantesque, dans lequel il aurait représenté Prométhée déchiré non par un vautour, mais par un aigle.

Courbet, en 1857, était grand, mince, élancé. Sa barbe pointue lui donnait de la ressemblance avec les personnages des bas-reliefs assyriens, a dit Théophile Silvestre. Ses yeux étaient grands et doux comme ceux d'un bœuf (on l'a également écrit avant moi, mais c'était un trait si frappant dans sa physionomie, qu'on ne saurait s'empêcher de le répéter).

De longs cheveux noirs formaient aussi un des caractères les plus saillants de sa beauté, gâtée seulement par les dents, qu'il avait très noires.

On le rencontrait dans les rues de Montpellier, toujours *bon enfant*, escorté de trois ou quatre amis; il marchait appuyé sur une énorme canne, le plus souvent la pipe à la bouche.

Quand il travaillait, il était tout le contraire de Delacroix aux prises avec l'idée, qui s'enfermait pour lutter victorieusement avec elle. Courbet se laissait volontiers entourer d'une nombreuse compagnie de flâneurs : il continuait à peindre, à fumer sa pipe, et, de temps en temps, à boire de la bière. Pendant son dernier séjour à Montpellier, il s'éprit d'une vieille peinture chez un artiste du pays, petit-fils du naturaliste Magnol, l'introducteur du *magnolia*. Le tableau en question représentait l'Amour et Psyché de grandeur naturelle. Courbet demanda la permission de le copier. La toile fut portée et dressée dans un atelier où se réunissaient tous les jeunes gens oisifs de la ville; le peintre eut vite fait de copier cette grande composition avec son couteau à palette, qu'il assouplissait et maniait comme une truelle. La disposition de cette peinture n'a peut-être pas été étrangère, par la suite, à celle de *la Femme au perroquet*, l'un des derniers tableaux célèbres de Courbet, qui ont marqué sa seconde manière, celle dans laquelle il a commencé, au dire de ses anciens amis, à sacrifier aux dieux du jour. — Un *Dubufe*, disait le consciencieux Bonvin.

XXVII

M. CHAMPFLEURY

Soulas ne pouvait manquer d'être du voyage.

Il avait fait la rencontre du célèbre romancier réaliste à la Librairie Nouvelle, où il fut employé pendant quelques mois. M. Champfleury, en entendant prononcer ce nom, lui demanda si c'était de lui qu'il avait reçu dans le temps un article le concernant, et sur la réponse affirmative de Soulas, « Il y a longtemps, lui dit-il, que j'entends parler de vous et de votre famille chez le docteur Pigeaire, votre compatriote, à Neuilly; venez donc me voir. » C'est ainsi que commença la liaison de Soulas avec M. Champfleury, à laquelle je dus la mienne plus tard.

On a de ce temps-là un portrait de l'auteur des *Bourgeois de Molinchart* peint par Courbet, et gravé par Amand Gautier, qui représente le romancier pensif et triste. Le réalisme en était encore lui-même à sa période gothique ou romantique, quand ce portrait a été exécuté. Le fond de la nature de M. Champfleury est au contraire la gaieté même; il n'engendre pas la mélancolie, mais c'est un genre de gaieté répugnant à toute plaisanterie commune ou grossière. Sa nature d'artiste se révèle en cela au moindre choc; il adore la pantomime, l'art délicat par excellence à ses yeux : on l'a appelé lui-même le Corneille du genre. Il a l'horreur innée du vers alexandrin, et il est musicien dans l'âme, non seulement comme amateur, mais aussi comme exécutant sur le piano ou l'archet du violoncelle à la main. Il est sensible à la musique et pas du tout à la prosodie.

Le phénomène contraire s'observe chez les poètes qui font des vers, car M. Champfleury est un poète... en prose.

Une des premières choses qui frappèrent le plus M. Champfleury en se promenant dans les rues de Montpellier, ce fut le grand nombre de confiseurs [1].

Je ne m'attarderai pas à raconter jour par jour les péripéties de cette semaine pendant laquelle l'école réaliste était représentée à Montpellier par ses deux principaux chefs. La gaieté y eut la plus vive part; « ce ne sont que *festins*, » visites et promenades

---

[1]. Montpellier a été ainsi de tout temps un pays de friandises. On a là-dessus le témoignage de Félix Platter, ce jeune médecin bâlois, qui fut témoin de ce spectacle en y débarquant, pour la première fois, un dimanche d'automne de l'année 1551 :

« Nous avisâmes dans la rue un imposant cortége de bourgeois, soit nobles, soit roturiers. Affublés de chemises blanches, ils marchaient accompagnés de ménétriers et de porte-bannières ; ils tenaient à la main des jattes d'argent remplies de sucreries, de dragées, et ils frappaient dedans avec une cuiller du même métal ; celle-ci leur servait à offrir les friandises à toutes les jolies filles qu'ils trouvaient sur leur passage... »

Quel dommage pour le bon vieux temps que ce spectacle soit gâté, quelques pages plus loin, par le supplice de deux calvinistes condamnés au feu et brûlés à la porte même de la ville !

Il était aussi de mode, à la réception d'un docteur, de distribuer force dragées dans cette faculté rabelaisienne, à laquelle Molière a peut-être emprunté une partie du cérémonial du *Malade imaginaire*.

Aujourd'hui, tout se borne à une bonne partie de Lez.

dans les musées et les bibliothèques; de temps en temps on se rappelait qu'on était venu pour une excursion scientifique; quelques rumeurs même avaient couru, d'après lesquelles on se plaignait, dans le camp des botanistes, de ce délaissement de certains *amateurs* qui avaient déserté la troupe pour faire l'école *buissonnière* dans la ville. Courbet se piqua d'honneur, et il découvrit, sur les bords du Lez, derrière la citadelle, un insecte appelé dans le pays araignée *maçonne*, et qui n'est guère signalé que là dans les annales entomologiques. L'araignée maçonne habite un trou dans la terre; ce trou est rond et poli comme s'il avait été façonné au tour; il est bouché par une porte très étroite, retenue par une charnière, derrière laquelle la maîtresse du logis s'accroche de toutes ses forces pour empêcher d'ouvrir. On n'est pas plus industrieux : cette araignée tient du castor.

Quant à M. Champfleury, il vivait au milieu de toutes ces distractions sans avoir l'air d'y prendre part. Il ne se montrait ni bruyant ni turbulent, il paraissait sans cesse méditatif[1]. Son ami Schanne, fabricant de jouets, l'auteur des *Souvenirs de Schaunard*, — le vrai Schaunard de la *Vie de Bohème*, — qui était aussi du voyage, avait mis la rue Saint-Martin, sa *patrie*, en parodie dans des scènes désopilantes, à la

---

1. Il prenait des notes pour un article qui parut très peu de temps après dans la *Revue des Deux Mondes*, et qui fit grand bruit dans Landerneau. Mais à quoi bon raviver ce souvenir éteint? M. Bruyas lui-même l'avait oublié; et quand il nous en parla, de longues années après, c'était avec une amertume mêlée du regret de n'avoir pu rallier à sa cause un homme d'esprit, dont il avait toujours aimé le talent, bien que l'auteur des *Sensations de Josquin* ne se fût peut-être pas exercé avec assez de ménagement sur un amateur de beaux-arts, doué de l'instinct du *beau*, comme l'était M. Bruyas.

manière d'Henri Monnier. On riait à se tordre, en l'écoutant. Un étudiant en médecine, M. G.., devenu depuis conseiller général dans son département, était aussi l'un des *boute-en-train* de ces réunions, où l'on se retrouvait toujours les mêmes, c'est-à-dire ceux qui, à Montpellier, faisaient ou étaient censés faire, comme on dit, de la littérature et de l'art. — Il s'en trouvait dans le nombre quelques-uns qui ne faisaient résolûment rien du tout. Mais il y avait aussi de véritables et légitimes ambitions dans ce groupe de jeunes gens : nous avons déjà nommé M. Edmond Gondinet, qui assista au banquet offert, chez *Louis*, au Lez, par M. Alfred Bruyas en l'honneur de nos hôtes de Paris. La salle du festin était ornée de leurs portraits, dessinés au fusain par le sculpteur Auguste Baussan ; sur la cheminée se dressait une statue de terre glaise improvisée par le même artiste dans la journée, et représentant la ville de Montpellier tendant des couronnes.

Au dessert, il y eut des toasts... naturellement.

Une santé laconique, qui visait MM. Champfleury et Courbet, fut portée en ces termes par un jeune peintre-amateur : « A ceux qui luttent ! — et ces messieurs me comprennent ! »

Schanne, avec sa gaieté habituelle, traduisit ainsi : « Aux héros de Sébastopol ! »

J'y allai, à mon tour, du mien. Je me levai, et fis connaître, non sans une émotion, inséparable d'un premier toast, porté devant des gouailleurs, celui dont le nom ne tarderait pas à tenir une place considérable sur d'autres affiches que celles du théâtre de Montpellier. Je prophétisais[1].

1. Qu'on me permette cette dernière satisfaction. Je fus très agréablement surpris, en 1869, quand on joua *Gavaut, Minard*

Quelques jours après, sur un banc du Peyrou, sous les beaux ormeaux, l'honneur et l'ornement de cette promenade, M. Champfleury me dit : « Que faites-vous à Montpellier? — Rien, répondis-je; on veut me faire étudier la médecine : c'est la mode dans le pays, mais je n'y ai aucun goût... — Il faut venir à Paris, me dit alors M. Champfleury d'un ton grave et convaincu : un jeune homme qui veut travailler et qui veut s'instruire y fait toujours son chemin. »

Je suivis son conseil l'année suivante, et je lui dus, en 1861, de devenir le secrétaire de Sainte-Beuve.

et C¹ᵉ, au Palais-Royal, de retrouver dans l'article *Théâtres* de mon ami Charles Monselet (*Monde illustré*, du 24 avril 1869), une lettre de moi, déjà vieille de deux ans, reproduite là comme pièce de conviction. « C'est un homme d'esprit..., disais-je. J'ai assisté à ses débuts à Montpellier, d'où il n'est pas. Il faisait jouer des proverbes, des prologues, un entre autres, intitulé : *Ah! enfin!* pour une représentation d'ouverture dont le pays garde encore le souvenir. Cet éclat de rire d'une heure, assaisonné d'allusions locales, plein d'airs joyeux, révéla, sous la direction Vachot, en 1855, un homme d'esprit dans ma ville natale. J'avais une collection de petites pièces de M. Gondinet, en ce temps-là... L'homme, si vous le connaissiez, est des plus sympathiques; l'auteur a des mots gais et fins, des vers ingénieux, un talent qui trouve son cadre naturel au Gymnase et à la Comédie-Française, au lendemain des grandes émotions dramatiques. N'est-ce pas votre opinion? — Certes, oui, mon cher T..., répondait Monselet, après avoir cité ma lettre, et c'est maintenant l'opinion de tout le monde. » Ça a été là une des joies de ma vie littéraire, pendant mes huit années de secrétariat chez Sainte-Beuve. J'avais semé, un peu au hasard, et je récoltais.

XXVIII

EN PRISON

Le 1ᵉʳ janvier 1858 était le vingt-deuxième que je voyais sonner dans ma ville natale, et je ne songeais guère à la quitter. Je ne connaissais de Paris que l'Exposition universelle de 1855, et tous mes liens de cœur et de famille me rattachaient à la rue de Girone et à la Grand'Rue. Un seul ami, le plus cher de ce temps-là, Jean-Baptiste Soulas, faisait, comme on disait alors, de la littérature à Paris, et *le Figaro*, à qui la politique était interdite, et qui ne paraissait que deux fois par semaine, avec une vignette à sa tête, publiait, en effet, de temps en temps, un article de mon ami Soulas, — lequel avait pris le prénom de son père, Bonaventure, pour complaire à Arsène Houssaye, qui n'aimait pas ce prénom de Jean-Baptiste, en haine du poète Rousseau. (Je demande pardon de me répéter).

Ma vie s'écoulait donc chez mes parents dans la maison de la rue de Girone; et sans une nature inquiète et nerveuse et les bouillonnements de la politique qui fermentaient dans mon cerveau, j'aurais été le plus paisible — je ne dis pas le plus heureux — mais le plus inconscient de ces nombreux champignons de clocher qui pullulent dans toutes les villes de province. Il ne tenait qu'à moi d'y rester, et, comme un autre, de faire souche à Montpellier.

Mon père me destinait à la médecine; ma mère aussi; mon grand-père de même. Et quoi de plus simple, en effet, quand on est né à Montpellier, qu'on n'a pas une vocation marquée pour tel autre genre de carrière ou d'industrie et qu'on a des parents relativement aisés, que d'être destiné à cette profession, qui n'en est pas une dans les villes de facultés, mais qui assure l'avenir du jeune homme par un bon ou beau mariage (car on dit l'un ou l'autre, selon le cas, et avec des nuances dont la bourgeoisie sent bien la finesse)? Ma mère rêvait pour moi une riche villageoise, bien née, à qui sa fortune donnerait droit et rang de dame à la ville.

Toujours même refrain.

A chaque héritière cossue de la petite bourgeoisie qui se mariait, mon père avait coutume de me dire : « Si tu avais dix ans de plus et que tu fusses docteur, j'aurais *chargé* ma belle redingote, et j'aurais été demander celle-là pour toi... » Mais comme dit le poète, « Non, l'avenir n'est à personne!... »

Une après-midi du mois de janvier 1858 — le 20, s'il m'en souvient bien, — je venais de remonter à ma chambre, située tout au haut de la maison, au quatrième étage, et d'où se déroulait sous la vue un vaste paysage, qui m'attachait encore à la famille et au pays. Le mont Saint-Loup, la garrigue, la *pinède*, les Cévennes, tout l'horizon du Peyrou par ma lucarne — tableau gigantesque dans un petit cadre. Je suis homme à pressentiments, j'en ai toujours eu, et j'en éprouvai ce jour-là. Je ne sais ce que j'avais de triste en moi, quand un appel subit de ma mère, et qui me fit tressaillir, me cria d'en bas de descendre. Je me précipitai dans l'escalier. Je fus arrêté au second étage par la rencontre de deux messieurs, dans lesquels je reconnus tout de suite le commissaire central et un commissaire de police, nommé Bastoul, ancien imprimeur, républicain, et que la fatalité avait poussé à servir Badinguet dans ce triste emploi. Il en avait des remords. Ces messieurs me signifièrent de remonter à ma chambre, qu'ils avaient quelque chose à y faire. Ils allèrent droit à l'armoire vitrée que j'appelais ma bibliothèque, et, sans s'arrêter aux livres, ils mirent tout de suite la main sur les lettres. C'était tout ce qu'ils voulaient. Là-dessus, ils me prièrent de les accompagner au bureau de police.

Ce qui motivait cette descente, ou plutôt cette ascension de police, c'était l'attentat d'Orsini, qui avait éclaté le 14. M. Gavini, un préfet à poigne, dont on fit plus tard un préfet de Nice, lors de l'annexion, et qui devint sous la république député de la Corse, rendu aujourd'hui aux douceurs de la vie privée et de ses souvenirs, était, en 1858, préfet de l'Hérault. Il avait transformé ses bureaux en préfecture de police. Le commissaire central y avait le sien. C'est là qu'on me conduisit et qu'on me fit attendre deux bonnes heures. Pendant ce temps, mon père, averti, était venu me trouver. A un moment, m'étant dirigé vers la porte, sans songer à sortir, un mouchard se plaça devant moi. Je compris que j'étais arrêté. Le commissaire de police, Bastoul, qui avait opéré chez moi, quelques mois auparavant, une saisie de caractères d'imprimerie, vint me dire enfin : « Dimanche dernier, pendant le *Te Deum*, vous avez dit du mal de l'empereur, exprimé le regret que l'attentat d'Orsini n'ait pas réussi... Il faut maintenant que vous m'accompagniez à la mairie... » Mon père nous suivait sans mot dire. A la mairie, nous ne fîmes que passer. De la mairie à la prison cellulaire, — à la rue du Château, — il n'y a pas loin. Mon père me laissa sur le seuil. Il était environ six heures du soir. Le 20 janvier, il faisait nuit noire. On me toisa. On me demanda si je n'avais pas d'argent. On me prit ma montre, qu'on rendit, d'ailleurs, à mes parents. Puis on m'installa dans la cellule 44, au deuxième étage. Le gardien-chef avait recommandé de me mettre au soleil. J'avais l'air d'un fils de famille.

Ma cellule n'était pas éclairée. Elle ne recevait la lumière que du dehors, par un bec de gaz qui projetait sur les murs blancs de mon cachot l'ombre et le dessin des barreaux de ma fenêtre, à laquelle je ne pouvais atteindre. Je restai là, bouclé, dans l'obscurité, reconnaissant peu à peu les objets à la faible lumière qui me venait du dehors : une table, qu'on ne pouvait déplacer, scellée au mur, un banc de bois, disposé pour s'asseoir à ma petite table, une cruche d'eau, un plat servant de cuvette; dans un coin, une petite porte de fer donnant passage à un autre ustensile qu'on retirait du dehors tous les matins. Un détenu politique de Mazas appelait cet étroit couloir le Val-Richer.

Une étagère en bois, au-dessus de la table, faisait partie de l'ameublement.

A droite de la porte, en entrant, ma couchette en fer, scellée dans le carreau, depuis qu'un détenu s'était pendu à l'un des pieds, lorsqu'il était d'usage de redresser le lit tous les matins.

Je m'assis sur mon lit, souffrant horriblement dans tout mon être de ce passage subit, sans transition, de la liberté à la captivité la plus *noire*. Je ne sais ce que j'aurais éprouvé en plein jour, mais je pensai à mes parents, à ma mère, à mon grand-père, aux reproches continuels qu'il me faisait de trop m'occuper de politique, au lieu de préparer mon baccalauréat ès sciences!

Ma pauvre grand'mère, toujours dévouée, vint m'apporter à dîner. On me remit un panier auquel je ne touchai pas et qu'elle avait rempli de provisions. Je demandai de la lumière. On me répondit qu'il fallait une permission pour en avoir. Je me couchai sans rien prendre. Cette première nuit de prison fut un cauchemar qui dura jusqu'au jour, et le jour vient tard en cette saison!

Au dehors, j'entendais le pas régulier de la sentinelle, le long du chemin de ronde qui conduit les détenus au cabinet du juge d'instruction ou au tribunal.

Je fus réveillé à 7 heures par un son de cloche. Un gardien vint me crier de me lever. Bientôt je fus requis de descendre au parloir. Je trouvai là deux agents qui venaient me chercher pour me ramener à la préfecture. L'un d'eux me dit : « Promettez-nous de ne pas nous échapper, car sans cela nous emploierions des moyens coercitifs... » On me fit passer par le plus court chemin, des ruelles étroites, derrière la mairie. Je craignais d'y rencontrer mon ami le docteur Rosière, qui, ne me sachant pas arrêté, aurait pu se livrer à quelque effusion politique compromettante. Il avait le cœur sur la main, et parlait haut dans la rue comme chez lui.

A la préfecture, on me dit que M. Gavini voulait m'interroger. On l'annonça enfin. Il arriva en pantoufles, le teint bistré, la moustache courte, petits yeux, l'air dur. Il me demanda si je reconnaissais des caractères d'imprimerie, saisis chez moi. Je répondis que oui. Il me demanda ce que je voulais en faire. Je lui répondis... ce que je voulus. Il me dit alors d'un air menaçant : « Est-il vrai que vous ayez dit : « Tant pis qu'on ait manqué l'empereur? » Je ne le niai point. Il crut que cet aveu était une bravade. Il se méprit. Dans ma pensée, je ne voulais qu'atténuer la possession des caractères d'imprimerie, qui me paraissait bien plus grave que le délit d'apologie de fait qualifié crime.

Je me trompais, ainsi que me l'apprit mon avocat, M⁰ Bertrand, une des lumières du barreau de Montpellier, que mon père choisit exprès... et qui ne s'occupait pas de politique. M⁰ Bertrand, en piochant son code, y découvrit que, lorsque Napoléon avait aboli la liberté de l'imprimerie, il avait laissé à tout détenteur de caractères typographiques un mois pour en faire la déclaration et le dépôt. Or, cet article de loi n'avait jamais été abrogé. On avait saisi les caractères d'imprimerie à mon domicile, huit jours après leur réception. On ne m'avait donc pas laissé le temps nécessaire d'en faire la déclaration. Si j'avais nié le propos qu'on m'imputait, et que je venais d'avouer, j'étais sauvé.

M. Gavini me fit réintégrer (ce fut son mot).

Je maintins mon dire devant le juge d'instruction, et, enfin, après vingt-huit jours de prévention, je fus assigné à comparaître devant le tribunal correctionnel.

Pendant ce temps, j'avais fait la connaissance de l'aumônier M. Palayrac, un ancien ami de ma famille, qui, à mon nom, me dit : « Votre mère a épousé un protestant ! » Il s'en souvenait encore, tellement on n'oublie rien dans le clergé. Il se rappela que mon grand-père avait rendu des services à sa famille. Je n'ai jamais bien su lesquels : je crois seulement me rappeler que pendant les Cent-Jours, mon grand-père, établi serrurier dans la rue de la Blanquerie, avait rudement tiré dans sa boutique un passant, au moment où une patrouille, parcourant la ville royaliste, insurgée et en état de siége, allait faire feu.

L'abbé Palayrac venait me visiter souvent dans ma cellule, et nous causions littérature, philosophie. Il s'aperçut bien vite que j'étais imprégné de l'esprit du siècle, et n'insista pas. Il ne m'en voulut même pas de n'avoir pas reçu les cendres de sa main, pendant qu'il faisait sa tournée dans la prison, de cellule en cellule, au seuil de laquelle les détenus allaient s'agenouiller. C'était le jour où je devais comparaître en police correctionnelle.

Le matin même, on avait mis en cellule, juste en face de la mienne, deux étudiants corses, protégés par M. Gavini : ils avaient distribué, dans la soirée du mardi gras, des coups de poignard à leurs camarades du café de France qui les avaient traités de mouchards. Ils avaient dénoncé en effet et fait arrêter un étudiant en pharmacie, pour avoir dit du mal de l'empereur. C'était un compatriote d'Arago.

Celui-là fut condamné à un mois de prison[1].

1. Il avait une sœur religieuse, qui lui communiqua un jour la lettre suivante qu'elle recevait d'une jeune personne : « Croiriez-vous que j'ai été exposée à un grand danger ces jours der-

Moi, je le fus à trois mois.

J'en eus pris vite mon parti, et je passe sur bien des incidents oubliés. Mon père avait obtenu pour moi, non seulement la permission d'avoir de la lumière, la nuit, mais encore celle de recevoir, deux fois par semaine, dans ma cellule, un excellent professeur de mathématiques, M. Renaud, professeur de grammaire à l'école du génie. Avec lui, je prenais goût aux sciences abstraites. Un tableau noir fut installé dans ma cellule avec son chevalet. M. Renaud était le gendre de M. Dumas, qui fut si longtemps professeur de quatrième au lycée de Montpellier et dont l'Université avait adopté les éditions de certains classiques grecs. M. Renaud est mort, je crois, professeur à Toulouse, et j'adresse ici à sa mémoire un souvenir reconnaissant.

Avec lui, entrèrent dans ma cellule une pile de volumes, formés par le manuel du baccalauréat ès sciences. Cette pile me servait à deux fins. Entassée sur ma table, elle formait un escabeau à base suffisante pour que je pusse grimper dessus. J'apercevais ainsi le pont du Peyrou, et les promeneurs qui pas-

---

niers? J'ai failli lire un mauvais livre. La domestique que nous avions nous a quittés et, en partant nous a laissé une malle. J'ai eu la curiosité de l'ouvrir *pour voir ce qu'il y avait dedans*, et j'ai trouvé un livre intitulé : *Sous les Tilleuls*. L'intitulé m'a paru bizarre; j'ai eu la curiosité de l'ouvrir, mais je l'ai vite refermé ; j'ai vu que c'étaient des lettres d'une demoiselle à un jeune homme, ce qui n'est pas convenable, et, malgré cela, croiriez-vous que j'avais une forte envie de le lire ? Il me semblait que le diable me tentait. Enfin, pour me délivrer, j'ai consulté monsieur le curé, qui m'a dit que ce ne pouvait être rien de bon et qui m'a conseillé de le brûler. Je l'ai vite brûlé; il me semblait que je brûlais le diable ; à présent, il me semble que je suis soulagée d'un grand poids. Voyez cependant à quoi l'on est exposée... »

saient. Le soir, des amis venaient m'appeler. Je haussais alors ma bougie à la hauteur de ma fenêtre, et l'on me répondait : « Bonsoir, Jules. » Je reconnaissais ainsi certaines voix qui me faisaient plaisir à entendre.

A mesure que les jours grandissaient, les soirées devenaient plus longues, car nous étions bouclés de bonne heure, et, une fois chaque détenu rentré *chez lui*, le silence régnait dans la prison. On n'entendait plus, dans l'atelier, le travail des prisonniers occupés à tisser des cabas pour les moulins à huile.

Un soir, dans une de ces heures mélancoliques où la nuit ne venait pas, accoudé sur ma table, je sifflais l'air du *Barbier de Séville* : « Vite, à Séville, on s'éveille... » Cet air sautillant et gai, comme un chant d'alouette, trouva de l'écho. Quelqu'un le compléta en sifflant au-dessus de moi. Le lendemain, comme je me rendais au préau pour me promener, un homme portant le costume de la prison, et qui servait de surveillant aux détenus qui travaillaient dans le couloir transformé en atelier, me glissa en passant le billet suivant, que j'ai retenu de mémoire :

« S'il est vrai que deux montagnes ne peuvent pas se rencontrer, il n'en est pas de même de deux hommes. Je suis détenu politique comme vous. Vous recevez deux fois par semaine une visite dans votre cellule. Je suis privé de tabac à priser. Je vous demande de m'en faire apporter. »

Ce billet était signé Mas.

Comme il est toujours des accommodements avec les gardiens de prison, mon codétenu Mas et moi nous nous rencontrâmes bientôt, et à notre aise. C'était un ouvrier drapier de Carcassonne. « Je suis de la patrie de Barbès, me dit-il, j'ai été condamné pour participation à une société secrète. Le ministère public a fait appel *a minima* contre moi une première fois ; j'ai été condamné à un mois de plus, une seconde fois. C'est pour cela que je subis ma peine à Montpellier. J'étais choriste au théâtre : aussi, quand je vous entends siffler des airs d'opéra, le soir, je les reconnais tous... »

La façon dont il avait été amené de Carcassonne à Montpellier est assez curieuse. Elle prouve que les gendarmes sont de bons diables. Arrivés à Cette, ils lui avaient dit : « Si vous voulez voir la mer, allez vous promener sur la plage. » C'était pour lui un spectacle nouveau. A Montpellier, ils lui avaient permis de faire le tour du Peyrou.

Nous fraternisâmes ainsi, tout le temps que dura ma condamnation.

Un ancien officier de la marine marchande, nommé C..., subissait sa peine de dix ans dans la prison de Montpellier, où il servait de comptable. On l'avait ramené d'Aniane pour cela. Celui-là, très intelligent, très instruit, avait, de complicité avec son équipage, vendu une cargaison de blé, et prétendu ensuite qu'on avait été obligé de la jeter à la mer. C'était le fils naturel d'un homme très honorable, ancien capitaine du premier empire, qui avait eu à souffrir de la Terreur blanche à Montpellier. Il me racontait qu'il avait navigué avec l'amiral Fourrichon, encore simple lieutenant, et qu'il lui avait vu un jour explorer une île volcanique qui avait surgi subitement, au milieu des flots, dans les mers de Naples.

J'apprivoisai, pendant ma captivité, un détenu de vingt ans, qui, tous les jours, venait faire mon petit ménage. Je lui abandonnais ma soupe et presque tout mon déjeuner et mon dîner, car l'air de la prison ne donne pas d'appétit. Un jour que je lui recommandai d'avoir bien soin de ma cuiller et de ma fourchette : « Est-ce que c'est de l'argent ? »... Me demanda-t-il. Et il n'en revenait pas d'avoir mangé, pendant deux mois, la soupe avec un couvert d'argent.

Je ne sais s'il eut regret de moi, mais j'ai appris depuis, qu'après ma sortie au mois de mai, il avait profité de la liberté qu'on lui laissait d'aller faire des corvées hors de la prison pour s'échapper. Il avait gagné les Alpes. Il se nommait Bénazet.

XXIX

M. COMBESCURE, SÉNATEUR

Le jour de ma sortie au mois de mai, je retrouvai l'un des plus respectables amis de ma famille, qui n'avait cessé de s'intéresser à moi, M. Combescure, aujourd'hui sénateur de l'Hérault, et qui l'a bien mérité par la part qu'il prit à la défense nationale en 1870.

Il s'engagea comme chirurgien militaire et devint prisonnier des Prussiens, en même temps qu'un jeune sous-préfet de la République, M. Alfred Sirven, qui s'est fait depuis un nom dans les lettres.

Les Prussiens voulaient fusiller M. Combescure, se refusant à reconnaître sa qualité de médecin... Il s'évada, et revint à Montpellier, où il redemanda du service à M. Lisbonne, son collègue actuel au Sénat, préfet de l'Hérault en 1871.

C'est la seule chose qu'il ait jamais demandée, par deux fois, à la République.

L'armistice seul l'empêcha de retourner à l'armée.

C'est un homme d'une simplicité antique et d'une droiture à toute épreuve.

En 1858, il était encore professeur de mathématiques au lycée de Montpellier, où il faisait d'excellents élèves, qui l'aimaient beaucoup.

Quand l'élève est content du maître, c'est que le maître est content de l'élève.

M. Combescure avait pour ami intime un professeur de la faculté de médecine, républicain comme lui, M. Lombard, qui mourut subitement.

Les opinions politiques de M. Combescure n'étaient pas un mystère dans l'Université, où elles nuisaient à son avancement.

Il ne me pardonnerait pas, si je révélais les services qu'il rendit à ses compatriotes de Pézenas, frappés et bannis par le Deux Décembre, pendant que, de Pézenas à Béziers et dans toute la contrée, les républicains, réfugiés dans les bois, étaient traqués comme des bêtes fauves. J'ai vu moi-même un de ces proscrits, caché dans une chambre à Montpellier : il gagna la frontière en berger, le long de la plage, poussant un troupeau de moutons devant lui...

Sentant sa carrière entravée par la politique du côté du professorat, bien que tenu en très haute estime, M. Combescure se retourna vers la médecine, et se fit recevoir docteur.

Le 4 septembre et l'invasion le trouvèrent médecin de l'établissement des eaux à Balaruc.

Il prit du service à cinquante ans, avec une santé ébranlée et des yeux malades.

Il n'eut qu'à se montrer au congrès de Pézenas, en 1879, pour être nommé sénateur.

Ses états de services républicains et patriotiques valaient une profession de foi.

Quand je sortis de prison, il entra en passant chez mes parents, et me dit à part :

— Eh bien, et la lettre?...

— Quelle lettre?...

— Celle que vous avez écrite à M. C..., imprimeur à L..., et dans laquelle vous le priiez de déclarer que les caractères d'imprimerie, saisis chez vous, étaient pour lui...

— Elle ne m'a pas été présentée, lui dis-je, et j'en avais bien peur...

— Savez-vous à qui vous le devez?...

— A vous, évidemment, puisque vous m'en parlez...

— Oui, mais surtout à mon ami, M. de F..., chargé de l'enquête à L..., et qui m'a dit en la brûlant : « Voilà ce que je fais pour vous, non pour votre protégé, qui est...

— Qui est?...

— Une canaille.

Léger aurait suffi, mais on connaît la valeur du mot en politique : je n'y attache plus d'importance aujourd'hui.

FIN DE LA PREMIÈRE PARTIE

DEUXIÈME PARTIE

1

UN BAPTÊME AUX BATIGNOLLES

Mon arrivée à Paris mérite d'être racontée. J'étais parti de Montpellier, en empruntant 200 francs à un ami de mon père. Je sentais, après une bourrasque de famille, que je ne pouvais plus rester *là-bas*. Je pris le train de dix heures du soir, par les troisièmes : une journée et deux nuits de chemin de fer, en juillet, n'est rien à vingt et un ans. Je me fis conduire, de grand matin, rue des Dames, aux Batignolles, chez mon ami Soulas, qui ne m'attendait pas. Je frappai. On répondit : « Qui est là? — Un ennemi, » dis-je. — « Soulas, cria sa femme, n'ouvre pas, c'est un ennemi. — Mais je crois reconnaître cette voix... » Il ouvrit... Dès lors, notre existence devint commune pendant quelques mois.

Soulas venait d'assister, dans cette maison honnête, à l'arrestation de bandits, qui avaient assassiné un horloger à Caen. Un jour, madame Soulas trouva la loge de la concierge pleine de monde. « Qu'y a-t-il? » demanda-t-elle à la concierge. — C'est la *rousse*, dit celle-ci. Ladite concierge, de complicité dans l'affaire, fut condamnée à quatre années de prison.

Nous avions une aimable voisine sur le même palier, madame Septavaux, fille du peintre Rœhn, et mère de madame Salla, l'éminente cantatrice, que je vis là toute jeunette, chantant :

> Ah! dis-moi, quand on a seize ans,
> Quand on a seize ans et qu'on est gentille,
> Si jeune fille aux yeux agaçants...

J'ai oublié le reste ; mais j'affirme que ce fut le début de madame Salla, que sa mère, femme de tête, destinait dès ce temps-là à la scène lyrique.

Je ne puis penser à madame Septavaux sans revoir en imagination ce pastel de Chardin, qui fait partie de la collection Lacaze au Louvre, et qui représente madame Lenoir, femme du lieutenant de police.

C'est la même expression spirituelle, pensive et rieuse de bourgeoise parisienne. Madame Septavaux était grande et mince, élancée. Par son empressement et son obligeance, elle réalisait tout à fait le type de la *bonne voisine*, comme l'appelait Sainte-Beuve, quand je lui racontai ces quelques mois d'existence batignollaise, où nous vivions porte à porte.

Un jour, le prince Pierre envoya à Soulas une bourriche de gibier de sa chasse des Ardennes. Madame Soulas décida qu'on baptiserait son fils. Le parrain fut notre ami François Kufner. Soulas, libre penseur, refusa d'assister au baptême, mais il donna du relief à la cérémonie civile. Il invita M. Champfleury et le joyeux Schanne. La table fut dressée dans la salle à manger de madame Septavaux.

D'autres voisines, filles du doyen des commissaires de police de France, apportèrent aussi leurs chansons et leur gaieté. Quand on se leva de table pour passer dans la chambre à coucher qui servait de salon, Schanne fit son entrée en patinant, on devine sur quoi, sous forme de V, les jambes en l'air, s'aidant de ses mains comme de roulettes.

On joua aux petits jeux. A celui du cabinet noir, M. Champfleury trouva le moyen d'enfermer Schanne et madame Septavaux. On entendit des rires étouffés, puis des : « Laissez-moi, monsieur Schanne. »

Quand on leur permit de sortir, madame Septavaux eut un mot à la Diderot : « Ah! ben, dit-elle, si j'avais du faux, je crois que vous le sauriez, monsieur Schanne! »

Tout cela ne prouvait que beaucoup d'esprit et de gaieté.

Soulas comptait aussi Élie Reclus, frère d'Élisée, parmi ses amis. Nous nous promenions quelquefois ensemble au jardin des Tuileries.

Je dois le dire, Paris produisait sur moi un effet calmant et refroidissant. Ce n'était plus la politique toute d'ardeur et de fièvre du Midi. La théorie remplaçait l'activité du pays *rouge*. On y discutait à perte de vue sur le *moi* et le *non moi* de la politique.

Les partis vaincus, à force de ronger leur frein, finissent par mâcher à creux et à vide.

Le scepticisme me gagnait.

J'eus mon heure de défaillance. La nostalgie me saisit. Je voulus retourner à Montpellier. Ce fut l'affaire d'un mois. Une fois guéri du mal du pays, le regret de la capitale me prit. Je reparus chez mon ami Soulas; mais lui-même alors tomba malade, et crut que l'air natal lui rendrait la santé. Il mourut au mois de juillet chez ses parents, entouré de sa femme et de ses enfants qui étaient allés le rejoindre.

Je revenais pendant ce temps-là de Turin.

La guerre d'Italie m'avait attiré, et je fis ce voyage en vagabond, franchissant montagnes et ravins à pied, couchant à la belle étoile, inconsciemment avide d'air et de liberté, comme un jeune homme trop longtemps comprimé.

Je pourrais remplir ici des pages de style descriptif, mais ce serait bien fastidieux pour le lecteur et pour moi. Je me bornerai à ce que mes notes de voyage m'offrent d'essentiel et de plus typique.

II

DEGLI ALPI ALL' ADRIATICA !

Je ne sais s'il en est de l'idée de Dieu comme de l'idée de patrie, mais le chauvinisme se révèle bien réellement à nous, lorsque, hors de France, on voit l'armée française acclamée comme l'étaient nos soldats, à leur entrée dans Turin. De toutes les fenêtres de la rue du Pô, pleuvaient des bouquets, des oranges. Les battements de mains partaient comme des feux de file. Les femmes agitaient leurs mouchoirs. Les cavaliers étaient couverts de poussière; le pas des chevaux s'était ralenti le long des arcades de cette rue, qui se retrouve un peu partout la même en Italie, mais qui a moins de raison d'être à Paris.

Le soir, au théâtre Rossini, une bonbonnière sous ces mêmes arcades, on jouait *le Domino noir*, — *il Domino nero*. Des officiers d'artillerie français firent leur entrée aux premières, pendant la représentation : les applaudissements éclatèrent de toutes parts. L'orchestre joua *la Marseillaise*.

Le Turinois froid et résolu y allait de tout l'enthousiasme dont il était capable.

Il ne montrait pas moins de fermeté dans l'attente de l'Autrichien, qui pouvait surprendre sa ville démantelée. Il était prêt à tout. Il avait confiance en son roi.

Cette idée de surprise possible était tellement dans les esprits, qu'un après-midi, m'étant couché, et subitement réveillé par un violent coup de tonnerre, je crus entendre le canon.

Pendant qu'on jouait *le Domino noir*, je flirtais au parterre avec une jeune Piémontaise, qui me disait que sa sœur était *cattiva*. — *Cattivo* est un mot qui signifie *méchant*, et par extension, *captif*. — Et, en même temps, elle me montrait sa sœur dans les chœurs de religieuses, sur la scène.

Cela n'eut pas de suite. J'étais libre, et je voulais rester libre.

Au bureau de tabac, je fis un impair : je traduisis littéralement cette expression familière et si française, « Ça ne fait rien, » par *Fa niente*.

— *Fa niente!* dit la buraliste, un *Francese!*

Dans les cafés, des monsignori, moitié clercs, moitié laïques, rappelant l'étudiant en théologie de *Manon Lescaut*, fumaient des cigarettes et prenaient des *graniti*, avec de belles dames.

La glace est bon marché à Turin. On s'y priverait plutôt de dîner que d'y prendre des glaces, ce que j'ai fait quelquefois.

Qui ne connaît aujourd'hui le grissini de Turin? J'en abusai comme des cigares Cavour. Cette pâte croustillante et sèche, longue comme des bâtons de macaroni, m'amusait.

Les cafés de Turin sont resplendissants de dorures et de peintures, qui se reflètent à perte de vue. Tout le monde y va, toutes les classes s'y mêlent. C'est une vraie démocratie égalitaire.

Je me plaisais au milieu de cette population, de ce bruit. Je vivais seul, j'allais partout.

Je faisais parfois des rencontres... impossibles. Le roi était tellement populaire à Turin que toute femme galante se vantait d'avoir été la maîtresse du roi galant homme. Un jour, une belle personne me pria d'écrire pour elle une lettre au roi. Je servis volontiers de secrétaire. Qui ne l'eût fait à ma place? Il y avait de quoi, je vous jure.

Jusque-là, je ne connaissais que le ver luisant et rampant.

Pour la première fois, au-dessus des fossés de Turin, je vis des tourbillons de lucioles.

J'ai passé une nuit sur la montagne, de l'autre côté du Pô, au sortir du spectacle. Dans mes nombreux allers et retours, je négligeai, un après-midi, de retenir une chambre. A minuit, je n'en trouvai plus nulle part. La nuit était tiède et belle; j'entendais, au clair de lune, ce concert de la nature : le rossignol faisant éclater ses trilles, qui sont la gaieté des nuits; le crapaud psalmodiant son coassement monotone, que j'ai le mauvais goût de trouver plaisir à entendre; la chouette, laissant tomber par intermittence régulière son doux chant aigu, que d'autres trouvent lugubre.

J'arrivai ainsi jusqu'au sommet de la verte colline, qui se compose de jardins fruitiers, couverts de cerises; j'y vis le lever du soleil, éclairant au-dessous de moi la ville, semblable à un échiquier dont toutes les pièces seraient montées : Turin, tiré au cordeau, avec l'architecture de ses tours, m'a toujours rappelé le jeu en question. Le Pô roulait ses eaux tumultueuses et bourbeuses au loin dans la campagne. Dans le prolongement de la colline sur laquelle je me trouvais, apparaissait un édifice d'architecture sombre et massive, qui est le Saint-Denis de la maison de Savoie, l'abbaye des sépultures royales : — la Superga.

Je rencontrais des capucins partout. Ils vont, de maison en maison, faire la quête, dont ils remplissent leur besace. C'est le visiteur matinal. Il porte, m'a-t-on dit, bonheur. Je demandai à qui : — à lui-même.

J'errais quelquefois jusqu'aux bords de la Duera, où je m'asseyais de longues heures sur des rochers. On me dit qu'il y avait du danger, à cause des vipères. La rapidité de cette eau glacée, d'une transparence bleuâtre et légèrement troublée, me plaisait. Le lieu était mélancolique. La rivière chantait sur des cailloux.

La lecture d'un journal me poussa à Gênes. Je pris le train, qui passe à Alexandrie. Ici long et inexplicable arrêt. Tout d'un coup un cri d'enthousiasme retentit. « Votre empereur ! » me dit, en me poussant du coude, un voisin de troisième qui avait deviné ma nationalité.

Napoléon III traversait, en effet, la voie, pendant que nous étions en wagon, et c'était pour le laisser passer que nous stoppions.

Pour la première fois, je le vis bien en face, à deux pas de moi, en tunique et képi, l'œil atone. Il venait de visiter les fortifications d'Alexandrie.

Des enfants tiraient son vêtement, criant : *Viva l'imperatore !*

— Vous n'êtes pas descendu ? me demanda mon voisin, en reprenant sa place près de moi.

— Oh ! je l'ai vu d'ici, je le connais...

Un mot de plus, je risquais de me faire un mauvais parti.

Le train se remit en marche : nous traversâmes le

Tanaro, puis la plaine de Marengo, dans laquelle on avait abattu les arbres pour entraver la cavalerie autrichienne, dans le cas où elle s'approcherait d'Alexandrie.

Le roi, dit-on, pendant ce temps-là, était à Novare.

A Asti, on nous offrit, par la portière, du vin blanc du pays, dont je bus un verre rafraîchissant.

A Gênes, j'allai droit devant moi, suivant le courant qui m'entraînait. On jouait *le Prophète* (*il Profeta*) au Carlo-Felice : j'entrai. A minuit, je fis dans une *osteria* un délicieux souper de langouste, de vin blanc d'Asti et de café, le tout pour quelques sous. Le bon marché de la vie m'étonnait ; mais je ne pus trouver un lit. Dans les hôtels, tous de marbre, où je me présentais, les officiers français avaient tout pris. J'allai à l'aventure. De ruelle en ruelle, j'atteignis le port, où de grandes masses noires avaient un imperceptible roulis : j'entendis ce bruit particulier, qui est comme une caresse de l'eau endormie au flanc des navires. En même temps, une forte odeur d'humidité et de marée me donna un sentiment de fraîcheur. Des soldats français, chantant *la Marseillaise*, passaient. — « Vous ne m'enseigneriez pas un lit ? leur demandai-je. Je suis Français comme vous... — Puisque vous êtes Français, me répondit un caporal dont je n'ai pas oublié le nom, — le caporal Delépine, — venez avec nous, nous vous ferons coucher à la caserne... ne faites pas attention, mes camarades sont gris, je suis plus raisonnable qu'eux... nous allons vous faire grimper un peu haut... vous tiendrez bien la corde comme nous... vous risqueriez de rouler dans le port... » Et, en effet, nous voilà escaladant, en droite ligne, par des sentiers raboteux, la montagne qui mène à la *Lanterna*, où Charles-Quint rêvait, émerveillé. Les pierres dégringolaient sous nos pieds, nous nous accrochions à la corde, fixée de loin en loin dans le rocher. Les étoiles resplendissaient sur nos têtes et dans le golfe.

Le caporal Delépine m'introduisit dans la chambrée. Il m'offrit un lit, et colla une chandelle au mur pour m'éclairer. Un sous-officier me regardait de travers :

« Il y a, à cette heure, dit-il, des généraux qui couchent à la belle étoile. »

Sur le matin, au premier roulement, le caporal Delépine vint me secouer.

— Allez-vous-en vite, dit-il, je pourrais être puni.

Je ne me le fis pas dire deux fois.

Hors de la caserne, je me trouvai en face du plus beau spectacle : le soleil de quatre heures du matin, au mois de mai, éclairant le golfe de Gênes ; un navire de guerre français qui entrait, échangeant des coups de canon avec le fort qui lui rendait son salut.

J'étais là béant, je ne voulais pas m'en arracher.

Je descendis cependant, et allai faire mes ablutions dans la mer, la grande cuvette que je connaissais bien pour l'avoir fréquentée durant toute mon enfance. C'était la même, mais à un autre degré de l'arc de cercle.

Je trouvai là, près des remparts, un cimetière, dont mon grand-père m'avait parlé dans ses souvenirs du premier empire.

Et des maisons basses, sans fenêtre, dans le rocher.

Des diseuses de bonne aventure demeuraient là.

Il fallait n'avoir rien à perdre pour pénétrer dans ces bouges, éclairés à la chandelle.

On en sortait avec plaisir, mais on en emportait un remords... de quinze jours.

Je parcourus Gênes, vis l'Annonciade, cette église surchargée de marbre et d'or. Ce qui m'y frappa le plus, ce fut un capucin et une jeune fille, coiffée du gracieux voile noir, propre au pays (le mezzaro), qui disparurent tous deux, pour ainsi dire, dans le mur.

Les rues de Gênes sont étroites, une large dalle suffit au pavage. On n'y pourrait tenir son parapluie ouvert, mais il n'y pleut jamais.

Je visitai les collines d'alentour, couvertes de villas.

Le soir même, je repris le train d'Alexandrie. Cette ville de guerre m'attirait.

Les rues d'Alexandrie étaient pleines de soldats et de jeunes filles, qui me rappelèrent, par leur volubilité de langage, leur accent, leur patois, leurs yeux noirs et brillants, la couleur brune de la peau et des cheveux, les grisettes de Montpellier. Je crus me trouver dans la rue des Pénitents-Bleus au milieu du fourmillement de filles du quartier, qui encombraient les devants de porte dans mon enfance, quand j'allais à l'école chez M. Boulet. L'analogie de la langue me frappa. Les soldats étaient de bonne humeur. Ils campaient partout, sur la place, dans les rues, dans les maisons. Les églises servaient de magasin à fourrage.

J'entrai dans une auberge, et demandai à dîner et à coucher.

L'hôtelier, un Pietro quelconque, patriote très rébarbatif, me demanda mes papiers, et me montra une affiche de la municipalité, ordonnant à tout étranger qui n'avait rien à faire à Alexandrie d'en repartir immédiatement.

Je lui montrai ma carte d'étudiant en droit, il la garda, et me donna une chambre sans fenêtre, qu'il ferma à clef sur moi.

Le lendemain, quand je voulus sortir, il fallut frapper. Il m'enjoignit d'aller immédiatement au bureau de police expliquer les motifs de ma présence à Alexandrie, sous peine d'être *fusillé*. Il le dit en mauvais français.

— J'y cours, répondis-je.

Je me rendis en toute hâte à la gare, traversant exprès le campement français, recherchant, parmi les chirurgiens, quelque figure d'étudiant de Montpellier de qui je pusse me recommander ; je n'en reconnus aucun.

Je quittai cette ville inhospitalière, et pris le premier train pour Turin.

Une lettre, *chargée* d'argent et de reproches de ma famille, m'y attendait poste restante.

Je me disposai le soir même à repartir le lendemain, non pour Montpellier, mais pour Genève, où je voulais me rendre à pied, selon ma coutume économique de voyager, quand, me promenant sous les arcades de la rue du Pô, je rencontrai un rédacteur du *Messager du Midi*, un spirituel Irlandais, esprit très littéraire, Edward Geoghegan, envoyé en Italie pour rendre compte de la guerre.

Il était avec Edmond Texier, que je connaissais de vue, pour l'avoir rencontré aux Batignolles, où il demeurait.

— Un Montpelliérain de Paris ou un Parisien de Montpellier, dit M. Geoghegan, me présentant.

— Tenez-vous bien à vous en aller demain ? me demanda Edmond Texier, après quelques mots d'explication.

— Pas plus qu'à rester...

— Restez donc, mon petit (c'était son mot)... je vous attacherai à la correspondance Stefani, vous aurez cent cinquante francs par mois...

— Mais c'est une fortune, dis-je.

Et je devins ainsi, tout le temps de la guerre, rédacteur de cette Correspondance, succursale de l'agence Havas-Bullier de Paris. J'y fis la connaissance de M. Henri Grignan.

Le peu d'italien, que j'ai su depuis, date de là, mais j'y commis plus d'un pataquès, et, plus d'une fois, j'y pris le Pirée pour un homme.

L'on m'envoya, après la victoire de Magenta, à la découverte sur la route de Milan. Je partis avec M. Geoghegan pour Vercelli. Le chemin de fer n'allait pas plus loin. La voie était obstruée, à chaque instant, par des convois de blessés; ou bien, c'étaient des troupes fraîches qui stationnaient. Les soldats, parqués en wagon, chantaient, disant : « Nous chantons notre mort, comme les pierrots... vous avez vu tout à l'heure les camarades qu'on porte à l'hôpital ?... » Nous restâmes deux heures en détresse sur une voie toute bordée de fleurs printanières, comme je n'en avais jamais vu dans les prairies de France. Nous nous trouvions au milieu de rizières. M. Geoghegan, qui n'aimait pas le riz, en concluait contre l'esprit des habitants; il prétendait que cette nourriture les rendait lourds. Lui, il faisait des études de fromages autochthones, et les énumérait par leurs noms. Il se faisait, à leur égard, un vocabulaire spécial qui parut dans le *Messager du Midi*. Il alla à la découverte dans les maisons environnantes, et en rapporta des gâteaux secs pour tromper la faim. Nous n'arrivâmes en vue de Vercelli qu'à la nuit tombante. Les soldats avaient dressé leur pot-au-feu sur la voie; il nous fallut descendre vingt minutes avant la station. On faisait partout la *popote*. De petits fourneaux, dressés entre les rails, luttaient de flamme et de fumée contre les derniers rayons du soleil couchant. Avec cela, une animation extraordinaire sur cette voie, où les pékins dérangeaient les soldats, et réciproquement.

A la meilleure auberge du pays, il ne restait plus rien à manger. Les officiers français avaient consommé le reste des provisions que les Autrichiens, partis précipitamment la veille, n'avaient pu emporter. On nous donna deux lits dans une longue chambre, où il y en avait sept ou huit autres, et c'étaient des lits de famille, où l'on couchait deux et même trois, les jours de marché; de sorte, que la nuit, nous entendîmes nos voisins aller, venir, s'arranger entre eux, se faire place.

Nous retrouvâmes, dans cette auberge, une chambrée de journalistes, Edmond Texier, Ernest Dréolle, madame Edouard Ourliac, Henri d'Audigier, à qui l'on faisait prendre des vessies pour des lanternes, et d'autres, qui tous voyageaient pour des journaux de Paris.

Texier, maigre, nerveux, surexcité, était le roi des chroniqueurs. C'en était le plus actif, le plus intrépide : il ne se ménageait pas, ne se reposait pas, et tous ses confrères l'entouraient de respect. Il avait à lui seul un lit et une chambre, où se tenait ce conseil de journalistes.

Il s'agissait, le lendemain, de partir de bonne heure pour Milan. Texier s'était procuré une voiture, ce qui n'était pas facile, les Autrichiens ayant emmené tous les chevaux du pays.

Madame Ourliac allait de l'un à l'autre, suppliant qu'on l'emmenât.

Quelqu'un vint le dire à Texier.

Il était étendu sur son lit tout habillé.

Il répondit par un geste cynique de gavroche tapant sur sa cuisse.

Geoghegan me raconta que déjà, dans la diligence de Nice à Gênes, par la corniche, Texier s'était exprimé légèrement sur cette pauvre dame, laquelle se trouvait justement dans le coupé avec eux, sans qu'il l'eût reconnue. En entendant le propos qui la concernait, elle dit : « En êtes-vous bien sûr, monsieur Texier ?... je suis la personne dont vous parlez, et je ne connais pas M. Alphonse Karr... »

A Gênes, Geoghegan avait serré la main à un colonel, son ancien condisciple de Sorèze, qui fut tué à la première bataille. Geoghegan fit part de sa douleur à Texier. Quelques jours après, ouvrant *le Siècle*, dans un café, à Turin, il lut : « Le brave colonel, je lui avais serré la main à son débarquement à Gênes, il a été un des premiers tué... »

Tout cela ne prouve qu'une chose : c'est que Texier était un excellent journaliste, qui ne laissait rien perdre.

Sainte-Beuve l'avait en vue, quand il a caractérisé le type du journaliste le plus répandu. C'est qu'en effet, pour Texier, le champ de bataille remplaçait le salon, et le salon, le champ de bataille, sans que sa plume en éprouvât la moindre défaillance.

En Italie, il prenait le café avec les zouaves, et il racontait leur manière de le sucrer. Comme on manquait, justement, de sucre, l'un d'eux faisait le geste d'en jeter un énorme morceau dans la marmite où fumait le café, et tout le monde se contentait de ce simulacre. Texier, le premier. Ah ! dame, à la guerre comme à la guerre ! mais aussi les belles chroniques qu'il envoyait du bivouac ! Il a vraiment *vécu* la campagne d'Italie.

Son goûts cru se ressentait de cette surexcitation.

Il portait un riche képi de fantaisie, qui disait sa profession de journaliste militaire.

Sa maigreur fantastique dessinait les côtes sur son gilet. Toujours élégamment mis, il faisait faire des moulinets à sa canne, qui rappelaient les incroyables du Directoire. Ses favoris rejoignant ses moustaches donnaient à sa physionomie quelque chose du type d'assommeur *bonapartiste*, qu'il n'était pourtant pas. Il me montra, en 1860, une lettre de Saint-Marc Girardin, regrettant le beau temps des joutes oratoires sous Louis-Philippe. Il n'était pas républicain non plus en ce temps-là, car il me dit que le retour de la République serait le retour de la guillotine ! — Les hommes d'esprit ont leurs superstitions : Offenbach, à qui il ressemblait, avait bien les siennes.

Geoghegan, lui, était tout autre, un romantique attardé, ami de Louis de Cormenin, raillant, à Montpellier, dans le gras *Messager du Midi*, les tentatives nouvelles de la jeune littérature. Chacun a ses travers. Celui-ci en était encore aux fantaisies de 1830, quand Texier menait le reportage à la façon d'Horace Vernet, s'inquiétant du fait, et rien que du fait. Texier faisait de la littérature militaire : mon ami Geoghegan s'arrêtait en route.

J'aurais volontiers été de l'avant, mais il me manquait le nerf de la guerre. On ne vit pas tout ce qu'il y avait en moi d'ardeur qui ne demandait qu'à se produire.

Quand madame Ourliac s'adressa à moi pour me demander une place dans *ma* voiture, je ne pus que décliner l'honneur qu'elle me faisait, et lui en exprimer un regret très sincère. Je n'avais pas de voiture.

De grand matin, j'étais dans les rues de Vercelli. Les hirondelles, accrochées aux fils de fer des treilles du balcon, par lequel nous pénétrions dans notre chambre, chantaient au soleil levant de joyeuses ritournelles qui me réveillèrent.

Un branle-bas passait sur les pavés de la rue. L'artillerie ébranlait les pavés : venaient ensuite les cavaliers et les fantassins. J'assistai à un départ de troupes, qui se dirigeaient vers Milan, et je vis cette chose mémorable : un sous-intendant militaire à cheval, resté seul et en arrière, à qui un bouquet fut lancé par une fenêtre. Un enfant le ramassa et le lui remit. L'officier d'intendance envoya un salut... à la Bonaparte.

On l'avait pris pour un général, et il le laissait croire, comme le singe pris pour un homme par le dauphin de la fable.

De retour à Turin, j'assistai au *Te Deum* de la bataille de Magenta. Refusant la place d'honneur à laquelle m'aurait donné droit mon titre de rédacteur de l'agence Stefani, j'entrai, pressé, dans l'église avec le populaire : j'y fus le protecteur du beau sexe contre la foule, et j'en reçus un témoignage reconnaissant. Je n'étais séparé de Cavour, assis en face de moi, que par la largeur de l'autel. Pendant deux heures, je pus observer (si le mot n'est pas trop prétentieux pour moi) cette tête du plus grand parlementaire des temps modernes. Plus tard, quand j'ai vu Proudhon, je fus frappé de la ressemblance.

La popularité de Cavour s'accrut encore, à Turin, le jour de la paix de Villafranca (11 juillet).

On eût dit qu'il y avait un mort dans toutes les maisons.

Le portrait de Napoléon III disparut des vitrines. On le remplaça par celui d'Orsini, entre les portraits de Victor-Emmanuel et de Garibaldi. La police française fit retirer le portrait d'Orsini, mais l'espace resta vide entre les deux héros.

Sur les piliers de la rue du Pô, on dessinait des cartes d'Italie, avec ces mots : *Degli Alpi all' Adriatica.*

A la rentrée des deux souverains, Cavour alla au-devant d'eux à la gare. Les larges glaces de sa voiture le montraient, à l'intérieur, comme dans un cadre. On le saluait et l'applaudissait partout au passage.

Quand Victor-Emmanuel parut, *beau* sous le hâle qui bronzait sa figure, justifiant le surnom de *caporal des zouaves*, que ceux-ci lui avaient donné, — si original dans sa laideur caractéristique et qui en fait le type de sa race, — ce furent des cris et des acclamations enthousiastes. Cette sage population piémontaise n'osa pas témoigner son mécontentement à celui qui se montrait à côté du roi, d'une impénétrable impassibilité, et qui donnait envie, même à ses plus proches, d'ouvrir cette caboche pour connaître le secret du sphinx.

La fin n'a que trop démontré qu'il n'y avait pas de secret dans cette tête.

III

LA MASCARADE DE LA VIE PARISIENNE

J'aborde la partie sérieuse de ma vie, celle du moins qui commence à le devenir, car jusqu'alors j'ai beaucoup vagabondé, ne me fixant nulle part. Nature inquiète et *seconde*, de celles que Sainte-Beuve a qualifiées ainsi dans son *Port-Royal*[1], et dont il a analysé le type dans son portrait de Deleyre[2], l'ami et le disciple de Rousseau; — sur lesquelles il est revenu et qu'il a résumées d'une façon définitive, en quelques lignes, quand il a dit :

« Eckermann n'avait en lui rien de supérieur; c'était ce que j'ai appelé ailleurs une de ces natures secondes, un de ces esprits nés disciples et acolytes, et tout préparés, par un fond d'intelligence et de dévouement, par une première piété admirative, à être les secrétaires des hommes supérieurs... Ainsi eût été Deleyre pour Rousseau, si celui-ci avait permis qu'on l'approchât[3]... »

Je ne sais pas jusqu'à quel point j'ai réalisé le type, mais je l'ai côtoyé. — M. Champfleury m'a appelé

---

1. *Port-Royal*, t. I, p. 439, 440, 441.
2. Voir *Ducis épistolaire*, *Nouveaux Lundis*, t. IV.
3. *Entretiens de Gœthe et d'Eckermann*, *Nouveaux Lundis*, t. III.

« un jeune Eckermann de la nature des lierres¹... » Je ne m'en défends pas, et j'entre résolûment dans mon sujet par cette porte. Aussi bien, c'est lui, l'auteur des *Bourgeois de Molinchart*, qui me l'a ouverte.

Ma vie *réelle* date de lui, c'est lui qui l'a transformée et de *rien* que j'étais, fit de moi *quelque chose*. Il me traça un but, me montra une voie à suivre, dissipa le vague dans lequel j'avais flotté jusque-là, et qui est l'élément ordinaire des esprits creux. C'est comme si l'on se repaissait d'air. Un troupeau ferait maigre chère, s'il ne cherchait sa vie à terre, et s'il visait à brouter le ciel.

La fréquentation de M. Champfleury fit évanouir ces atomes tourbillonnants et sans fixité, dont ne se contentent pas les littérateurs de profession. J'acquis, dans son cabinet, des connaissances précises. Il prenait la littérature au sérieux. Il me dit un jour : « C'est un sacerdoce », et, développant sa pensée, il m'expliqua qu'elle absorbait tout, qu'elle comportait des devoirs professionnels peu compatibles avec les satisfactions légitimes de la vie commune.

Comprenant la *fantaisie* dans l'art quand elle est sincère, il ne l'admettait que comme une fleur naturelle de l'esprit, mais il n'aurait pas voulu qu'elle devînt pour tous le but à atteindre. Il demandait à la littérature une assise certaine, plus solide, — scientifique en quelque sorte, — et sans faux idéal.

Ah! l'*idéal*, il s'en moquait, — et il s'en moque encore, — quand on ne lui oppose que des productions qui n'ont pas la *sincérité* pour base.

---

1. Champfleury, *Souvenirs et Portraits de jeunesse*, p. 329.

Ces principes, il les exposait, dès 1857, dans son livre le *Réalisme*.

J'évoque, en ce moment, de mémoire, des années de jeunesse où la liberté refoulée était surtout profitable aux polémiques littéraires et où l'on soulevait des questions qui n'intéressent pas autant le grand public que les luttes oratoires de la tribune.

En ce temps-là, l'on n'avait le droit de se passionner que pour la littérature, et l'on y apportait toute l'âpreté qui ne trouvait pas à s'exercer ailleurs.

Et encore fallait-il tourner et retourner sa phrase, avant de se permettre une plaisanterie comme celle-ci :

« La France est une bouteille de champagne dont l'empereur est le bouchon. »

L'auteur de cette spirituelle boutade, M. Champfleury lui-même, dans sa *Gazette* du 1ᵉʳ novembre 1856, dut s'en expliquer devant le juge d'instruction.

Sainte-Beuve, peu *libéral* (il ne s'en cachait pas), me dit un jour : « On ne peut pourtant pas faire une révolution pour rendre la liberté au crayon de Daumier. »

A mon tour, dirai-je aujourd'hui, on ne peut pas faire une contre-révolution pour nous rendre à un temps où la littérature et l'art eux-mêmes avaient tant de précautions à prendre pour s'exprimer.

Mon initiation, dans le cabinet de M. Champfleury, commença par son grand roman de *la Mascarade de la vie parisienne*, dont je transcrivais les feuillets, pendant qu'enveloppé dans sa robe de chambre de laine blanche, il composait, debout, sur son pupitre.

— Cela t'apprendra à faire un roman, me dit mon ami Soulas.

Les huit années de secrétariat chez Sainte-Beuve m'éloignèrent de toute vocation spéciale sous ce rapport ; mais, en témoin fidèle, chez qui les impressions restent, je pus redire au Gœthe de la rue Mont-Parnasse, qui les ignorait, les tribulations de M. Champfleury, en 1859, quand, sur le rapport d'un M. Dronsard, *la Mascarade de la vie parisienne* fut subitement interdite, en cours de publication, dans *l'Opinion nationale*, le journal d'Adolphe Guéroult.

Sainte-Beuve me rappela les injures que lui avaient values ses deux articles sur *Madame Bovary* et *Fanny*.

On l'avait traité lui-même de *réaliste*, — car il y avait, en ce temps-là, plusieurs réalismes, — pour avoir plaidé la cause de la liberté dans l'art, en plein *Moniteur*.

Le réalisme de M. Champfleury n'était pas le même que celui de Flaubert et de Feydeau ; car le réalisme n'était pas un système tout monté, une machine, indifféremment maniable par n'importe quelle main. Ce n'était pas non plus un appareil photographique, selon la comparaison banale de ce temps-là. Chacun y apportait son tempérament propre d'observation. Je n'ai pas à définir ici le talent de Flaubert et de Feydeau, mais celui de M. Champfleury avait une portée et un rayon *humains* et *doux*, qu'on ne retrouve pas dans les deux autres.

C'est ce qu'il eût pu répondre un jour à un grand personnage, qui lui dit avant toute entrée en matière : « Je n'aime pas le *réalisme* : tous mes amis sont *réalistes*, Augier, Dumas... » *Tot capita, tot sensus...* autant de façons d'être réalistes. Le prince Napoléon — car c'était lui — aimait Hugo, Delacroix, ce qui le distinguait du reste de sa famille, où l'on n'apprécicit que la peinture d'histoire; il aimait, en outre, beaucoup Sainte-Beuve, ce qui le rapprochait, sinon du réalisme, au moins de la recherche exclusive de la *vérité* dans la critique.

Justement, l'auteur de *Volupté* avait entendu dire beaucoup de bien du roman de M. Champfleury, supprimé en feuilleton et publié en volume à la Librairie nouvelle. *La Mascarade* commence, on le sait, au bord de la Bièvre; c'est l'histoire de la fille d'un chiffonnier, qui s'échappe de la maison paternelle, et va gravitant autour de tous les mondes, livrée à tous les hasards. L'auteur y flagelle de célèbres aventuriers : il n'y épargne aucun des travers, ni des vices, ni des ridicules du temps. La fille d'une Muse y reconnut sa mère. On y retrouverait tous les Barnums de l'époque, effrontés, impudents et tapageurs.

Le motif de l'interdiction de ce roman est resté le secret de la censure. Il entrait trop dans le vif de la vie parisienne[1].

Sainte-Beuve ne trouvait pas la réalisation de son idéal politique dans ces mesures inintelligentes et déloyales, qui tenaient le littérateur en défiance de lui-même, le mettaient en suspicion et l'écartaient par cela même du pouvoir tel qu'il l'aurait rêvé, grand, équitable, autoritaire, mais non livré à des mesquineries, sentant la délation et la rancune.

Le censeur, quel qu'il soit, ne sait pas assez ce qu'il fait, quand il souffle sur le produit intellectuel d'autrui, et le biffe d'un trait de plume. Il ne se doute pas des flots de bile qui s'amassent dans la conscience du penseur, dépossédé de son œuvre, et qui, tôt

---

1. Voir l'appendice sur *la Succession Le Camus*, à la fin du volume.

ou tard, tourneront en colère contre le mutilateur. Il assume de spirituelles vengeances, — les plus cruelles de toutes.

Pendant deux ans (1859-1861), je fus témoin d'une vie de production et d'études, qui ne s'interrompait quelquefois que pour de petits voyages, destinés à détendre les nerfs ou à amasser de nouveaux matériaux. C'est ainsi que nous fîmes, au printemps de 1860, un pèlerinage à la maison de La Fontaine, à Château-Thierry. Au printemps de 1861, nous allâmes visiter l'Exposition artistique de Rouen. Nous en revînmes par Le Havre et Honfleur, où nous espérions rencontrer Baudelaire. Nous séjournâmes assez longtemps sur la colline, les pieds dans l'herbe, déjeunant de beurre et de crevettes, le régal du pays, puis nous partîmes pour Lisieux. Pendant la nuit, un bruit de vaisselle brisée nous réveilla à l'hôtel. M. Champfleury me cria de sa chambre : — Eh! Troubat, la faïence! — Nous rentrions, en effet, chargés d'un précieux butin destiné à la collection, encore embryonnaire, d'où est sortie l'*Histoire des faïences patriotiques sous la Révolution*.

Heureusement, ce bruit venait de la cuisine.

Un matin, M. Champfleury vint me réveiller à ma petite chambre, au cinquième, de la rue de la Paix, aux Batignolles. C'était pour me charger, au plus vite, de dresser la Table analytique des *Chansons populaires des provinces de France*, recueillies *de concert* avec le compositeur Wekerlin, qui en écrivait l'accompagnement pour piano.

Je passai ainsi de longues soirées à entendre répéter ces airs sur le piano, toujours ouvert, en ce temps-là, de M. Champfleury et de sa propre main.

Je m'y initiais à un art simple, à ces ruisselets, dérivés de grands fleuves, fragments perdus d'un autre âge qui se retrouvent dans les campagnes, et qui deviennent parfois eux-mêmes des sources d'inspiration et d'idées pour des poètes ou des musiciens.

J'y pris le goût de tout ce qu'on m'avait appris à dédaigner dans ma province, ne s'attachant qu'aux opéras à la mode, détruisant les vieux meubles, les vieilles faïences et les vieilles étoffes.

M. Champfleury m'apprit encore à aimer les chats, cet animal réputé *traître*, et me dédia, en 1868, le livre qu'il leur consacra.

Avec lui, je fis la chasse aux Le Nain, appris à les reconnaître, et communiquai plus tard ma *science* à Sainte-Beuve, que je conduisis à Saint-Étienne-du-Mont voir une *Nativité*, et au Louvre, devant *la Forge*[1].

— Pourquoi ne voulez-vous pas, demandait M. Reiset, le grand connaisseur en Raphaëls, que cette belle *Procession* soit des Le Nain?

— Pour la même raison, répondis-je, que *Jocelyn* n'est pas de Ronsard.

Ce rappel du xvi° siècle fit plaisir à Sainte-Beuve.

Je ne puis nommer M. Champfleury qu'avec une reconnaissance éclatante : c'est de lui — et à partir de lui, — je le répète, que date la bonne fortune littéraire dont j'ai joui.

J'aurais vécu, sans lui, fort obscurément.

L'hommage à la vérité physiologique m'oblige à le déclarer ; car ma nature *seconde* pouvait ne pas trouver à s'appliquer.

Il m'a initié à cette vie littéraire, qui n'est pas faite,

---

1. Voir *Nouveaux Lundis*, t. IV, article sur *les Frères Le Nain*.

quoi qu'on dise, comme celle de tout le monde : elle comporte d'autres soucis, — et d'autres joies aussi, il est vrai, — puisque, à l'âge où le rentier, enrichi dans le commerce, se *retire* (comme il dit), elle suscite de nouvelles ardeurs à celui qui tient la plume.

IV

RICHARD WAGNER

J'ai conservé de M. Champfleury une brochure très rare, et qui sent la poudre. Elle est datée de la « nuit du 27 janvier 1860 ». Le vaillant lutteur y livre la première bataille pour Wagner. Il est juste de lui en reporter l'honneur. Les néo-wagnériens, venus depuis, n'ont rien inventé.

M. Champfleury écrivit cette brochure le lendemain du concert donné au Théâtre-Italien par l'illustre compositeur allemand, qui dirigeait lui-même l'orchestre.

« Dès l'arrivée du maître à son pupitre, écrit M. Champfleury, je compris à la physionomie de l'orchestre que la cause était gagnée. Les musiciens se dérangèrent avec respect et joie, impatients de commencer et saluant l'arrivée de Richard Wagner par des applaudissements d'archets sur le bois de leurs instruments. »

Dans la même brochure, M. Champfleury donne ce portrait de Wagner :

« Wagner est pâle avec un beau front dont la partie près de la racine du nez offre des bosses très accusées. Il porte des lunettes et des cheveux abondants sans exagération. C'est une nature bilieuse, ardente au travail, pleine de conviction, les lèvres minces, la bouche légèrement rentrée et le trait le plus caractéristique dans les détails vient de son menton, se rapprochant de la famille des mentons de galoche. »

J'ai vu moi-même Wagner chez lui, coiffé d'un béret brun, et je retrouve, dans le croquis ci-dessus, la ligne accentuée et fine de son profil.

M. Champfleury a reproduit cette brochure dans un livre où il a réuni les médaillons de Gérard de Nerval, Balzac, Courbet, Wagner, sous le titre de *Grandes figures d'hier et d'aujourd'hui*. Il y a joint un conte publié par Wagner, du temps de son premier séjour à Paris, dans *la Gazette musicale*, et intitulé : *Une visite à Beethoven*. Je connais bien ce conte, pour l'avoir copié à la Bibliothèque impériale. Il est empreint de mysticisme, plein de la religion de l'art et du culte pour l'une des quatre ou cinq grandes expressions du génie humain, personnifié dans Beethoven, que l'auteur n'approche pas sans s'y être préparé dignement par des prières et même par le jeûne... La forme religieuse se retrouve partout dans Wagner ; mais il y a une scène ravissante, celle de la rencontre de musiciens ambulants qui se donnent un concert à eux-mêmes, au coin d'un bois, sur la route, jouant justement du Beethoven en plein ciel, dans les campagnes de la Bohême. Le jeune compositeur, qui faisait à pied son pèlerinage vers le grand homme, s'empare du violon d'un des musiciens blessé à la main et fait sa partie dans ce concert improvisé.

La soirée, donnée au Théâtre-Italien, n'était que le prélude, une préparation du public français aux représentations du *Tannhauser* qui allaient avoir lieu à l'Opéra. On sait combien elles furent orageuses.

M. Champfleury nous réunit un soir chez lui, Duranty, à qui le livre des *Grandes Figures* est dédié, Schanne et moi. Nous dînâmes dans sa salle à manger, tapissée jusqu'au plafond de faïences parlantes de la Révolution. Après le dîner, nous allâmes à la troisième et dernière représentation du *Tannhauser*, où nous fîmes, chacun de notre mieux, notre partie de claque contre le Jockey-Club, qui sifflait. Des cartes furent échangées devant moi au parterre entre siffleurs et claqueurs. Nous y contractâmes un enrouement de quinze jours.

J'ai donc été un des combattants de la première heure en faveur de cette *musique de l'avenir*, qui n'a pas encore trouvé en France son heure définitive. J'ai entendu formuler ce reproche par l'un de ses plus grands admirateurs : « L'opéra de Wagner est comme une oraison funèbre de Bossuet qui n'aurait ni points ni virgules. » Ce serait incompréhensible et assommant, mais je suis tellement convaincu que c'est le fait de toute grande œuvre musicale, et en général de toute œuvre d'art qui constitue une *invention*, de ne pas être comprise à première audition ni à première vue, que je me range à ce jugement de M. Franck-Marie, extrait de *la Patrie* du 19 mars 1860, et conservé dans mes notes :

« Tout dans l'œuvre de Wagner n'a pas été compris au premier moment, et quelques personnes lui ont fait un reproche de ce qui n'était au fond que le résultat de leur peu d'expérience. Un musicien savant et justement estimé me dit avoir consacré plus de quinze jours à l'analyse du *Tannhauser* et n'en avoir compris les beautés qu'au bout de ce temps ; comment un auditeur étranger aux choses d'art pourrait-il surprendre ces beautés au passage et les apprécier ? Il ne faut pas juger avec une précipitation qui est une marque de légèreté. Il nous a fallu plus d'un siècle pour nous initier aux beautés de *Don Juan*; Weber mourut de l'insuccès d'*Obéron*. La musique est une science qui a ses règles et ses secrets; et prétendre en sonder les profondeurs sans études préalables est insensé. »

L'anecdote suivante, que j'ai déjà racontée dans mes *Notes et Pensées*, une publication tirée à deux cents exemplaires, complète le récit de la part que j'ai prise, dans une autre circonstance, à une plus parfaite connaissance de Wagner dans notre pays.

En 1869, chez Sainte-Beuve, nous voyions souvent M. Buloz père.

Un jeune écrivain d'Alsace, d'une nature enthousiaste et sympathique, M. Édouard Schuré, était venu demander à Sainte-Beuve un mot de recommandation pour la *Revue des Deux Mondes*, afin d'y placer quelques articles, sans dire qu'il en avait un en poche. Justement M. Buloz avait demandé quelques jours auparavant à Sainte-Beuve s'il ne connaîtrait pas un jeune homme, capable de remplacer M. de Mars, qui venait de mourir. Sainte-Beuve fit part de cette proposition à M. Schuré, qui l'accepta. Bientôt après, nouvelle visite de M. Buloz, très embarrassé cette fois, à la petite maison de la rue Mont-Parnasse. Le critique des *Lundis*, malade et souffrant, était allé faire sa courte promenade sur le boulevard voisin, pour se donner un peu d'exercice. « Est-ce que son secrétaire n'y est pas ? demanda M. Buloz. — Pardon ! il y est. — Dites-lui que je veux lui parler. » On fit monter M. Buloz dans le cabinet, et la conversation s'engagea ainsi avec moi :

— Sainte-Beuve m'a envoyé ces jours-ci un jeune homme, M. Édouard Schuré, qui m'a apporté un excellent article sur Richard Wagner; c'est dommage, car je ne puis pas le mettre...

— Pourquoi ne pouvez-vous pas le mettre, puisque l'article est excellent?

— La *Revue* ne peut pas insérer un article sur Wagner; elle est trop *rossinienne* pour cela : mon beau-frère (Henri Blaze, fils de Castil-Blaze) ne voudra jamais laisser passer cet article. Et c'est dommage, car il est bon...

— Mettez alors l'article avec des réserves de la *Revue* en tête dans une note.

— Mais pourquoi Sainte-Beuve m'a-t-il fait apporter un article sur Wagner? Est-ce qu'il donne aussi dans ce travers? Je ne sais pas ce qu'on a en France en ce moment : il y a ce Champfleury qui a fait aussi des articles sur Wagner; il avait commencé par Courbet : j'ai voulu l'avertir à temps, le remettre dans la bonne voie, il ne m'a pas écouté; je lui avais ouvert les portes de la *Revue* toutes grandes; il a préféré courir l'aventure, Wagner, Courbet...

— Monsieur Buloz, dis-je alors, Champfleury est mon ami, et je vous avouerai que j'ai tenu tête avec lui à l'orage qui a assailli le *Tannhauser* à l'Opéra. Quant à M. Sainte-Beuve, il ignorait que M. Schuré eût l'intention de vous proposer un article sur Wagner...

En ce moment, le maître de céans rentrait un peu cahin-caha; on le mit au courant des perplexités de M. Buloz, à qui il en coûtait, somme toute, de sacrifier un bon article.

— Mettez-le donc, s'il est bon, dit Sainte-Beuve. Je ne serai pas fâché de le lire et de faire plus amplement connaissance avec Wagner : car, jusqu'à présent, nous n'en savons que des bribes et des morceaux...

Ces quelques paroles réconfortèrent M. Buloz.

— Vous avez raison, dit-il ; je le mettrai ; mais, afin de n'avoir pas de reproche de mon beau-frère, qui m'empêcherait peut-être d'insérer la seconde partie dans le numéro suivant, je ferai passer tout le travail de M. Schuré en une fois avec une note en tête pour expliquer cette dérogation exceptionnelle aux principes de la *Revue*.

L'article parut, en effet, au complet, dans le numéro du 15 avril 1869.

V

TABLEAUX ET CURIOSITÉS

La dernière grande figure que j'aie bien étudiée auprès de M. Champfleury, a été celle de Daumier, qui remplit presque à elle seule son *Histoire de la Caricature moderne*. Je puis dire que j'ai *veillé* sur l'œuvre de Daumier; car, quelquefois, le dimanche, à peine quittais-je Sainte-Beuve à une heure, que je me rendais chez M. Champfleury en toute hâte. Nous passions la journée et la soirée à collectionner les dessins du caricaturiste. Je meublais ainsi mon cerveau, en ces années-là, de littérature et d'art, et nulle autre préoccupation ne m'entrait dans la tête.

Une fois, dans les commencements, M. Champfleury m'avait fait l'honneur de m'inviter à dîner avec Henry Murger. La conversation roula tout entière sur la musique.

J'ai connu Baudelaire, dans ce cabinet de la rue Germain-Pillon, donnant sur des jardins, tout peuplés de peintres, de poètes, de statuaires, quand ils n'étaient pas les trois à la fois, comme Auguste de Chatillon.

J'écoutais, parlant peu, selon les *Conseils* dédiés à Duranty, où il est dit : « Réfléchis et tais-toi. Tu n'es pas orateur. » Je me taisais, la littérature m'entrait par tous les pores.

J'entendis ainsi pour la première fois parler de Sainte-Beuve par Baudelaire, qui le connaissait bien, sans me douter qu'à peu de mois de là, ma vie allait être mêlée d'une façon indissoluble à l'existence du grand critique.

Pendant tout l'hiver de 1860-1861, je fis, pour *l'Artiste*, le compte-rendu de l'Hôtel des ventes, sous le titre de *Tableaux et curiosités*; mes articles sont signés Hérand, du nom de ma mère. Mon vrai nom déplut à M. Arsène Houssaye, qui me conseilla d'en changer. Je le repris auprès de Sainte-Beuve, et ne le quittai plus.

J'achetais des tableaux pour M. Arsène Houssaye, qui en meublait son musée de Bruyères.

Un jour, dans une vente de meubles modernes, parmi lesquels figurait un siphon d'eau de seltz à moitié plein, nous avisâmes un petit tableau du XVIII° siècle.

— Achetez-le-moi, demain, si vous pouvez, me dit M. Champfleury, mais ne dépassez pas le chiffre que je vous dis (et il me le fixa tout bas).

Le lendemain, je guettai la vente toute la journée. Je n'osais attirer l'attention sur le tableau, relégué dans un coin.

Il vint enfin aux enchères.

Personne ne me le disputa.

Je l'enlevai de haute main, et l'emportai triomphalement à Montmartre.

— Combien ? me cria M. Champfleury.

— 300 francs !

— Mais vous êtes fou !...

— Oh! non, retranchez deux zéros, et vous aurez le prix.

Je l'avais payé *trois francs*.

Dans cette vente de mobilier bourgeois, personne autre que M. Champfleury ne l'avait remarqué.

C'était un fin tableau de maître.

VI

BAUDELAIRE

Nous allions, l'été, au jardin Besselièvre, et l'hiver, au Casino-Cadet. M. Champfleury s'y montrait d'une gaieté débordante. On sortait de là joyeux, plein de musique et, quelquefois, obligé d'étouffer des rires après quelque bonne farce.

Le Corneille de la pantomime, comme on l'a appelé, y jouait des scènes funambulesques, dont on ne pouvait soupçonner l'auteur, à son air froid, poli et réservé.

On riait, on s'amusait et l'on travaillait, ne prenant au sérieux que la littérature et l'art.

L'*Almanach de Jean Raisin pour* 1860, — une relique littéraire qui a son prix comme documents gravés, — donne un fin portrait de l'auteur des *Aventures de mademoiselle Mariette*. On l'y revoit avec sa moustache de chat, le pince-nez braqué, à travers lequel pétille un jet de malice de deux yeux à demi fermés, — de ces yeux de myope, à qui rien n'échappe, les mieux faits pour bien voir et observer, — la tête légèrement inclinée en arrière et cambrée dans un grand faux col, se rengorgeant un peu, le nez ayant des tendances à rejoindre un menton de galoche (signe de volonté), tenue correcte, la redingote croisée et boutonnée, tête nue, front découvert et bien fourni de cheveux repoussés sur le côté... Comme expression générale, l'air distingué, souriant et doux, une physionomie de marque, originale et typique.

Un autre habitué du casino était Baudelaire. J'ai donné sur lui copie de tout ce que je savais et possédais à M. Eugène Crépet, qui en a tiré parti dans le volume où il a recueilli les *Œuvres posthumes* de l'auteur des *Fleurs du mal*. Je n'ai à faire mystère de rien dans le passé, et j'aurais tout aussi bien signé le fragment de lettre suivant, que M. Crépet a cru devoir publier sans mon nom, par délicatesse :

« Fréquentant les endroits où l'on s'amusait, tel que le casino de la rue Cadet, j'y rencontrais, de temps en temps, Baudelaire, qui errait, avec une mine sinistre, au milieu des filles qu'il effarouchait... Il se promenait à l'écart, en solitaire... Un soir, il me parla d'une fille à qui il avait demandé, sans se nommer, si elle connaissait ses œuvres. Elle répondit qu'elle ne connaissait que Musset ! Vous voyez la colère de Baudelaire. »

Il venait de publier un grand article sur Wagner dans la *Revue européenne*. Il s'était enfermé, me dit-il, avec un énorme paquet de tabac, qu'il fuma tout entier, et n'avait pas voulu sortir que l'étude ne fût achevée. « L'avez-vous lue ? me demanda-t-il ; qu'en pensez-vous ? — C'est *travaillé*. » Ce fut tout ce que je trouvai à lui répondre. La réponse lui parut faible.

Nous fûmes très bons amis plus tard, chez Sainte-Beuve.

Un soir d'été, au jardin Besselièvre :

— Troubat, me dit-il, avez-vous de quoi aller prendre de la bière ? je voudrais écrire quelque chose que vous communiqueriez à Sainte-Beuve...

Nous nous rendîmes dans une brasserie, où, sur un coin de table, il griffonna de mémoire le sonnet suivant, dont j'adoucis deux termes trop crus :

> Cette nuit, je songeais que Phillis revenue,
> Belle comme elle était à la clarté du jour,
> Voulait que son fantôme encore fît l'amour,
> Et que, comme Ixion, j'embrassasse une nue.
>
> Son Ombre dans mon lit se glisse toute nue,
> Et me dit : « Cher Damon, me voici de retour !
> Je n'ai fait qu'embellir en ce triste séjour,
> Où depuis mon départ le Sort m'a retenue.
>
> » Je viens pour rebaiser le plus beau des amants !
> Je viens pour remourir dans tes embrassements ! »
> Alors, quand cette idole eut abusé ma flamme,
>
> Elle me dit : « Adieu ! je m'en vais chez les Morts ;
> Comme tu t'es vanté de *posséder* mon corps,
> Tu pourras te vanter de *posséder* mon Ame ! »

Baudelaire ajouta en tête de ce sonnet, dont j'ai conservé l'autographe : « De qui est ce sonnet, extrait d'un *Parnasse satirique*, réimprimé en Belgique ? Saint-Victor a parié pour Théophile de Viau, Malassis pour Racan (!!!) et moi pour Maynard. Nous avons peut-être tort tous les trois. — C. B. »

Sainte-Beuve répondit, mais de vive voix seulement : « On attribue à Théophile de Viau les saletés de ce temps-là, comme on attribuera celles de notre temps à l'auteur des *Fleurs du mal*. » — Il s'en tirait en oracle. Aujourd'hui, que de progrès en vingt-sept ans ! nous trouvons ce sonnet plus amoureux que sale. Alors il paraissait d'une bravante hardiesse, même à Baudelaire !

On a beaucoup parlé de l'abus des excitants à propos de Baudelaire. Je l'ai vu buvant des petits verres de vin après ses repas, et, quoique n'aimant pas beaucoup le vin, — les Méridionaux ne sont pas très œnophiles, — je ne trouvais pas ce goût si malsain, surtout dans un temps où l'on abuse des liqueurs fortes, et frelatées encore! Schanne raconte, dans ses *Souvenirs* (page 235), un singulier déjeuner que lui offrit Baudelaire chez un marchand de vin du faubourg Saint-Honoré :

« Nous passâmes dans l'arrière-boutique, et un garçon, paraissant dressé à ce service, mit nos deux couverts sur une grande table ronde.

» Ensuite, et ce fut tout le menu, arriva un magnifique morceau de fromage de Brie, jaune et onctueux, qui s'étalait dans une assiette à filet doré. Il était accompagné de deux bouteilles d'un bordeaux authentique que le patron vint lui-même déboucher avec un soin pieux.

» Mon ami, prenant un couteau à manche d'ivoire, me coupa une part de fromage; puis il me versa la purée septembrale dans un verre mousseline, tout en m'invitant à commencer la fête.

» — Mais, lui dis-je, est-ce que nous débutons par le dessert ? Ce serait peut-être encore une mode orientale ?

» Il me répondit :

» — Vous avez droit, mon cher Schanne, à un mot d'explication. Je suis gourmet par excellence, et, quand je ne puis me procurer un festin digne de moi, ce qui ne m'arrive que trop souvent, je procède toujours ainsi. Par un facile effort d'imagination, je me figure être arrivé au dernier acte d'un excellent repas où tout les mets étaient à la hauteur du fromage et du vin que nous absorbons en ce moment... Remarquez que ce bordeaux est merveilleux, d'une grande finesse, ainsi que d'une couleur splendide dans le cristal. Il est à la fois la joie de la vue, de l'odorat et du goût!!! C'est un dieu à trois têtes, comme ceux qu'adorent les bouddhistes, et il ne coûte que trois francs!

» Tout en laissant dire, je l'observais, et je commençais à m'expliquer son nez légèrement rosé qui se détachait sur son visage d'un blanc mat. Il buvait en artiste et ne se grisait jamais... »

Sans doute, Schanne y met de son style et de son esprit, mais il faut toujours faire la part, avec Baudelaire, de la préciosité et de la manie d'*épater* même ses amis. Le naturel entre autant que le procédé dans ces petites comédies que Baudelaire s'offrait au jour le jour.

L'excentrique et l'exotique se mêlaient en lui, et il n'était nullement affecté quand je le rencontrai un soir, dans un restaurant du carrefour de l'Observatoire, mangeant ce qu'il appelait des confitures *vertes*. « Je n'en trouve qu'ici, » me dit-il; et il y venait exprès. C'étaient des fruits confits dans une sauce verte, en effet, et gluante, comme on en tient chez les épiciers. Le restaurateur n'avait probablement pas loin à aller pour s'en procurer au gré du client. Baudelaire se figurait manger des produits de confiserie mauresque.

M. Crépet a publié de moi cette lettre à son sujet :

« J'ai vu Baudelaire une fois, une seule (depuis qu'il est malade)... Il ne prononce plus que ces quatre mots : *non, cré non, non;* mais la mémoire n'a pas faibli en lui. Il m'a montré tout ce qu'il aimait, lorsque j'ai été le voir : les poésies de Sainte-Beuve, les œuvres d'Edgar Poe en anglais, un petit livre sur Goya, — et, dans le jardin de la maison de santé Duval, une plante grasse exotique dont il m'a fait admirer les découpures. Voilà l'ombre du Baudelaire d'autrefois, avec ses goûts et ses antipathies persistants. Il a manifesté la plus grande colère au nom de Courbet (toujours comme autrefois); je lui parlais du succès de la *Femme au perroquet : — non, cré non. —* Mais, quand je lui ai parlé de Richard Wagner et de Manet, il a souri d'allégresse. »

VII

LE DOCTEUR VEYNE

Je m'arrête au seuil de la maison de Sainte-Beuve pour rappeler ce que fut le docteur Veyne, qui m'y introduisit et à qui je dus de devenir, en 1869, le légataire universel et l'un des exécuteurs testamentaires du grand critique.

Le docteur Veyne, mort à Bellevue-Meudon, le 21 août 1875, dans sa soixante-deuxième année, était une de ces natures splendides, qui ne reflètent jamais le mal. Il en admettait même difficilement la preuve. Tout le contraire d'un pessimiste. Sa figure, miroir de sa pensée, souriait toujours. C'était une physionomie sereine, rayonnante. Un jour qu'il dînait chez Sainte-Beuve, une jeune servante, nouvellement entrée, disait : « Le visage de M. Veyne éclaire la table ».

Ce visage frais, rosé, coloré, large et plein, rasé, avec une expression de bonté maligne dans le regard et sur le coin des lèvres, à la commissure fine et bien arquée, — une de ces bouches portées à la malice et aux propos joyeux qui ne blessent point; — le profil net, à la Bonaparte; de belles mèches de cheveux blancs, longs et fins, retombant toujours sur le front et repoussées par un geste de la main, auquel on était habitué; la grâce de la physionomie, la propension au rire, tempérées par une pensée grave et sérieuse; le coup d'œil médical *hippocratique*, selon l'expression de Sainte-Beuve, qui faisait le plus grand cas du docteur Veyne, comme médecin et comme ami, — qui le consultait en toute matière, — tel est, de souvenir, le portrait physique, répondant le mieux au moral de celui qui portait au lit du malade la prestance du médecin, recommandée par Rabelais, quand il dit : « Du medicin la face joyeuse, seraine, gratieuse, ouverte, plaisante, resjouist le malade... [1] »

Il était né dans le département de Vaucluse, à Gigondas, dont M. de Pontmartin a fait le centre de ses rancunes littéraires et *provinciales* dans *les Jeudis de madame Charbonneau*. Le village de Gigondas ne se serait jamais douté qu'il possédât un salon littéraire. On y cultivait encore plus la garance et le mûrier que des importations parisiennes de cette nature. Des *madame Charbonneau*, il y en a un peu partout, mais ce n'est pas dans leur salon, qu'il faut juger la littérature.

L'accent du Midi ne se perd jamais, ni au Palais, ni à la Chambre — ni au Sénat — ni à la scène, ni dans les Cours; Mirabeau, l'abbé Sieyès, Napoléon l'avaient gardé. Le type italien de ce dernier, les lignes droites et fines, la régularité sculpturale du visage, se retrouvent encore dans certaines physionomies de la Provence, et en particulier du Comtat-Venaissin.

Ce profil caractérisé, avec ces cheveux longs et retombants, qui avaient blanchi de bonne heure, — ce qu'Auguste Barbier, parlant du Corse, a appelé des cheveux *plats*, — se dessine bien dans un médaillon

1. Prologue du Quart-Livre de Rabelais, adressé au cardinal Odet de Châtillon.

de la jeunesse du docteur Veyne, et donna lieu à un amusant quiproquo.

Le docteur Veyne, interne des hôpitaux, à la Salpêtrière, avec Claude Bernard, avait une petite amie, à qui Sainte-Beuve a dédié le sonnet suivant, dans *Joseph Delorme* :

A Marie dite LA PETITE BOHÊME.

Ces beaux petits cheveux aux doux flots ondulés,
Rebelles à la main, à l'ongle qui s'y joue,
Qui veulent s'échapper tout le long de la joue,
Oh! laissez-les courir, oh! laissez, laissez-les!

Tout frisés par nature et d'un tour fin roulés,
Sans qu'un réseau les serre ou qu'un ruban les noue,
Oh! laissez-les ainsi, la grâce les avoue;
Pétrarque les eût dits *crépés* ou *crépelés*.

Telle sur la colline, aux sources de Vaucluse,
La fontaine en courant, la Nymphe qui s'amuse
Laisse parfois un flot s'enfuir hors de son lit;

Ou telle, au pied des monts, votre aimable Corrèze
Oublie à travers champs, dans les fleurs ou la fraise,
Quelque frais ruisselet dont le pré s'embellit.

Un jour qu'elle était partie pour Tulle, emportant le portrait de son ami, son père, vieux soldat de Napoléon 1er, demanda, avec quelque inquiétude, ce que c'était que ce portrait. « Tu ne le reconnais pas? répondit celle que Sainte-Beuve appelait *la petite bohême*. Regarde bien... celui que tu aimes tant... — Ah! c'est vrai, » dit le brave homme; et il crut embrasser le *petit caporal* en déposant un baiser sur cette miniature.

L'esprit particulier que ces physionomies comportent, plaisant et profond, avec des saillies prime-sautières, ne laissant jamais perdre, selon un précepte de Rabelais, un tort ni un grief; ne pratiquant pas à cet égard l'enseignement évangélique, mais donnant toujours une tournure spirituelle à leur façon d'en tirer vengeance, se retrouve dans toute cette race *italienne*, enclavée dans la Provence, où l'on aurait de la peine à démêler aujourd'hui, il est vrai, le transalpin du subalpin.

Et c'est l'accent italien pur, tel que l'avait le docteur Veyne, avec les tournures de phrases, les inflexions de voix, la dureté de l's contournée et changée en ce devant les mots français commençant par cette consonne dure, qui domine dans la prononciation de ces Provençaux, pleins de distinction et de finesse, mais dont les traits caractéristiques de race et d'origine ont plus de peine à se fondre et à se perdre dans le courant français et parisien que le courant du Rhône dans l'azur de la Méditerranée.

La bienfaisance et la complaisance faisaient le fond de cet homme remarquable et droit, avec toutes les malices qu'ajoute l'expérience, — surtout celle du médecin, — indulgent par nature, mais aussi par la connaissance de la vie. Ses commencements avaient été durs : il avait souffert par esprit de chevalerie, de dévouement à ceux qu'il aimait et à celle qu'il aimait par-dessus tout : la République.

Tout le long du règne de Louis-Philippe fut pour lui une conspiration latente, où il se trouvait mêlé à ce que le parti républicain comptait de plus noble. Ami de Raspail et de Kersausie, il fut intimement lié à leur existence.

Je regrette de n'avoir pas sous les yeux un très bel article de lui sur les premières poésies de M. Auguste Lacaussade, où il donnait au poète déjà miltonien les conseils les plus élevés sur le but à suivre. Ce n'était pas précisément de l'art pour l'art : il lui montrait des horizons supérieurs, plus larges et plus féconds. Naturellement il n'en excluait pas la politique, dont certains littérateurs affectent de s'éloigner avec un soin qui les rapetisse.

Nul ne mérita mieux que le docteur Veyne le titre de médecin des pauvres. Il était perpétuellement requis par ses amis, Sainte-Beuve et madame Desbordes-Valmore, au service de quelque infortune. La correspondance, trouvée à sa mort dans ses papiers, par ses exécuteurs testamentaires, MM. Songeon, qui devint sénateur, et Claude Turpault, justifierait ce que Sainte-Beuve a dit de lui, en 1869, dans ses articles sur madame Desbordes-Valmore[1], citant une lettre que cette Muse, dévouée et sincère, — la plus *sincère* des Muses, — la Muse des sept douleurs, oubliant ses propres tristesses, et toujours en quête de souffrances à soulager, écrivait « au plus humain, au plus ami des médecins, à celui qui aurait sauvé, si elle avait pu l'être, sa chère Inès :

AU DOCTEUR VEYNE

C'est Sainte-Beuve qui mit ainsi en vedette, dans le journal *le Temps*, où paraissaient ses articles, le nom de son ami, « le payant bien autrement qu'en argent de tant de dévouement aux souffrances des pauvres gens. Et certainement je crois que, si sa carrière était à recommencer, Veyne n'agirait pas autrement[2]. »

J'ai conservé du docteur Veyne une brochure sur la *Prise des Tuileries*, en 1848, dans laquelle il a recueilli des épisodes de la révolution du 24 février, contrôlés et vérifiés sur la bouche même des acteurs.

---

1. *Nouveaux Lundis*, t. XII.
2. Je cite ici une lettre de M. Champfleury.

Le docteur Veyne pratiqua, en cette circonstance, la méthode expérimentale, la seule qui convienne à la vraie science, — en soumettant à chacun son travail et tenant compte de leurs *observations*, — le mot même de la médecine.

Je retrouve une profession de foi aux citoyens électeurs du département de Vaucluse, datée de Jonquières, 31 mars 1848. Elle est apostillée de ce certificat de civisme.

« Citoyens électeurs,

«... je ne connais pas de citoyen plus digne des suffrages de mes compatriotes de Vaucluse que mon ami et presque mon élève le citoyen Veyne. En foi de quoi j'ai signé.

» Salut et Fraternité.

» F.-V. Raspail.

» Paris, 27 mars 1848. »

Mais voici qui n'est pas pour le public, et qui dépeint encore plus sincèrement son âme à nu. J'ai porté sur moi, pendant des années, la lettre suivante, comme un *vade mecum* dans ma poche, pour me préserver de toute tentation de vanité ambitieuse. Le remède n'a pas toujours opéré efficacement, — chacun a ses défaillances, — mais je ne le donne pas moins comme faisant le plus grand honneur au disciple de Raspail. Le docteur Veyne, en me chargeant de cette lettre, me dit : « Ne la remettez à Sainte-Beuve, que s'il vous en parle encore. » L'occasion ne se présenta pas, je la gardai :

« 24 janvier 1866.

» Mon bien cher ami,

» Piogey m'a communiqué hier soir le projet relatif aux Eaux minérales.

» J'ai dû lui dire que les places de médecins inspecteurs dépendant du ministère des travaux publics, je ne pourrais accepter.

» Après les journées de février, je fus désigné par des assemblées populaires pour faire partie des comités socialistes. La plupart de mes collègues furent plus tard emprisonnés, exilés, envoyés en Afrique ou à Cayenne. Mon travail de doctorat m'avait forcé de refuser le renouvellement de mon mandat. Je fus ainsi épargné.

» Quelque humbles que soient ces antécédents politiques, à mon sens, ils obligent. Ceux de mes anciens collègues, fonctionnaires actuels du gouvernement, n'ont pas mon approbation, et je sens que par l'acceptation d'un emploi public quelconque, je me diminuerais dans mon estime.

» J'ai remercié cordialement Piogey de ce témoignage d'amitié. Je vous remercie aussi de tout mon cœur.
» VEYNE. »

Le docteur Veyne venait de passer une saison en Suisse où il avait de nombreux amis, entre autres, le poëte Juste Olivier, de Lausanne, ami de Sainte-Beuve, M. Ruchet, ancien président du Conseil d'État du canton de Vaud... Il allait demander la santé à ce climat fortifiant. Il m'avait laissé des pressentiments fâcheux, qui heureusement ne se réalisèrent pas de sitôt. Il se sentait atteint de la maladie de cœur dont il est mort. Il me demanda, en partant, de lui procurer un *Montaigne*.

— Le viatique du médecin, dit Sainte-Beuve.

VIII

ENTERREMENTS PRÉNATURÉS

La préoccupation scientifique de sa vie, et qui poursuivait un but humanitaire, avait été de découvrir le *Moyen facile et certain de distinguer la mort apparente de la mort réelle et de rendre impossibles les enterrements prématurés.*

C'est le sous-titre de sa brochure, qui parut en 1874 : *Mort apparente et mort réelle*[1].

Le moyen indiqué et pratiqué par lui est l'*Artériotomie*. Il se base sur deux faits acquis définitivement et depuis longtemps à la science biologique :

1° La cessation de la circulation du sang coïncide avec la cessation de la vie ;

2° Les artères sont vides de sang après la mort.

« De ces deux faits, dit-il, je déduis logiquement ces deux propositions, — elles sont des axiomes en biologie :

» 1° Circulation abolie, — artère vide, — mort réelle ;

» 2° Circulation persistante, — artère non vide, — mort apparente.

» Pour constater matériellement et sûrement l'un

---

1. Une brochure in-8°, 28 pages, Paris, Adrien Delahaye, libraire-éditeur, place de l'École-de-Médecine, 1874.

ou l'autre de ces faits, *le moyen consiste à ouvrir une artère d'un individu réputé mort.* »

Je continue à citer la brochure :

« Je comprends, me dit un ami, non médecin, mais homme de grand sens; la maison est fermée, vous voulez voir ce qui se passe dedans; vous pratiquez une fenêtre et vous voyez. » On ne pourrait mieux dire. »

En un autre passage, il rend compte en ces termes de l'opération qu'il eut à faire pour convaincre une mère de la mort *réelle* de son fils de douze ans :

« Je mis à nu, dit-il, suivant les règles de l'art, l'artère radiale; n'ayant perçu aucune pulsation, je coupai l'artère, maintenue isolée sur la sonde cannelée : pas une goutte de sang ne sortit. Ayant alors soulevé l'extrémité cardiaque de ce vaisseau, je constatai et fis constater par les assistants que l'artère était vide et que la circulation du sang avait cessé. »

Je l'ai vu appliquer ce moyen, dans un cas qu'il cite encore, le 11 mars 1871, au dépôt de la préfecture de police, où il était souvent appelé, en qualité de voisin (il demeurait quai des Orfèvres, 18, dans une maison qui a fait place depuis à la façade latérale de la nouvelle préfecture).

« Éléonore Compoint, dit-il, jeune fille de dix-neuf ans, a été trouvée suspendue à la croisée de sa cellule par un mouchoir qui lui serrait le cou; elle ne donne plus signe de vie. Tous mes moyens d'action ayant échoué, j'ouvre la radiale, elle est vide, la circulation ne se fait plus. »

« Qu'il soit bien entendu, ajoute-t-il, que je n'ai jamais pratiqué l'artériotomie qu'après avoir inutilement ausculté le cœur et constaté l'absence des pulsations artérielles. »

« Toutes les branches de l'arbre artériel interrogées auraient évidemment la même et simple réponse, *oui* ou *non* à la question posée. Mais, dans la pratique, il conviendra de n'opérer que sur des artères de facile accès et dont la blessure, en cas de succès, serait sans gravité : telles sont la radiale, la temporale, etc. L'artère temporale est préférable : elle est superficielle et située sur une surface osseuse ; il est facile d'établir un point de compression qui suffise à l'oblitération du vaisseau. On sait, d'ailleurs, que la saignée de l'artère temporale a été souvent pratiquée par nos Anciens, comme moyen de traitement de diverses maladies ; ce qui me dispense de répondre d'avance à ceux qui argueraient d'une prétendue gravité de l'opération contre la méthode que je propose. »

Et le docteur Veyne cite, à son aide, Ambroise Paré, qui raconte comment il délivra d'une douleur de tête, qui le tourmentait nuit et jour, « monseigneur le prince de la Roche-sur-Yon… feis ouverture de l'artere, choisissant la plus apparente à la temple et qui auoit plus grand battement, avec vne simple incision, comme pour faire une phlebotomie : et fust tiré du sang deux palettes et plus, lequel sortoit par vne grande impetuosité de ladite artere… et proteste que par le moyen de ceste ouverture il perdit incontinent sa douleur sans plus luy retourner : dont ledit seigneur me feit un honorable present ».

L'exemple est probant.

On pense, en le lisant, à Jupiter, qui se fit ouvrir la tête d'un coup de hache par Vulcain, pour se délivrer du mal qui le tourmentait : il en sortit la Sagesse.

La brochure du docteur Veyne fut d'abord l'objet d'un mémoire manuscrit, envoyé à l'Académie de médecine, le 23 décembre 1872, pour concourir à l'un des prix institués par feu M. le marquis d'Ourches, dans son testament, en date du 11 février 1866, et qui consistaient :

1° En un prix de 20 000 francs pour la découverte d'un moyen simple et vulgaire de reconnaître, d'une manière certaine et indubitable, les signes de la mort réelle ; la condition expresse de ce prix étant que le moyen puisse être mis en pratique par de pauvres villageois sans instruction ;

2° En un prix de 5 000 francs pour la découverte d'un moyen de reconnaître d'une manière certaine et indubitable les signes de la mort réelle à l'aide de l'électricité, du galvanisme ou de tout autre procédé exigeant, soit l'intervention d'un homme de l'art, soit l'application de connaissances, l'usage d'instruments ou l'emploi de substances qui ne sont pas à la portée de tout le monde. »

La pratique de l'artériotomie exigeant l'intervention de l'homme de l'art, le docteur Veyne ne pouvait avoir droit qu'au prix de 5 000 francs.

Sur le rapport de M. Devergie à l'Académie, dans sa séance du 2 décembre 1873, le prix de 20 000 francs ne fut décerné à personne.

Quant à celui de 5 000, il fut divisé en cinq parts inégales, décernées aux cinq compétiteurs, qui « ont le plus approché du but ».

Le docteur Veyne se demande si les intentions du testateur, par ce partage entre des concurrents qui *n'avaient pas atteint le but*, ont été fidèlement respectées.

Son mémoire à lui ne fut ni discuté ni mentionné dans le rapport.

« On m'assure même, écrit-il, que la commission et M. le rapporteur ont accepté sans contrôle le jugement du membre de la commission chargé de l'examen de mon mémoire. Ainsi, ce serait le seul M. W... qui m'aurait condamné à être enterré... vivant. »

C'est alors qu'il en appela, par la publication de son mémoire, au grand public.

C'est une question d'humanité qui intéresse tout le monde.

On comprend que des académiciens, d'essence *immortelle*, n'aient fait qu'en rire.

J'ai entendu moi-même l'un d'eux, qui avait dit au docteur Veyne : « Votre moyen est très simple, il n'en est que meilleur », me dire à moi : « Vous êtes l'ancien secrétaire de Sainte-Beuve, vous ne pouvez pas prendre au sérieux de telles balivernes, les enterrements prématurés n'existent pas, on prend trop de précautions...

— Mais, répondis-je, l'exemple cité par le cardinal-archevêque de Bordeaux, M. Donnet, racontant son propre cas, en plein sénat impérial, un jour que la question a été débattue ; citant l'exemple d'un jeune prêtre, qui n'était autre que lui-même, se réveillant de sa léthargie, dans une bière, pendant qu'on célébrait, dans l'église, la messe des morts...

— Ah ! bah, il l'avait rêvé.

Telle fut la réponse que je reçus d'un membre de l'Académie de médecine, un riche médecin bien posé du boulevard, une belle tête *bourbonienne*, M. R...

Il y avait bien des raisons *politiques* à ce que le mémoire du docteur Veyne fût passé sous silence, les mêmes qui faisaient interdire, par le ministère, en 1833, à l'Académie des sciences de décerner un prix de dix mille francs à Raspail, malgré Geoffroy Saint-Hilaire, qui l'avait proposé.

Il serait grand temps aujourd'hui de remettre en honneur le mémoire du docteur Veyne, avant que son idée soit effrontément pillée par quelque habile démarqueur de linge, comme cela se pratique journellement. La question, *enterrée* devant le sénat impérial, est toujours pendante.

Le docteur Veyne a compté au sénat de la République un exécuteur testamentaire, M. Songeon, à qui ce devoir-là incombait.

IX

UN DISCOURS DE RASPAIL

Les obsèques civiles du docteur Veyne eurent lieu le 22 août 1875.

Un incident ridicule faillit les troubler à la porte du cimetière Mont-Parnasse. L'annonce de la lecture d'un discours du grand et vénérable Raspail par son fils aîné, M. Benjamin Raspail, jeta la venette parmi les timides organisateurs de la cérémonie. L'un d'eux, M. Songeon, demanda à M. Camille Raspail, frère puîné de M. Benjamin :

— Vous en répondez?

— De quoi?

— Du discours que va lire monsieur votre frère? il n'y a rien qui puisse nous attirer des affaires? C'est que j'en serais responsable!

Et celui qui parlait ainsi était un ancien compagnon d'exil de M. Raspail père, et il avait connu tous ses fils à Bruxelles!

A sa place, j'aurais été fier d'être compromis à côté du père et des fils!

Cette pusillanimité venait de ce que nous étions en ce moment sous le régime du 24 mai, en attendant le 16 mai!

Un discours improvisé de Laurent-Pichat, qui le fit à ma prière et avec qui je restai lié dès ce jour, fut la première couronne déposée sur la tombe du docteur Veyne.

Le surlendemain, 24 août 1875, un journal clérical, *le Français*, rendait compte en ces termes de cette solennité :

« Hier ont eu lieu, au cimetière Mont-Parnasse, les obsèques civiles du docteur Veyne, un vétéran de la cause républicaine, et en même temps un des plus ardents adeptes de la libre pensée. Le docteur Veyne avait pu ainsi être également l'ami de Sainte-Beuve et celui de M. Raspail. Ce dernier n'a pas assisté aux obsèques de son ami, mais il a fait lire par M. Benjamin Raspail un discours exaltant les mérites et l'incorruptibilité républicaine du défunt... »

Ce ton, qui veut être railleur, rend exactement hommage à la vérité, et nous en acceptons les termes.

Quand M. Songeon[1] fera enfin connaître la notice depuis longtemps promise sur son ami, le discours de Raspail devra y figurer comme une consécration dont le docteur Veyne eût été fier. Ses mânes en tressaillirent d'aise. Il n'aurait rien ambitionné de plus grand.

---

1. Ces pages étaient destinées à paraître du vivant de M. Songeon. Il est mort sans avoir rien fait des papiers du docteur Veyne, et, après nous avoir refusé la communication des lettres de Sainte-Beuve qui pouvaient s'y trouver. Il nous dit même en avoir brûlé quatre-vingts ! Cela nous donna la mesure de son libéralisme.

X

SAINTE-BEUVE MORALISTE

« Quand on a vécu dix ans auprès d'un vrai grand homme, on doit trouver le reste un peu terne et décoloré. » C'est Sainte-Beuve qui parle ainsi d'Eckermann, qui fut à Gœthe ce qu'Élisée est à Élie; et nous-même, nous éprouvons une impression semblable, ou plutôt nous vivons dans une sorte de somnambulisme, depuis plus de dix-neuf ans que Sainte-Beuve est mort. Il nous semble toujours que c'est d'hier, et que ce grand esprit ne nous a pas quitté.

Parler encore de lui, après tout ce qu'on a écrit, nous paraît difficile. Rouvrir la porte aux souvenirs et les laisser envoler est encore le plus simple et le moins ardu.

« Critique et poète, » a-t-on écrit sur la plaque commémorative posée au-dessus de sa petite maison de la rue Mont-Parnasse. On aurait pu y ajouter : « peintre de portraits, » car c'est aussi en cela qu'il excellait.

Nul ne fut plus moraliste au vrai sens du mot, c'est-à-dire nul ne sut mieux pénétrer un esprit que cette plume aiguisée, fine et délicate, à qui l'on aurait pu appliquer un trait de sa propre observation :

« En avançant dans la vie, bien souvent, lorsqu'on paraît bonhomme, on est faux, et lorsqu'on paraît caustique, on est bon, » surtout lorsqu'on ne veut rien sacrifier à la convention, qu'on se tient éloigné autant de la grossièreté que de la banalité, et qu'on s'est fait de la vérité la base de toute probité.

M. Alphonse Leveaux a publié des lettres d'Eugène Labiche, dans lesquelles le célèbre vaudevilliste, devenu académicien, ayant à faire l'éloge de son prédécesseur, M. de Sacy, disait qu'il ne savait par où le prendre, que celui-ci n'était pas *biographique*. Jamais Sainte-Beuve n'eût parlé ainsi. Les gros moyens, les *ficelles*, lui étaient inconnus. Les traits en relief n'étaient pas ce qui l'attirait le plus; mais, en vrai pastelliste, il trouvait toujours matière à portrait. J'ai vu un jour l'étonnement de M. D..., me disant : « Je ne sais pas où Sainte-Beuve a été chercher tout ce qu'il a écrit sur mon père. — Il est probable, répondis-je, qu'il l'a pris dans le sujet même : il a su l'y voir. »

Il peignait d'après nature. Un jour, un éditeur s'avisa de publier une galerie de la famille impériale avec photographies et notices. Il vint prier Sainte-Beuve de se charger de l'article sur madame la princesse Mathilde. Il ne pouvait mieux s'adresser, au point de vue de la connaissance du modèle. Mais Sainte-Beuve avait des croquis à prendre. Il pria la princesse de venir poser devant lui. Elle s'y prêta de bonne grâce, s'assit en face de lui, à sa table de travail : il prenait des notes en l'écoutant et la regardant. Il en résulta un très agréable et véridique portrait, recueilli depuis dans les *Causeries du Lundi*, tome XI.

C'est surtout dans les portraits de femmes que se

révélait ce talent, défini par lui-même dans une épigraphe où il s'est mis tout entier : « Avez-vous donc été femme, monsieur, pour prétendre ainsi nous connaître? — Non, madame, je ne suis pas le devin Tirésias : je ne suis qu'un humble mortel qui vous a beaucoup aimées. »

Là était tout son secret. La nature l'avait pourtant doué, quoi qu'il en dit, d'un tact féminin, d'une de ces sensibilités exquises qui se froissent d'un manque de goût, qui ne pardonnent pas une fausse note, à qui toute impolitesse littéraire est une indication psychique et physiologique, — de vraies sensitives, qui se retirent à tout ce qui les choque.

On ne peut dire ce qu'il aurait souffert, s'il avait vécu quelques années encore, et nous-même nous craindrions de médire de notre temps et de la liberté si nous poussions trop loin l'induction.

Les sots, les pédants et les cuistres étaient ses bêtes noires. Tout fanatisme lui répugnait, et il nous a dit souvent : « Les fanatiques sont des gens à qui la chasteté systématique et prolongée est remontée au cerveau, et les a rendus fous. » Il était d'une tolérance à la Montaigne, à la Voltaire, et l'histoire du dîner Magny, qu'on a racontée maintes fois sur lui en la faussant, en est une preuve.

Un jour, on se trouva *treize* à table, et Gautier parlait de s'en aller. Pour le rassurer, Sainte-Beuve alla s'asseoir à une petite table, — mais cela faisait toujours treize convives. Alors Sainte-Beuve fit monter l'enfant de la maison, le petit Magny, et le fit dîner avec lui. Dès lors, la sérénité revint sur le visage de Théo.

Il ne s'est jamais plaint qu'on fît maigre chez lui

le vendredi saint, lui à qui l'on a tant reproché le fameux dîner sur lequel nous ne reviendrons pas, pour l'avoir déjà raconté dans nos *Souvenirs et Indiscrétions* et ressassé depuis en tant d'autres occasions.

M. Emmanuel des Essarts nous a reproché[1], amicalement, d'avoir manqué de critique à l'égard de Sainte-Beuve, de ne l'avoir pas *jugé*, en un mot, comme l'avait fait notre ami, et l'un de nos plus distingués prédécesseurs en secrétariat, M. Jules Levallois.

En vérité, la pensée ne nous en serait jamais venue, après nous être trouvé si à l'aise, dès le premier jour, comme nous le fûmes, auprès de cet esprit tolérant et large, qui se mettait à la portée de tous.

Nous avons toujours eu présent ce mot de Robert Halt, qui vint un jour le voir, et qui, en descendant l'escalier, nous disait : « Je suis plus à l'aise avec un homme comme celui-là qu'avec mon bottier. » C'est qu'en effet il y avait moins à se gêner dans la manifestation de sa pensée, avec Sainte-Beuve, qui comprenait tout, qu'avec une intelligence peu élevée, envieuse, et naturellement jalouse de toute supériorité. La politique en a produit trop, depuis, comme celles-là, qui tiennent plus de place qu'elles ne laisseront de vide après elles, selon l'expression même de Sainte-Beuve sur le docteur Véron. Nous avons connu de ces natures rogues et quinteuses, essentiellement vulgaires, à peau épaisse, esprits grossiers et despotiques, piétinant volontiers sur tout ce qu'ils ne comprennent ni ne sentent. Vrais bourreaux de la pensée et qui s'intitulent *libéraux!*

Sainte-Beuve se défendait d'être un *libéral*, mais

---

1. Dans *le Semeur* (10 et 25 janvier 1886).

il avait le respect de la conscience et de la pensée d'autrui, même du plus humble.

Quand nous entrâmes chez lui, au mois d'octobre 1864, sur la recommandation de son ami, le docteur Veyne, qui vint nous enlever à M. Champfleury, une des premières préoccupations du maître, le samedi suivant, fut de nous demander si nous allions à la messe, le dimanche, « parce que, nous dit-il, je vous prierais d'y aller de bonne heure, afin d'être ici, demain matin, à neuf heures ».

Nous le rassurâmes, en souriant.

« J'ai eu, continua-t-il, à l'École normale, quand j'y faisais des conférences, un élève tellement dévot, qu'il se levait la nuit pour prier, à genoux, sur le parquet. On était obligé de le surveiller pour l'empêcher de se rendre malade. Cela me gênait dans mes leçons. J'étais obligé de choisir des passages qui ne le choquassent pas : j'évitais certains fabliaux du moyen âge... Plus tard, ici, j'ai eu pour secrétaire mon ami Levallois, qui était spiritualiste, et qui me contrecarrait souvent... Un jour, Feydeau était là, dans ce fauteuil, avec sa nature robuste, tout le contraire de celle de Levallois, délicate et fluette. J'ai vu le contraste entre les deux systèmes, et que notre tempérament influe beaucoup sur notre philosophie. Feydeau étalait, avec tout son orgueil naïf, des doctrines grossièrement matérialistes, et disait : « J'en voudrais » bien connaître un de ces spiritualistes... »

« Levallois se leva de la place où vous êtes, répondant : « J'en suis un. »

« Aurai-je aussi à me gêner avec vous? » me demanda Sainte-Beuve.

Je comprenais d'instinct que je me trouvais en face

d'un de ces bons sens, droits et honnêtes, qui se rattachent à la famille bien *française* des Boileau, des Molière, pour ne pas remonter plus haut ni plus loin, et aller du premier coup à celui avec lequel Sainte-Beuve, par ses instincts élevés et délicats, a eu peut-être le plus d'affinité, — Voltaire. Je n'exagère pas en les comparant, au moins pour la recherche et la curiosité littéraires, poussées, chez Sainte-Beuve, au plus haut degré, et telles qu'aucun autre, dans notre siècle, ne les a eues. M. Renan dédaigne la littérature : il s'en est suffisamment expliqué dans ses *Souvenirs*. M. Edmond Scherer n'était pas toujours de bonne humeur, et ne portait pas dans ces questions la sérénité désirable. Ayant à juger Baudelaire, il prit un moellon pour écraser un oiseau-mouche. Parlant de madame de Circourt, il écrivit un article maussade, avec l'intention d'être agréable. La politique l'arrachait à la littérature.

Sarcey... Sainte-Beuve disait de lui : « Comme il a du bon sens! mais comme il est grossier! A propos de Racine, il trouve un jour le moyen de parler de la tache que ferait une punaise sur du beurre... en plein feuilleton du *Temps*. » — La remarque est de Sainte-Beuve. Elle n'est pas de moi, monsieur Sarcey. Sur ce point-là, je partage votre délicatesse.

En 1861, j'avais déjà un passé politique, et je m'abstiendrais de le rappeler, si cela ne me fournissait l'occasion d'évoquer, une fois de plus, l'esprit de tolérance de mon maître.

Certes, nous eûmes des discussions ensemble. Je me révoltais quelquefois. Son jugement sur *Mercadet*, de Balzac, m'avait choqué. Il était bien difficile, pourtant, que cet esprit, fait à toutes les élégances, à tout ce que l'on admire dans l'antiquité et notre propre histoire littéraire, entrât de plein-pied dans l'esprit moderne, qui tend de plus en plus à dominer. Les balzaciens ont eu depuis à compter avec les réalistes, — lesquels ont aujourd'hui à compter avec les naturalistes.

Sainte-Beuve ne se laissait pas entamer, mais il avait, comme il le disait lui-même, des ouvertures d'esprit tout autour de la tête. Je ne lui cachai pas, dès mon entrée, que j'avais subi, en 1858, à Montpellier, ma ville natale, une condamnation politique à trois mois de prison, aggravée par un mois de prévention, qu'y avait ajouté M. Gavini, préfet de l'Hérault.

« Comment ! j'ai un secrétaire jacobin ! » disait-il le soir en riant, à table, en tête à tête avec le magnifique *surtout*, représenté par une belle personne, qu'il aimait avoir et à voir en face de lui, pour chasser l'odeur d'encre et de travail de la journée.

Et, comme il eut à écrire, à quelques jours de là, à M. Hetzel, ancien proscrit de l'Empire, qui lui gardait rancune, il ajoutait : « Mon secrétaire est *jacobin*, — il vous comprendra. »

Plus tard, il nous annonçait, en cette même qualité, à madame la princesse Mathilde.

Nous passions des journées entières, en face l'un de l'autre, travaillant l'œil dans l'œil. Le sien était pétillant et guilleret. La sympathie en sortait, quand il sentait qu'on le comprenait et qu'on entrait dans sa pensée, pour le seconder. Le trait fin, que dardait ce petit œil clignotant, à fleur de tête, — organe tendre, et qu'il ménageait, — communiquait de la malice.

Nous vécûmes ainsi, en communion d'idées, pendant huit ans, rarement troublés par de petits orages, et qui ne venaient pas de lui, car il avait l'humeur égale.

Il poussa la tolérance loin avec nous, et nous ne pouvons que lui en être profondément reconnaissant, à travers le temps qui s'est déroulé, déjà bien long.

Il nous avait fait part, dès 1861, de son désir d'être enterré civilement, et montré son testament, où il avait écrit ses dernières volontés. « Si je venais à mourir d'un coup de sang, comme j'y suis sujet, nous dit-il, avec le travail que je m'impose et les bouillonnements que j'éprouve parfois, prévenez Lacaussade, et veillez à ce que je dis. » Il était, en ce temps-là, très impopulaire, et ne se souvenait pas, sans amertume, d'avoir eu son cours empêché, au Collège de France, comme le fut, en 1862, celui de M. Renan, par des huées [1]. La jeunesse leur a pardonné depuis à l'un et à l'autre, et elle ne savait pas bien à quels secrets mobiles elle obéissait en ces années-là. Elle était poussée et menée. *Habemus confitentem reum.* Vallès lui-même s'est repenti depuis d'avoir imité des cris d'animaux au cours de Sainte-Beuve.

Quand on nous demande comment un esprit, qui comprenait à ce point le christianisme, finit par une confession philosophique, nous ne pouvons que répondre : « C'est un détachement qui s'est opéré tout

---

1. Le cours de Sainte-Beuve, qu'il ne put continuer dès la deuxième leçon, et dont il a fait depuis son *Étude sur Virgile*, essuya, en 1855, le premier feu de cette coalition, dirigée surtout contre les adhérents du second empire, à tendances anticléricales. Le fait se vérifia de nouveau, le 2 janvier 1862, à la première représentation de *Gaëtana*, par Edmond About, et le mois suivant, au cours de M. Renan, au Collège de France. *Gaëtana* fut relancée de l'Odéon au théâtre Mont-Parnasse. En province, elle eut le même sort, — le mot d'ordre venait de Paris ; — mais dans telle ville que nous pourrions nommer, les républicains se séparèrent des cléricaux. A Compiègne, par exemple, ce fut une vraie bataille où tout le parti démocratique prit fait et cause pour l'œuvre d'About.

seul. Lisez la *Conclusion* de son livre sur *Port-Royal*, et vous serez éclairée, madame, sur ce travail d'esprit qu'on n'a pu vous expliquer au couvent, mais qui est cependant bien naturel dans ce siècle. Il ne s'agissait même pas d'une pente à descendre. L'ancien ami de Lamennais ne descendait pas... Ces esprits-là, toujours en progrès, s'élèvent de plus en plus... Demandez à Victor Hugo pourquoi il est devenu démocrate... Il répondra lui-même, en toute sincérité, qu'il y a quelque chose de plus admirable que Murat, devenu roi de Naples : c'est un ancien pair de France, renonçant à tout, honneurs et faveurs, et subissant l'exil pour la République.

Sainte-Beuve n'alla pas aussi loin en politique, et resta de la gauche de l'Empire.

Le prince Napoléon, dont l'amitié n'est point banale, lui a consacré une page où il parle du « socialisme autoritaire » de Sainte-Beuve. Les articles sur Proudhon, que nous avons recueillis en volume, en témoigneraient assez. Mais ce qui fait autant honneur à Sainte-Beuve qu'à l'auteur de *Napoléon et ses détracteurs*, c'est le souvenir que celui-ci a gardé de leurs relations. Son amitié ne s'est pas démentie au contact des événements, qui en ont oxydé tant d'autres. Cette page-là soulage de certain passage *ingrat* des *Souvenirs* de M. Renan. Nous aimons à y renvoyer aujourd'hui les détracteurs de Sainte-Beuve.

XI

MON ENTRÉE CHEZ SAINTE-BEUVE

J'ai payé précédemment ma dette de reconnaissance à la mémoire du docteur Veyne. Je dois maintenant revenir en arrière, et dire comment je devins par lui secrétaire de Sainte-Beuve. Mon *Journal* va m'y aider.

Aux yeux de Duranty, de Poulet-Malassis, de Fernand Desnoyers, de Gustave Mathieu, de Courbet, de Lorédan Larchey, du docteur Piogey et du docteur Veyne lui-même, j'étais dans ce temps-là comme un des dieux lares et une des figures inséparables du cabinet de travail de M. Champfleury, où l'on ne pouvait regarder au plafond sans voir de la peinture ; sur la cheminée, sur les meubles ou sur les murs, sans rencontrer des terres cuites ou de la faïence.

J'étais ce qu'on voudra, le rapin ou le secrétaire.

Le docteur Veyne m'en enleva un dimanche du mois de septembre 1861.

Sainte-Beuve allait quitter *le Moniteur* pour rouvrir une nouvelle campagne au *Constitutionnel*, celle qu'il a intitulée *Nouveaux Lundis*. Il débutait, le 16 septembre 1861, par un article sur M. de Laprade, qui fit quelque bruit[1].

---

[1]. Voir *Nouveaux Lundis*, t. I, et l'appendice à la fin du volume.

Ne pouvant se passer d'un secrétaire et sur le point de se séparer de mon prédécesseur, M. Pons (le futur auteur de *Sainte-Beuve et ses inconnues*, un livre pour lequel il prenait des notes, en catimini, à la table de travail du maître), Sainte-Beuve laissa agir le docteur Veyne, qui lui avait dit : « J'ai vu chez Champfleury un jeune homme qui, je crois, vous conviendra. »

J'étais à ma place ordinaire, quand il entra, sur les midi, un dimanche matin, demandant à M. Champfleury de lui parler en particulier.

Ils passèrent dans la chambre à côté.

L'entretien dura bien un quart d'heure.

Quand ils revinrent dans le cabinet de travail :

« Eh bien, Troubat, une grosse affaire! dit M. Champfleury.

— Vous ne vous doutiez pas que je venais pour vous? ajouta le docteur Veyne. J'ai interrogé à votre sujet M. Champfleury, qui vous porte beaucoup d'intérêt.

— Je le sais, monsieur.

— Voici ce dont il s'agit : M. Sainte-Beuve a un secrétaire qui va s'en aller : j'ai songé à vous pour le remplacer, je vous ai déjà proposé, et M. Champfleury approuve mon choix.

— Oui, dit M. Champfleury, j'aurais bien voulu, à mes débuts, trouver une pareille fortune littéraire.

— Vous aurez à travailler beaucoup, reprit le docteur Veyne; il faudra y être le matin à neuf heures jusqu'à onze[1]; le soir, de sept à neuf. Il faudra lire

---

1. Les heures de travail passaient vite auprès de Sainte-Beuve. Je pris bientôt le pli d'y rester jusqu'à midi; puis les jours qu'il devait dîner dans le monde, comme je ne m'y rendais pas le soir, pour regagner le temps perdu, je prolongeais jusqu'à deux

tout haut, écrire, corriger des épreuves. Êtes-vous disposé? »

Je consultai du regard M. Champfleury, qui avait l'air d'approuver.

« Eh bien, répondis-je à M. Veyne, je vous remercie.

— Mais faudra-t-il dire à M. Sainte-Beuve que je lui ai trouvé un secrétaire?

— Oui, monsieur.

— Alors, je vais le voir, et demain je vous écrirai... Où demeurez-vous?

— Aux Batignolles...

— C'est un peu loin pour aller tous les jours rue Mont-Parnasse...

— Mais il changera de quartier, » dit M. Champfleury.

Le docteur Veyne ajouta encore, avec conviction, qu'on sortait toujours *quelqu'un* des mains de Sainte-Beuve, et il cita Jules Levallois (de *l'Opinion nationale*).

— Quand on a quelque chose dans le ventre, il faut que cela sorte avec lui, » telle fut la propre expression du docteur si expert en accouchements.

Après le départ du docteur Veyne, j'exprimai à M. Champfleury mon regret de le quitter.

Pour toute réponse :

« Il faut y aller, dit-il; c'est une bonne école.

— Mais, si ce n'est que pour l'école, où la trouverai-je meilleure que chez vous?

— Sainte-Beuve vous apprendra la critique... il vous assouplira... »

Puis, revenant là-dessus : « Vous aurez à en avaler,

---

heures; il me faisait servir à déjeuner. Enfin, un an ne s'était pas écoulé, que je n'en sortais plus avant dix heures du soir. Entré à neuf heures du matin et ne voyant plus la rue de tout le jour, je devins noctambule.

des livres... Vous n'aimez pas beaucoup à lire, je m'en suis aperçu. Là, vous y serez forcé. »

Je ne me dissimule pas aujourd'hui que je n'ai rien tenu des espérances de ces deux amis. Le surlendemain, un mardi, la lettre du docteur Veyne arriva. Sainte-Beuve nous donnait rendez-vous chez lui, le même jour, de midi à une heure.

Au moment d'y aller, M. Champfleury, toujours riant, me dit :

« De la tyrannie le jour est arrivé... »

Douce tyrannie, qui me valut une heure de gloire !

A la porte, selon la consigne que j'ai connue depuis, la bonne nous dit d'abord : « Monsieur n'y est pas. — Mais il m'a donné rendez-vous... — Vous êtes monsieur Champfleury, dit alors une dame (madame Dufour, chargée des affaires de la maison). Entrez, je vais prévenir monsieur Sainte-Beuve... »

Nous entrons dans un salon au rez-de-chaussée, donnant sur un jardin. Bientôt, madame Dufour nous prie de monter et nous conduit par un petit escalier de bois, recouvert d'un tapis, qui mène à la porte du cabinet du maître. A peine sommes-nous assis, une chatte, flairant sans doute un ami des chats, saute sur les genoux de M. Champfleury.

Cette petite chatte, la *Mignonne*, vaut un souvenir. Elle a été bien regrettée du maître, quand elle est morte. C'est la seule qu'il ait jamais tolérée ainsi familièrement dans son cabinet de travail, et à qui il ait permis de piétiner impunément les papiers et les livres qui recouvraient ses deux tables. Elle avait des yeux bons et doux, très sensibles à la caresse, et qui s'animaient d'un tendre regard : c'était plus que de l'instinct chez elle, et presque de la parole.

Descartes a beau nier l'intelligence des animaux, — les animaux sont comme les enfants et les domestiques, ils deviennent de la *famille* et subissent l'influence des milieux où ils vivent.

L'auteur de *Volupté* veut la chasser des genoux de M. Champfleury. L'auteur des *Chats*, au contraire, la flatte de la main pour l'engager à rester.

« Et, dit alors Sainte-Beuve, se tournant vers moi, avec cette politesse très sincère des hommes éminents ou supérieurs, mais qui déconcerte toujours un peu, monsieur veut bien me servir de secrétaire? ».

On fait des retours subits en soi-même, et sur soi-même, quand on se voit l'objet de tant de prévenances, d'un ménagement aussi exquis, de la part des puissances intellectuelles.

« Monsieur sort de *l'Artiste*, comme tout le monde, lui apprend alors M. Champfleury, non sans une pointe railleuse.

— Et monsieur a travaillé avec vous?

— Monsieur travaille pour son compte (quelle ironie ! mais je la trouve consignée sur mon journal, et, à cette date, je ne l'aurais pas inventée ; je pratiquais alors le *magister dixit*, dans toute sa rectitude) ; il s'est occupé de beaux-arts, de tableaux avec moi ; j'aime beaucoup les tableaux.

— Ce n'est pas ce dont nous nous occuperons ici, répond Sainte-Beuve. »

Il répète alors le travail qu'il y aurait à faire, et que le docteur Veyne nous avait déjà dit.

Le docteur Veyne m'avait prévenu que les appointements seraient de cent francs par mois.

« Mais cela vous est un peu égal, n'est-ce pas? » avait-il ajouté.

Sainte-Beuve veut bien confirmer le dire du docteur Veyne.

« Ce n'est pas pour cela, répond M. Champfleury. Monsieur travaillera, il veut suivre la carrière littéraire, je vous réponds de son exactitude. »

Et il me dit à moi-même en sortant : « Vous devriez payer pour être à pareille école. »

Sainte-Beuve n'attendit pas d'être sénateur, comme on l'a imprimé, pour doubler mes appointements. En moins de deux ans, il me donnait deux cents francs par mois, et je prenais tous mes repas chez lui. Je lui appartenais tout entier : cela dura jusqu'à sa mort; et cela s'était fait de part et d'autre, d'un côté par le besoin de compter sur quelqu'un de sûr, de l'autre par le besoin de s'appuyer. J'ai pu être un *lierre*, comme l'a écrit M. Champfleury, mais la comparaison de Sainte-Beuve avec l'*ormeau* n'est pas équitable. Le docteur Veyne ne l'approuvait pas, et il lui opposait avec raison ce bon sens droit et ferme, cet esprit net, élevé, *enraciné*, sachant résister aux engouements et aux intempéries politiques et littéraires. Il y a autre chose chez Sainte-Beuve, pensait le docteur Veyne; — il y a un poète et un moraliste extrêmement délicats, et qui l'isolent. C'est son lot.

La conversation roula ensuite sur un terrain commun, le père Enfantin, que voyait M. Champfleury.

« Je l'ai beaucoup connu, dit Sainte-Beuve.

— Est-ce que vous en étiez?

— Je n'en étais pas, mais je *les* ai vus assez pour me faire une idée de la formation d'une religion. C'est comme si j'avais observé une religion sous cloche. Imaginez qu'un physicien fasse le tonnerre, les éclairs sous verre : ce simulacre n'a pas la majesté de la nature, mais il en donne une idée. De même, les saint-simoniens m'ont donné l'idée d'une religion en marche, en voie de se créer. C'était une religion sous verre : j'ai assisté à leurs discussions orageuses : j'ai vu là comment se fonde une religion. »

C'est le sens des paroles de Sainte-Beuve, qu'il aurait fallu noter sur l'heure; mais on saisit l'image : la main fine dessinait la pensée, la soulignait. Une nature impressionnable et nerveuse conduisait le geste.

Il parla ensuite de M. de Laprade.

« Voyez-vous ces *idéalistes en l'air* ? (ce fut son expression même); et son esprit s'aiguisait à mesure. »

De vive voix, en un clin d'œil, nous eûmes l'économie et la nervure de l'article qui allait paraître dans *le Constitutionnel* pour sa rentrée.

On a beaucoup parlé de la laideur de Sainte-Beuve. Il y a aussi là-dessus un préjugé qui court encore la province. Pour moi, je crois qu'en fait de laideur ou de beauté, tout est convention. Il faut consulter les hommes sur la beauté des femmes, et les femmes sur la beauté des hommes. M. Pons s'est chargé de clore la légende, et je ne veux pas la rouvrir. Sainte-Beuve avait sur le visage le trait qui éclaire, le rayon de lumière que donne seul le travail intellectuel et de haute portée. Il l'avait ce jour-là, et cela seul me frappa. Nous trouvâmes le maître critique guilleret, avenant, d'une animation et d'une vivacité extraordinaires, nous jetant tout de suite en plein sujet d'article. Il y avait là quelque chose de souriant, ne sentant ni la fatigue ni la morgue, — rien de lourd, de pédant, de gourmé, — rien non plus qui cherchât à vous imposer; mais bien plutôt l'effort et la conscience d'un *débutant*, presque *jeune*, et qui craindrait de n'être pas à sa propre hauteur. Il n'était pas de ceux qui croient que leur nom suffît en littérature. Il se donnait des coups de fouet et d'éperon, comme s'il avait, sans cesse, à renouveler son talent.

De petite taille, bien droite, prenant du ventre, la figure pleine, rasée de frais tous les matins, le nez fort, (le nez d'un curieux, comme dit Eugène Pelletan, parlant de Napoléon III), — de ces nez fouilleurs et scrutateurs plus ou moins prononcés; — le crâne chauve et pointu, — crâne de sage, « philosophe à la façon des anciens Grecs, auxquels il ressemble beaucoup par la forme extérieure », dit un croquis de princesse que j'ai publié en tête de mes *Souvenirs et Indiscrétions*; les « sourcils roux, touffus, formant comme un toit au-dessus des yeux; » la légendaire calotte de velours, suivant les inflexions de ce qui se passait sous ce crâne, ou pétrie dans la main et tournant à la métaphore, comme les avocats font de leur toque, pour mieux se faire comprendre.

Mais le meilleur portrait qui ait été écrit, *après vingt ans*, est celui qu'en a laissé Charles Monselet.

« Sainte-Beuve... sexagénaire portant juste son âge... L'aspect conique de la tête me déroute entièrement, je ne peux pas m'y habituer... Le visage est d'une femme mûre, à la chair un peu molle; le nez gros... la main soignée... Tout le foyer d'intelligence est réfugié dans les yeux et dans la bouche : que d'esprit et même de rêverie dans ces yeux! d'autres y voient le génie de l'observation et de l'assimilation; c'est possible; moi, j'y découvre l'auteur des *Pensées d'août*... La bouche de Sainte-Beuve est aussi très significative; non surveillée et ne surveillant pas, elle pourrait passer pour une bouche ordinaire et bonasse; mais, dans l'état de causerie, elle contient un monde de fines réticences, qu'elle ne cherche pas à cacher... Alors, et pour peu qu'une certaine surexcitation s'en mêle, c'est Voltaire gras... Sainte-Beuve, qui n'adorait rien tant que l'intimité, s'y montre plein d'enjouement et de saillies. L'enjouement, c'était, en effet, sa qualité favorite; il ne voulait pas aller plus loin, et poussait rarement jusqu'à la gaieté; cependant, il l'aurait volontiers aimée chez les autres, mais il ne fut jamais entouré de gens bien joyeux... Il parlait comme il écrivait, effleurant, contournant, piquant un trait çà et là, mettant un détail en lumière... »

Tout le portrait est à lire, et je le recommande aux amis de la vérité. Il fait revivre la physionomie du maître, mais là où Monselet se montre pastelliste jusqu'à faire parler son modèle, c'est quand il rappelle la « voix douce et mesurée[1] » de Sainte-Beuve. Personne encore n'avait relevé ce dernier trait, qui fait honneur à sa finesse d'observation, juste et délicate[2].

Le cabinet était d'une simplicité que n'ont pas comprise les Goncourt chez un homme vivant surtout dans sa pensée, comme Sainte-Beuve. Un lit à côté de la porte, deux tables n'en formant qu'une au milieu, sans ornements ni objets d'art que le buste, — ou plutôt la réduction du buste, par Mathieu-Meusnier, qui donne une si noble idée, bien réelle d'ailleurs, de la physionomie du maître, et dont l'original fait

---

1. Parlant de la voix de Gœthe, Eckermann a dit : « Le timbre aimé de sa voix, à laquelle nulle autre ne peut être comparée ». Ce ne sont pas des mots en l'air, ce sont des expressions basées sur la réalité.

2. *Mes souvenirs littéraires*, par Charles Monselet, publiés au lendemain de sa mort (1888).

pendant à celui de Daunou dans la Bibliothèque de Boulogne-sur-Mer.

Avant de nous quitter, Sainte-Beuve me demanda :

« Pouvez-vous lire longtemps[1] ?

— Je pense que oui, monsieur... c'est une habitude à prendre...

— C'est l'art de lire qu'il faut acquérir, interrompit M. Champfleury.

— Oh ! dit Sainte-Beuve, il faut lire naturellement... Quelquefois je dis à Pons : « Vous chantez, mon ami... »

Ce dernier trait conduisit M. Champfleury à répliquer :

« Monsieur est du Midi...

— Ah ! »

Quand il prit mon nom : « Troubat, dit-il, c'est bien un nom du Midi, cela veut dire *poète*, *trouvère*.

— C'est le participe passé, hasardai-je, du mot *trouver* en patois. »

Il fut convenu que Sainte-Beuve m'écrirait, vers le 15, le jour que je devrais entrer en fonctions.

---

1. Je n'avais jamais lu tout haut que dans ma famille, en 1848, où mon père me faisait lire les journaux; puis, en seconde, où M. Lenient nous initiait, à la fin des classes, par des lectures, à la littérature non classique. Quelquefois je me laissais emporter comme « dans un roulement de tonnerre », disait-il. Un jour, lisant un roman de Walter Scott, je sautai deux pages sans m'en apercevoir. C'était, il est vrai, au beau milieu d'une *description*; on pouvait abréger; mais la lecture à haute voix m'a toujours empêché de suivre et de bien comprendre ce que je lisais. Je me bourrais du peu qui restait. M. Lenient rit beaucoup de mon étourderie.

XII

JOSEPH DELORME

Mon emploi chez Sainte-Beuve n'allait pas être celui d'un Eckermann, venu là pour provoquer la pensée du maître, la recueillir et donner la réplique [1]. J'avais trop de besogne dans la journée pour prendre des notes le soir, en rentrant. Et d'abord il s'agissait d'écrire sous la dictée, ce qui n'est pas la même chose que de causer. Nous *causions* la plume à la main, pour le plus grand plaisir et l'agrément du lecteur. Nos propos passaient immédiatement dans les *Nouveaux Lundis*, auxquels ils se rapportaient tous. Nous n'avions pas le temps de courir la prétentaine ni la calembredaine sur tous sujets. Quand Sainte-Beuve s'écartait quelques instants de l'article à faire pour se tenir au courant des nouvelles du jour, il écrivait sur un coin de journal la note ou l'observation qui lui venait. J'en ai conservé ainsi des masses. C'était là son *journal*. Il serait bon peut-être de les réunir : on en trouverait de piquantes [2]. J'ai gardé un *Journal des Débats*,

---

[1]. « Eckermann donne la réplique au maître, ne le contredit jamais, et l'excite seulement à causer dans le sens où il a envie de donner ce jour-là... » (*Nouveaux Lundis*, t. III).

[2]. Eudore Soulié me conseilla de les publier sous le titre de *Journaux de Sainte-Beuve*. J'en puis bien donner quelques-unes par avancement d'hoirie. Sur un numéro du *Bulletin du Biblio-*

du 6 juillet 1862, sur lequel il a écrit : « Jean Reynaud sur la *métempsycose* et le moi. — S'ils avaient à

phile, on lit : « Alexandre Dumas sur Charles Nodier, *blagueur sur hâbleur*. » Sur un numéro de la *Revue contemporaine* : « Sur le christianisme. Havet. A garder. Il s'attache à prouver qu'il n'y a pas de *sauts* dans l'histoire pas plus que dans la nature. » — Sur une *Étude sur Saint-Évremond*, par M. Gilbert : « Très mauvaise étude, très fausse de jugement. A réfuter ». — Sur un numéro du *Moniteur*, à propos du même Saint-Évremond : « M. Nisard nous prouve en six longues colonnes qu'il a eu raison de ne pas nommer une seule fois Saint-Évremond dans une *Histoire de la Littérature*. » — Sur une petite brochure en vers intitulée *les Représentants en déroute ou le 2 décembre* (1852) : « Erreur et aberration de Turquety. » — Sur un numéro du *Journal des Débats* : « Rigault sur *Barante* appelé un riche esprit, ce qui est un trait tout à fait faux et contraire à l'idée que donne Barante. » — Sur un numéro de la *Revue des Deux Mondes*, « *Proudhon*, par Pelletan. L'article de M. Pelletan est une seule phrase d'un bout à l'autre, mais le dernier paragraphe rompt le cou à son article. » — Sur une brochure de M. Dupanloup, *Lettre sur le futur concile* (1868) : « Le talent, du moins celui du rhéteur, se montre habile à faire paraître raisonnables des choses déraisonnables. » — Sur un numéro de la *Revue des sociétés savantes* : « Intolérance du charitable Belzunce ». — Sur un numéro de la *Revue des Deux Mondes* (1er septembre 1869) : « Guizot, un farceur sérieux. » — Sur un discours de M. le prince de Broglie aux funérailles de M. de Barante : « Phrase comme Patin les fait, incorrecte, impossible. » (La phrase en question est soulignée au bas et dans la note de la première page.) — Sur un numéro de journal de janvier 1869 : « Admirable article du *Journal de Paris* sur la séance d'ouverture des sessions législatives. » — Sur une *Revue de Bretagne* : « Insultes à propos de Pontmartin de la part des jeunes zouaves de Castel-Fidardo. » — Sur un numéro du *Journal des Débats* (21 décembre 1853) : « Sacy, bon article, un peu panade ». — Sur un autre numéro des *Débats* (19 janvier 1855) : « Article de Sacy sur Montaigne, La Bruyère. Tout en exclamations. » — Sur un autre (9 mars 1855) : « Sacy, sur Villemain, admirable. » — Sur un *Bulletin du Bibliophile* (décembre 1868) : « Sacy sur le *Racine* de Saint-Marc Girardin, banalités et platitudes. » — Un petit numéro de journal me tombe encore sous la main, *le Démocrite*. Sainte-Beuve a écrit dessus : « Sur l'abbé Bauer, par M. H. Villeneuve. Très curieux article, et des plus piquants, et des mieux faits ». — Et il y en a bien d'autres.

piocher, dit Troubat, ils ne s'occuperaient pas tant de ces questions-là. » Or nous *piochions*. Il se mettait tout entier dans son œuvre, et moi, je me « transformais et me confondais » en lui, ainsi qu'il l'a dit dans son article sur ses *Secrétaires*, à la fin du tome IV des *Nouveaux Lundis*.

Je signale ici une infirmité de ma nature. Je logeais dans mon cerveau, et je n'aurais su comment me retourner au milieu du trop plein qui débordait à la fin de la journée, s'il m'avait fallu coordonner tout ce que j'avais entendu et vu depuis le matin.

Je sais bien que ce n'est pas là ce que l'on demande à ces sortes d'écrits; mais ils ont l'inconvénient de manquer de *sûreté*, quand on ne les contrôle ni ne les vérifie, comme le fit Eckermann de ses *Entretiens avec Gœthe*.

Je pris cependant quelques notes dans les commencements, comme on me le conseillait, mais je ne pus continuer longtemps et cessai d'instinct, le jour où je compris que j'aurais couché trop de pataquès sur mes petits papiers.

Par convenance et par discrétion aussi, à mesure que j'entrais dans la confiance de mon maître, il me semblait qu'il y aurait eu trahison à épier chacun de ses faits et gestes, à surprendre chaque parole...

Les *Nouveaux Lundis*, quand je les feuillette, m'envoient des bouffées de souvenirs, — chaque page en réveille un, — car Sainte-Beuve ne gardait rien pour lui, et le faisait servir à ses articles.

Voici à quoi se borne mon journal intime.

Le 19 septembre (1861), je reçus, par la poste, la lettre promise.

« Cher monsieur,

» Voici le moment venu de nous entendre.

» Voulez-vous venir me voir à midi demain (jeudi ou mercredi)?

» Tout à vous,
» SAINTE-BEUVE.

» Ce 18 septembre 1861. »

Dans la crainte d'arriver trop tard, je pris trop vite l'omnibus des Batignolles, et j'arrivai une demi-heure à l'avance dans ce quartier Notre-Dame-des-Champs, que je ne connaissais pas du tout. En 1861, la rue de Rennes n'était qu'un simple tronçon, de la gare Mont-Parnasse à la rencontre de la rue du Regard et de Vaugirard; la rue du Mont-Parnasse se trouvait isolée et perdue dans ce faubourg. Il fallait aller à la découverte, quand on n'était pas familier avec le quartier. Madame Dufour me fit entrer dans le salon et m'apporta *le Moniteur* et *le Constitutionnel* du jour. Au coin du *Constitutionnel*, Sainte-Beuve avait écrit *Turgot par Monty*, pour indiquer un article à garder. Au-dessus de moi, j'entendais faire la lecture. C'était la voix provençale de M. Pons, qui travaillait encore avec le maître. S'il me faut lire comme cela, mon Dieu! mais je ne sais pas déclamer.

À midi précis, la porte du salon s'ouvrit, et madame Dufour me pria de monter.

Sainte-Beuve me touche la main sans la serrer. Il tend les quatre doigts réunis, à la manière des prêtres. Sur le coin de la table, une casserolle en argent, avec un reste de lait. Il venait de faire son frugal déjeuner, qui consistait en thé au lait, et deux brioches frottées de beurre frais. Méthode anglaise ou boulonnaise, contractée dès l'enfance. Il en laissait toujours un peu pour Mignonne, au coin de la cheminée. C'est ainsi qu'il se tenait l'esprit léger... pour son travail, et les pieds chauds, l'hiver, à l'aide d'une chaufferette qu'il faisait mettre dans sa voiture, le jeudi, quand il allait à l'Académie. Il avait le plus grand soin de son cerveau, n'usant d'aucun excitant, ne prenant pas de café, ne fumant pas ; tout au plus se permettait-il, après dîner, le mélange About, du curaçao avec un soupçon de rhum, dont le spirituel auteur du *Roi des Montagnes* lui avait donné la recette... facile.

Le dîner, plus substantiel que le déjeuner, était délicatement mais sobrement composé : potage, rôti, salade, légumes, fromage, fruits ou gâteau. Il affectionnait certain gâteau spécial aux amandes, qu'on prenait chez le boulanger de la rue de Fleurus.

Il aimait beaucoup les fraises, et en mangeait quelquefois au sucre, le soir, avant de se coucher.

A peine le matin prenait-il la valeur d'une soucoupe de chocolat au lait, sans pain.

Il se croyait tenu par son traité de cinq ans avec *le Constitutionnel* à ces privations, par lesquelles il ménageait son talent et son intellect. Chaque article lui valait cent écus et son patrimoine était des plus médiocres. Sa mère lui avait laissé la maison qu'il habitait, avec quatre mille livres de rente.

Il me fit signe de m'asseoir sur le fauteuil, entre le lit et la cheminée, où M. Champfleury s'était assis l'autre jour. Fauteuil de reps vert, historique dans sa simplicité, et qui en a vu bien d'autres : la princesse Mathilde, l'aîné des Goncourt (le jeune prenait une chaise), le prince Napoléon, madame de Tourbey, Prevost-Paradol, Théophile Gautier, Gustave Flaubert, Ernest Feydeau, M. Ernest Renan, Michel Lévy, Charles Robin, M. Berthelot, Ivan Tourgueneff, M. Victor Duruy, Charles Giraud, de l'École de droit, MM. Claretie, Burty, Mézières, d'Alton Shée, etc. Tous les visiteurs de Sainte-Beuve prenaient place (comme disent les Alsaciens) dans ce fauteuil.

Il me demanda ce que je faisais à l'*Artiste*.

« Les *Tableaux et Curiosités*, une chronique de l'hôtel Drouot...

— Et vous aimez beaucoup les tableaux ?... Nous irons en voir, » ajouta-t-il en riant.

Il tint parole, car, tous les ans, tant que ses jambes purent l'y porter, ou qu'il put lui-même supporter la voiture, devenue intolérable pour lui dès 1867, nous visitâmes ensemble le Salon des Champs-Élysées. Il me souvient toujours de son admiration, qui étonna le critique le plus assermenté du salon de la princesse, M. Ernest Chesneau, pour un tableau de Rousseau, — un paysage pauvre et misérable d'aspect, où la nature, au lieu de se montrer riche et plantureuse, se montrait au contraire chétive et malingre. On éprouvait une expression de tristesse et de commisération à la vue d'un village, dont les premières maisons étaient de chaume : une route passait au milieu. Il n'y avait qu'un arbre sur le devant qui rendait plus triste encore le paysage. Un soleil de plomb pesait de toute sa lourdeur : on étouffait, on avait soif et faim pour les pauvres gens du village. Sainte-Beuve regarda longtemps ce tableau perdu dans le Salon, et, se retrouvant poète devant un sujet qui l'eût inspiré autrefois, il me dit : « Voilà de la peinture pour Joseph Delorme. »

Nous fîmes, un après-midi, l'ascension de l'atelier

de Chintreuil, qui demeurait dans une des plus hautes maisons de la rue de Seine, à l'un des coins du passage du Pont-Neuf. L'artiste logeait au degré le plus élevé de l'escalier, — au plus grand jour qui tombait du ciel. — On entrait, comme en pleine Normandie; les murs étaient tapissés de pommiers en fleurs, de rideaux de peupliers jaunissants, de genêts d'or, de foins, de bruyères, choisis à des heures solennelles de la nature ou du jour. M. Champfleury a peint d'un mot le talent de Chintreuil : *Brumes et Rosées*. Sainte-Beuve sentit là encore qu'il y avait un poète, cherchant à rendre des effets qui ne sont pas visibles à tous dans la nature, des harmonies et des symphonies que le sens de l'artiste est seul à percevoir à de certains moments, et dont la traduction matérielle en poésie comme en peinture ne peut être elle-même qu'une *immatérialité* : la grande difficulté pour l'artiste est de la fixer.

« De moi aussi, dit Sainte-Beuve, on a pu dire que je cherchais midi à quatorze heures, quand je faisais des vers, mais je ne m'en suis jamais repenti. »

Et la preuve qu'il ne s'en repentait pas, c'est qu'au terme de sa vie, en août 1869, il écrivait sur un exemplaire de ses Poésies : « *Amico R. de Chantelauze hæc juvenilia senex, nec tamen pœnitens, Sainte-Beuve.* »

XIII

MON JOURNAL

Je reprends mon journal.

« Arsène Houssaye m'a fait changer de nom, dis-je ; j'ai dû prendre celui de ma mère, Hérand, pour ne pas répudier entièrement ma famille.

— Il a voulu multiplier, faire deux rédacteurs en un ?

— Non, monsieur, il m'a dit que le nom de Troubat ne lui convenait pas... il fait cela à tout le monde...

— Il l'a fait à lui-même...

— Il paraît que oui...

— Il ne paraît pas, c'est ainsi. Son père s'appelle Housset, par *et*. J'étais témoin à son contrat de mariage. Quand il fallut signer, le père dit : « Faites bien attention, ce n'est pas Houssaye, c'est Housset. » Il a trouvé que Houssaye était plus pastoral, et convenait mieux à la rime.

— Il avoue cependant, ai-je dit, que, si c'était à refaire, il renoncerait au prénom d'Arsène...

— C'est un enfantillage... Et vous avez fait vos études en province ?

— Au lycée de Montpellier, où je suis né.

— Vous avez connu là Saint-René Taillandier ?

— Il y est toujours.

— Et Jeannel?

— Il est professeur de philosophie; mais je ne l'ai pas connu, parce qu'il y a trois ans que je suis à Paris.

— Oui, il n'y était pas encore. Le fils est professeur à Paris; du moins je crois que c'est le père qui est à Montpellier.

— M. Champfleury est bien content de votre article de lundi (sur M. de Laprade)... »

Sainte-Beuve a ri.

« C'est ce que je vous disais l'autre jour... ces idéalistes, il faut avoir encore avec eux des ménagements, parce qu'il y en a qui ont des convictions... Je vais faire un article sur Lamennais, sa Correspondance le fait bien connaître... Je travaille en ce moment sur Veuillot. *Je vais le ménager; il est désarmé, quoiqu'il ne soit pas vaincu* (l'*Univers* avait été supprimé). C'est un grand journaliste. Tenez, voilà quinze volumes... »

Il s'est levé, et me les a montrés.

« Ce sont ses articles?

— Oui... vous ne sauriez croire toute la peine qu'il y a à faire *intéressant*... Il faut quelquefois que je reçoive des avis... J'ai eu pour secrétaire Levallois... il m'en donnait... c'est un homme distingué... il est bon d'avoir près de soi des esprits d'un jugement sûr... ils vous indiquent quelquefois ce qui plait au public.

— Je n'ai que l'habitude du travail, » ai-je répondu.

Il s'est levé, et a regardé son almanach.

« Venez le lundi 30; si j'avais besoin de vous plus tôt, je vous écrirais. Soyez là dans la matinée...

— A neuf heures précises...

— Mais non, dans la matinée... Il faut demeurer par ici..., vous êtes bien éloigné...

— Je suis arrivé en trois quarts d'heure...

— Je n'en doute pas, mais le mauvais temps approche... vous ne pourriez pas, tous les matins, faire cette longue course... il faudrait prendre des voitures... Banville demeure... (et il me cita l'adresse du poëte), vous voyez que c'est un quartier très habitable... vous avez le boulevard Mont-Parnasse, le Luxembourg... vous avez dû songer à cela?

— J'ai donné congé, répondis-je, pour la fin du mois.

Revenant encore sur Veuillot, comme sur l'article prochain : « Il faut que je lise tout cela, *l'Honnête femme, Çà et là...* »

Sainte-Beuve est causeur. Il ne laisse pas le temps de répondre. J'aime mieux cela, d'ailleurs. Il est allé vers sa fenêtre, et, me tournant le dos : « Nous vivons très simplement, dit-il. Madame Dufour collationne mes épreuves. Voilà *Volupté* qui se réimprime. Je soigne beaucoup ces réimpressions... je tiens au style... Madame Dufour est assez lettrée pour ce travail... c'est encore Veyne qui me l'a procurée... Elle collationne avec Pons : il faudra que vous collationniez aussi avec elle; vous devez savoir corriger les épreuves?

— Je n'en ai jamais corrigé beaucoup...

— Mais vous connaissez les signes d'imprimerie?... du reste, je vous les montrerai...

Puis, par manière de précaution : « J'ai quelquefois des moments d'impatience ; mais, quand cela m'arrive, croyez que c'est tout de suite oublié. Il faut que je vous dise tous mes défauts. Je suis vif.

— Ce n'est pas un défaut.
— Si, je me connais.
Le reste fut dit plaisamment :
— Ainsi, il faut avaler tout cela (me montrant la pile d'ouvrages de Veuillot); le lundi, le mardi, le mercredi et le jeudi se passent à vous dicter l'article qui paraîtra lundi matin, et à lire, prendre des notes, ruminer l'article qui viendra après; le vendredi, je le jette sur le papier... c'est un accouchement... laborieux... le samedi et le dimanche, nous corrigeons les épreuves de l'article qui va paraître le lundi... aussi, ma mauvaise humeur commence-t-elle le lundi; le mardi, elle est pire; le mercredi, elle est comble; le jeudi, elle persiste. Le vendredi, je m'enferme tout le jour, je n'y suis pour personne, je mets du coton dans mes oreilles, pour qu'aucun bruit extérieur ne rompe le charme : je *bâtis* l'article, comme un tailleur *bâtit* un habit...

Et le fait est que les minutes ou brouillons qui sortaient de ses mains le vendredi soir, quand il avait *bâti* l'article (comme il disait), faits de pièces et de morceaux raccordés par des épingles, rendaient assez bien l'image d'un costume ébauché qu'on essaye.

— La bonne humeur, continua-t-il, ne me revient que le dimanche soir, à six heures, quand j'ai signé le dernier *bon à tirer* au *Constitutionnel*... je me sens soulagé, délivré... j'ai quelques heures devant moi... je vous donne congé l'après-midi du dimanche, mais, moi, je n'en prends pas... je n'ai pas de dimanche... tous les jours se ressemblent dans la nature... Nous vivons sans façon; quand vous arriverez le soir, si vous me trouvez encore à table avec madame Dufour, vous vous assoierez et vous prendrez part à la conversation. Vous voyez, c'est sans cérémonie; ne prenez donc pas garde à mes mauvais moments... Vous comprenez, quand on se sent lié pour cinq ans à faire le même travail chaque semaine — et chaque jour, — qu'on ait parfois des moments d'impatience... Ma vie est comme un moulin, un perpétuel engrenage...

Et, ce disant, il se remuait le corps, comme un homme qui ensache du blé, pour me faire mieux comprendre la grande quantité de matière qu'il est obligé d'entasser dans son esprit.

— Chéron, de la Bibliothèque, me disait que je prendrais un jour le mors aux dents... Le jeudi, j'ai Académie, mais je n'y vais pas toujours; je me suis querellé plusieurs fois avec mes collègues. Ce sont des gens insignifiants. Qu'irais-je y faire? J'arrive déjà la tête échauffée par mon travail, je me battrais avec eux...

Là-dessus, j'ai ri sans me retenir, — et il souriait avec moi.

— Eh bien, monsieur, au lundi, 30.
— Oui, monsieur.

Il m'a serré la main un peu plus fort.

— Prenez garde, m'a-t-il dit en ouvrant la porte de son cabinet, il y a un pas.

Cet *il y a un pas*, je l'ai entendu pendant huit ans. Il le disait à tous les visiteurs peu familiarisés avec les habitudes de sa maison. Asselineau l'avait remarqué.

Il s'est avancé le long de l'étroit couloir, jusqu'à la rencontre du petit escalier tournant.

— Adieu, monsieur, ai-je dit.
— Adieu, m'a-t-il répondu, comme j'étais déjà en bas.

« Bien des choses à Champfleury, » a-t-il ajouté.

L'alinéa suivant, comme tout ce qui précède, est plein du reflet de mes impressions d'alors. Si elles n'intéressaient que moi, je ne les reproduirais pas, mais elles tiennent par deux bouts, deux noms, à la littérature. Je vivais entre Mont-Parnasse et Montmartre, où demeurait M. Champfleury, et je n'avais d'autre relation littéraire qu'à une autre extrémité de Paris, celle de *l'Artiste*, chez Arsène Houssaye, à la barrière de l'Étoile.

En quittant Sainte-Beuve, je rencontrai M. Champfleury, rue Richelieu, comme il entrait à la Bibliothèque. Je m'y rendais aussi. Je lui racontai mon entrevue de tout à l'heure et lui donnai le bonjour de Sainte-Beuve.

— Écrivez cela, me dit-il. Écrivez tout ce qu'il vous dira, comme j'ai fait pour Balzac. Ce sera un jour intéressant... L'homme sera curieux à connaître... *Ne le lui dites pas...*

Dans les *Propos de table de Martin Luther*, il est consigné que le grand réformateur, ayant surpris un jour un de ses disciples qui notait un fait et propos de lui, lui jeta une poignée de pois au visage, disant : « Ajoutes-y ça. »

La recommandation de M. Champfleury me rappelle cette anecdote.

Sainte-Beuve aurait jeté... à la porte, en guise de pois au visage, celui qu'il aurait soupçonné de l'épier chez lui.

Il ne pardonna pas à Théophile Silvestre, qui se permit un jour d'inviter madame Dufour à dîner... pour la faire parler. Elle s'empressa d'en prévenir Sainte-Beuve.

J'usai du conseil de M. Champfleury avec discrétion, comme lui-même l'a pratiqué dans ses *Grandes Figures* et ses *Souvenirs de jeunesse*; mais voici un alinéa qui coule encore aujourd'hui naturellement de ma plume et qui complète mes notes de 1861 :

« J'aurais déjà dû et pu écrire un journal de cette nature avec Champfleury lui-même. Que de choses curieuses! quel livre intéressant! les chansons populaires, la caricature antique, les tableaux flamands, les peintres Le Nain, l'imagerie, les romans, les contes, la légende du *Bonhomme Misère*, celle du *Juif Errant*, la faïence révolutionnaire, mes excursions avec lui d'esprit et de corps dans les plus anciennes villes de France, pour étudier dans les musées, les bibliothèques et dans les boutiques de brocanteurs l'art qu'il aime; quelle littérature spéciale et charmante! J'ai appris à goûter la musique des grands compositeurs allemands chez lui, le soir, en l'écoutant au piano; il m'en a même donné des leçons : mais je ne sais pas observer avec mes amis, et je suis trop devenu le sien pour l'*épier*. Il m'a trop intéressé à sa propre vie, en quelques années, pour en jeter jour par jour à la minute une photographie vivante sur le papier. La vie privée et intérieure d'un homme de son talent et de son esprit, sans cesse préoccupé de créations ou de recherches nouvelles, serait pourtant curieuse à connaître : elle apporterait au moins son contingent d'instruction aux jeunes gens de lettres, dont elle préparerait l'éducation littéraire. Mais il m'eût fallu pour l'écrire jusqu'à présent avoir bien plutôt pour lui l'attachement d'un disciple (qui a donné des preuves) que celui d'un ami. Il m'a été impossible de tenir ce journal par la trop longue habitude de vivre ensemble. L'ami à qui vous faites éprouver vos joies et vos peines intellectuelles, qui se les incorpore à tel point qu'il finit par les croire siennes, ne peut pas les jeter froidement, dans le temps même où il les ressent le plus vivement, sur le papier. »

XIV

LITTÉRATURE ET POLITIQUE

Le 30 septembre, ainsi que c'était convenu, j'arrivai chez Sainte-Beuve un peu plus tôt peut-être qu'il ne me l'avait recommandé, à neuf heures du matin. La chambre n'était pas encore prête. La bonne me fit entrer au jardin. Il y a des poules au fond, et, sous une tonnelle, des chaises et une petite table. Comme j'étais assis, Sainte-Beuve arriva.

— Eh bien, me dit-il, qu'y a-t-il de nouveau? y a-t-il une jolie exposition?

— Oui, répondis-je, l'exposition des arts industriels et des photographies.

— Mais au boulevard des Italiens?...

— Il y a un buste curieux par Carrier-Belleuse.

— Lequel?

— Celui de madame Viardot...

— Je le connais, c'est une terre cuite; il l'a faite comme une moricaude, mais c'est bien Pauline Viardot. Et en peinture?...

— Il y a de beaux tableaux de Courbet...

— Quoi entre autres?

— Les *Demoiselles de village*...

— C'est abominable, dit Sainte-Beuve, souriant d'un

air fin... Il paraît que Courbet était porté pour la croix ; mais l'empereur l'a rayé...

Nous montons l'escalier qui conduit à son cabinet.

— Pourquoi l'empereur est-il si antipathique à Courbet ?

— Les gouvernements veulent toujours ramener l'art au classique. Et puis Courbet s'est manifesté dans des banquets...

— Oui, dis-je, il a fait dernièrement un discours que vous avez lu...

— Non, répond Sainte-Beuve.

— Ce n'est pas son métier, repris-je.

Je m'étais imbu de ces idées-là, qui sont l'inconvénient du métier littéraire.

Un livre faisait autorité pour moi, et, dans ce livre, j'avais lu : « Quoi qu'il arrive, ne t'inquiète pas de la forme du gouvernement. Ton art est régi par l'époque et la régit à son tour[1]. »

En vertu de ce principe, j'avais fini par croire l'art et la politique incompatibles[2].

---

1. *Grandes figures d'hier et d'aujourd'hui*, par Champfleury, 1861 ; *Conseils à un jeune écrivain*, p. VI.

2. Les événements nous ont appris, depuis, qu'on n'avait pas plus le droit de s'abstraire de la politique que de ses affaires privées ; et j'ai rompu sans arrière-pensée avec cette opinion d'atelier, quand j'ai écrit (je demande pardon de me citer) :

« Tous ces poètes (Pétrarque, André Chénier, Victor Hugo), à l'âme indignée et patriotique, ont ressenti les grandes passions de leur temps, et n'ont jamais cru que la politique, qui inspire les bonnes colères, fût tellement au-dessous de leur génie. Ils ont toujours embrassé les grandes causes des martyrs et des réprouvés. Que leur talent y ait grandi ou non, ils s'en sont peu préoccupés. Ils n'ont pas cru déroger. Ce n'est que de nos jours que la théorie contraire, émise par quelques esprits, a prévalu, et elle nous paraît comporter une certaine dose de naïveté et d'enfantillage. D'ailleurs, elle n'est jamais absolument vraie, car ceux mêmes qui répudient le plus la politique ne

Sainte-Beuve, lui-même, par son propre exemple, devait me ramener à la politique oubliée. Son scepticisme allait moins loin sur ce point que ne le lui ont reproché des gens qui n'étaient pas de son avis. Certes, il avait l'esprit *gœthique*, et faisait assez bon marché des libertés parlementaires. « Sa religion politique, écrivait-il le mois suivant sur Prevost-Paradol, est trop forte pour moi ; la mienne n'a pas résisté à l'expérience[1]. » La dictée de cet article remua en moi des sentiments divers : je ne pus m'empêcher d'y trouver beaucoup de bon sens et de raison. L'avenir, — le présent du moins, l'heure actuelle, qui ressemble tant au régime regretté par Prevost-Paradol, — a donné tort à Sainte-Beuve. Ce mot patriotique, cependant, « la pauvre France, en attendant, celle qui n'est ni *romaine*, ni *anglaise*, où est-elle ? » rachèterait Sainte-Beuve de « cette indifférence politique qui était, au dire de Prevost-Paradol, la tache et pour ainsi dire la rançon de ce grand esprit[2]. » — Cette indifférence n'existait qu'en matière de *libéralisme*.

Bien qu'il ne fût pas non plus partisan de la politique mêlée aux questions littéraires, son cerveau avait tant d'ouvertures, il y avait tant d'yeux autour de sa tête, selon une de ses expressions favorites, dont il faisait une des conditions de la Critique pour tout

peuvent s'empêcher, par cela même, de lui faire sa part dans leur conduite ou dans leurs écrits. C'est, en sens inverse, un sophisme à la Proudhon, qui affectait le même dédain pour la littérature, et qui ne pouvait s'empêcher d'en faire. » (*Le Blason de la Révolution*, septembre 1882, p. 265, un vol. in-18, Paris, Alphonse Lemerre, 1883).

1. *Nouveaux Lundis*, t. I, 4 novembre 1861.
2. *Journal des Débats* du 15 octobre 1869, article sur la mort de Sainte-Beuve.

voir, que l'amour des Lettres, — ce noble amour, dont Paradol lui rend hommage, — retrouvait ses droits dans les occasions les plus imprévues.

« Un soir, raconte M. Jules Levallois[1], j'avais amené chez lui un jeune homme de beaucoup d'esprit qui se destinait à écrire, annonçait un prosateur de grand talent et est devenu rédacteur politique d'un des journaux du libéralisme avancé. Mon camarade (ce n'était pas un ami) joignait à une mémoire étonnante une véritable voix de sirène. Il excellait surtout à réciter les principales pièces des *Châtiments*, alors interdits en France et courus, comme tout ce qui est défendu. Il dit avec son charme accoutumé *la Caravane*, *l'Expiation* et enfin *le Manteau impérial*. Après l'audition de cette dernière pièce, je jugeai la dose suffisante pour Sainte-Beuve, alors engagé en plein *Moniteur*, et levai la séance. Le lendemain matin, je fus tout étonné de l'entendre murmurer, allant d'une chambre à l'autre et grimpant les escaliers pour consulter ses livres, quelque chose qui ressemblait fort aux stances du *Manteau impérial*. Je n'en pouvais d'abord croire mes oreilles. Pourtant il fallut bien se rendre à l'évidence. C'était Sainte-Beuve qui récitait en brandissant le poing d'un air formidable :

> Acharnez-vous sur lui, farouches,
> Et qu'il soit chassé par les mouches,
> Puisque les hommes en ont peur !

» Le sentiment de l'art, ajoute M. Levallois, faisait taire le parti pris; le poète l'emportait sur l'écrivain impérialiste. Voilà de ces choses qui n'arriveront jamais

---

1. *Sainte-Beuve*, par Jules Levallois, Paris, Didier, 1872.

à un homme politique confit dans ses théories et bouffi dans son infaillibilité. »

On a rappelé cette anecdote à la mort de Castagnary, car c'était lui qui venait déclamer les *Châtiments* chez Sainte-Beuve. Il pleurait en les disant, m'a dit plus tard Sainte-Beuve, et de la bouche de Courbet, j'ai entendu ces mots adressés à Vermorel, pour l'endoctriner, dans le pur accent franc-comtois qui distinguait le peintre si plein de lui-même, si infatué : « Voyez Castagnary, c'est moi qui l'ai ramené à la réalité... il pleurait en lisant les *Châtiments*... Je lui ai montré la nature... » L'intelligent et regretté directeur des Beaux-Arts, doué de tant d'initiative, le lui a bien rendu, en ouvrant (et nous ne l'en blâmons pas) les portes de l'immortalité, c'est-à-dire du Louvre, à *l'Enterrement d'Ornans*.

Une surprise du genre de celle que nous avons relevée dans le livre de M. Jules Levallois était réservée à Sainte-Beuve lui-même, la seule fois qu'il alla à Compiègne, au mois de décembre 1863. L'impératrice ne tarissait pas en éloges de Victor Hugo : elle lui demanda des vers, il voulut en réciter et s'arrêta à mi-chemin. Il écrivit alors chez lui pour qu'on lui envoyât la pièce des *Feuilles d'automne* qui commence ainsi :

Madame, autour de vous, tant de grâce étincelle...[1].

---

[1]. « L'impératrice, disait Sainte-Beuve à son retour, jongle avec les mots, étendue sur sa chaise longue ; ils s'élèvent de sa bouche comme un jet d'eau qui retombe et remonte encore... il y aurait plaisir à aller causer avec elle, le lundi, quand l'article a paru, de cinq à six heures, dans le quartier Saint-Georges. » — Le quartier de M. Thiers!...

XV

L'AUTEUR DE « SAINTE-BEUVE ET SES INCONNUES »

M. Pons, le secrétaire que je remplace, doit venir encore aujourd'hui, 30 septembre, achever son mois.

En attendant, je raconte l'histoire de l'empereur, entrant au Salon et donnant un coup de cravache sur le tableau de *la Baigneuse* (offert depuis par M. Alfred Bruyas au musée de Montpellier). On prêtait à ce sujet ce propos à Courbet : « Si j'avais su, j'aurais choisi une toile plus mince... — Pour que l'empereur la payât ? demande Sainte-Beuve. C'était de sa part une façon de dire : « Je l'achète. » — Oui, mais il ne l'a pas achetée. »

La chatte saute sur mes genoux. « Voyez, observe Sainte-Beuve, elle croit que la maison et tous les gens qui y viennent sont faits pour elle... elle prend possession de vos genoux, comme une catin, parce qu'elle s'y trouve chaudement... quand quelqu'un ne lui plaît pas, elle le chasse à coups de patte...

Je répondis par un cliché :

— Les chats ne vous caressent pas, ils se caressent...

— Mais non, mais non... elle a assez de sensibilité... elle est reconnaissante... n'est-ce pas ? demande Sainte-Beuve, se tournant vers mon prédécesseur, qui venait d'entrer.

Le maître nous présente.

— Vous êtes provençal, dis-je; je suis languedocien.

M. Pons retourne à Digne, son pays, où son père le rappelle, il va se marier; une chaire d'histoire l'y attend. Sainte-Beuve doit écrire un mot de recommandation pour lui à M. Rouland, ministre de l'instruction publique. Avant de partir, il achève un *Dictionnaire de la langue française*, abrégé de celui de Bescherelle, pour les éditeurs Garnier frères.

Il a fait, pour les mêmes éditeurs, une édition des Œuvres choisies de Parny, comme j'en ai fait une des Œuvres choisies de Piron, précédées l'une et l'autre d'une notice par Sainte-Beuve.

Ç'a été, pour les deux derniers secrétaires de Sainte-Beuve, le revenant-bon des *Causeries du Lundi*.

M. Pons est, on le sait, l'auteur d'un livre qui a fait beaucoup de bruit, dix ans après la mort de Sainte-Beuve, en 1879; je ne m'en occuperais pas, laissant à chacun la responsabilité de ses œuvres, si l'on n'avait essayé de me rendre solidaire de celle-ci.

Comme on a incriminé mes relations avec l'auteur (sans les connaître), et que, somme toute, j'écris mes Souvenirs, je demande la permission de m'en expliquer une fois pour toutes, en passant, et pour n'y plus revenir.

Rien ne m'empêchait d'entretenir de bons rapports avec lui. Je l'avais remplacé chez Sainte-Beuve : il se quittait bien avec le maître, il s'en allait de son plein gré. Il revenait une fois par an à Paris, et tout le monde alors lui faisait fête, il était toujours le bienvenu dans la maison de Sainte-Beuve, qui l'invitait à dîner.

Quand Sainte-Beuve publia, en 1865, à la fin du tome IV

des *Nouveaux Lundis*, un article sur ses *Secrétaires*, dans lequel il nous faisait libéralement notre part à tous, je pensai être agréable à Pons en l'en prévenant. Il me répondit par une lettre aimable, mais dans laquelle perçait ce sentiment singulier qui me frappa, et dont l'impression m'était restée :

« Il y a bien toujours une petite déception à se voir remplacé dans l'affection et l'habitude d'une maison où l'on se trouvait si à l'aise et où l'on avait pu un moment se croire presque nécessaire... »

Par la même raison, il put se dire, en 1869, que j'avais usurpé sa place sur le testament du maître.

Il ne donna même pas de ses nouvelles en ce moment-là, mais, en 1872 seulement, ayant lu mes *Souvenirs et Indiscrétions* qui venaient de paraître, il m'écrivit le 4 avril, de Marseille, une lettre où, tout en me complimentant de ce petit livre, il m'en signalait la lacune qu'il comblait déjà dans son esprit :

« Il y aurait un curieux chapitre à ajouter, m'y disait-il, et qui ne serait pas le moins piquant. On pourrait l'intituler *les Femmes de Sainte-Beuve*, comme il l'a fait lui-même pour Chateaubriand. Mais qui aura la main assez délicate pour traiter un tel sujet ? Encore faudrait-il que le docteur Veyne voulût dire tout ce qu'il sait. Un autre docteur qui avait habité la rue Mont-Parnasse, Besançon, m'avait autrefois raconté à ce propos de jolies anecdotes. Ne croyez pas que l'on nuisît à la mémoire de Sainte-Beuve en disant tout. Vous me semblez, dans vos *Souvenirs*, ne l'avoir vu qu'à travers les dernières années et l'instant suprême. Vous nous le faites un peu trop solennel et grand homme, à la Gœthe. Il n'y mettait pas tant de prétention et était plus véritablement homme. »

Il choisissait lui-même son sujet : c'est lui qui se chargeait de le traiter.

Dans la même lettre, il m'apprenait qu'il n'était plus professeur d'histoire à Digne. Son « humeur vagabonde » lui avait fait quitter son poste de « principal, dès le mois de mai 1870, pour aller courir l'Allemagne et la Suisse. La guerre étant survenue, dit-il, je pris un fusil et j'ai fait la campagne dans un bataillon de francs-tireurs sur les bords de la Loire, vers Cosne, Briare et Gien... »

Un bon moyen pour apprendre l'histoire.

Quelque temps après, le sonnet de *l'Angelus*, adressé par Alfred de Musset à madame Sand, circula dans les journaux de Paris, comme une primeur rare, sortie des papiers de Sainte-Beuve. Sans savoir d'où venait cette communication, je protestai, n'ayant en main rien de semblable. Les papiers de Sainte-Beuve se trouvaient encore en ma possession. J'eus l'explication et la réponse, en 1879, dans le livre de Pons, page 119, où il fait précéder le même sonnet de ce commentaire : « Je l'ai bien, quoi qu'on en ait dit, copié dans la correspondance des deux amants, » dont le dépôt avait été fait momentanément chez Sainte-Beuve, après la mort d'Alfred de Musset.

Pons avoue, par là, qu'il prenait des notes à la table de travail du maître. C'était au moins une infidélité.

Il m'avait laissé ignorer son retour à Paris. Son existence de déclassé... honnête et manquant d'ouvrage, le mena, en 1875, au dépôt de la préfecture de police, où j'allai le réclamer un dimanche. La vie littéraire commença pour lui dès ce jour. Quelque temps après, je lui abandonnai ma place à la *Revue illustrée* dans *les deux mondes*, rédigée par M. Moquin-Tandon. Il avait le pied à l'étrier.

Il acheva de se mettre en selle. M. Victor Tissot le fit collaborer à la *Revue de France*. Ils se brouillèrent même à cette occasion.

Quelques fragments de son livre commencèrent à paraître dans *le Nain jaune*. Je le blâmai : il cessa de me voir et me réclama brutalement une collection du journal *le Globe*, qu'il m'avait prié de lui conserver à travers sa vie aventureuse, me disant : « Gardez-la, si je ne vous la redemande jamais. » Je la lui renvoyai.

Pendant un voyage de Compiègne à Paris, en 1879, je retrouvai Pons au boulevard Mont-Parnasse.

Nous dînâmes au cabaret. Il attendit d'être à table pour m'annoncer la publication imminente de son livre.

Quelques jours après, je reçus en effet, à Compiègne, le volume qui a pour titre *Sainte-Beuve et ses inconnus*.

Je m'empressai un peu trop vivement de le remercier pour la page qu'il m'y consacre.

Pons s'était attendu à tout autre chose de ma part : il aurait désiré une polémique.

Je comptais, au contraire, et j'espérais même que son livre passerait silencieusement.

Il y a une grâce d'état pour les provinciaux. C'est qu'ils n'entendent rien de ce qui se passe à Paris.

Je ne me doutais pas du tout, à Compiègne, du tapage que suscitait cette publication.

Un matin, je fus tout étonné — et troublé — de lire dans *le Figaro* (du 20 juillet 1879) une sommation de M. Albert Wolff à mon adresse, au sujet de ce livre « scandaleusement obscène », auquel il faisait une retentissante réclame.

M. Wolff, se retournant vers moi, terminait ainsi l'article : « J'attends la réponse. »

C'était trop d'honneur.

Il me semblait que je n'avais pas à intervenir dans certaines querelles posthumes et d'avant ma naissance. L'expérience me dictait déjà que l'âne, même chargé de reliques, ne devait jamais prendre parti — et qu'il n'y avait pas non plus de parti à prendre — entre maître et... maîtresses.

Avant d'entrer en lice, je consultai un ami, qui fait loi comme sagesse, comme honneur et comme probité, — mon conseil habituel en ces sortes de questions, — et voici ce qu'il me répondit :

« Paris, 21 juillet 1879.

» Mon cher ami,

» Je suis tout à fait d'accord avec vous au sujet de l'article d'Albert Wolff. Vous n'avez point à intervenir dans ce débat. Que M. Pons ait manqué au respect qu'il devait à la mémoire de son ancien maître, cela ne fait pas le moindre doute, mais vous n'y pouvez absolument rien. Si M. Pons avait articulé contre la mémoire de Sainte-Beuve des faits injurieux, et dont la fausseté matérielle pût être prouvée, vous pourriez lui faire un procès et exiger de lui une rectification. Les faits qu'il raconte sont des faits en général exacts et connus d'un certain cercle. Il eût peut-être mieux valu les taire... Vous ne feriez qu'augmenter le scandale en essayant de le combattre. Et puis, pourquoi ne pas le dire? il ne déplaît pas à notre curiosité de connaître certains détails intimes sur les personnalités illustres. Les familiers qui révèlent ces détails font un métier assez vilain, j'en conviens, mais qui n'est point sans utilité. Laissez donc M. Pons faire la besogne qui lui plaît, et restez sourd aux vertueuses adjurations de M. Wolff... »

Je m'en tins là, et je n'y reviendrais pas si le bruit n'avait couru que j'avais fourni des renseignements à l'auteur de *Sainte-Beuve et ses inconnues*. Je dus m'en défendre contre M. Pons lui-même dans *le Figaro* du 14 janvier 1881.

A la librairie Dentu, dont j'avais été le secrétaire, M. Victor Tissot me dit, un soir : « On vous a vu chez Ollendorff... vous alliez partager vos droits d'auteur... »

A l'heure actuelle (1889), je n'ai pas encore franchi le seuil de cette librairie.

Un matin, M. Ernest d'Hervilly me demanda, rue de Rennes, pourquoi j'avais fait *ce livre*.

« — On est convaincu, au *Rappel*, que c'est vous, me dit-il.

— Voulez-vous que je vous montre l'auteur au café d'Alençon ? » répondis-je.

Je ne sais si la lettre, que j'écrivis sur le moment même, convainquit MM. Meurice et Vacquerie. M. d'Hervilly, à qui je l'adressai, ne me répondit pas.

Un soir, à minuit, rue de Lille, je rencontrai M. Xavier Marmier.

« — Tout le faubourg Saint-Germain croit que vous avez pris un pseudonyme, » me dit-il.

Je ne me sentais pas du tout flatté d'occuper ainsi le noble faubourg.

« — Du reste, ce livre ne nous apprend rien de nouveau... Nous savions tout cela du temps de Louis-Philippe... Mais Wolff a étendu la tache...

Voilà ce qu'ajouta, en propres termes, l'ancien ami de Sainte-Beuve.

Le talent de Pons s'est accusé depuis, de façon à n'être plus confondu avec des personnalités moindres, dans des œuvres nouvelles. Il a laissé deux autres livres, *Coups de plume indépendants*, — *Ernest Renan et les origines du christianisme*. Il a donné, en outre, des notices très estimées à la maison Quantin.

Sainte-Beuve avait porté ce jugement sur lui, dans l'article sur ses *Secrétaires* :

« Après avoir perdu M. Jules Levallois, je retrouvai un utile et solide secours dans la collaboration de M. Pons, ancien professeur de rhétorique, professeur d'histoire, et qui maintenant est placé à ce titre au lycée de Digne, sa patrie. Cet homme jeune encore, mais mûr, très instruit, judicieux, me permit de marcher d'un pas plus ferme et plus assuré dans mes excursions historiques, dans cet ordre de considérations sérieuses que j'affectionne de plus en plus, à mesure que j'avance dans la vie... »

S'il avait connu, vivant, l'emploi que celui-ci ferait un jour de sa propre méthode, il l'aurait rangé dans la famille des Boswell, dont il a dit : « L'abbé Le Dieu (auteur de Mémoires et d'un Journal sur Bossuet) est de la race et de l'espèce de Boswell, tel que Macaulay nous a défini ce curieux... espion-biographe de Johnson, sans délicatesse, sans discrétion, sans tact, sans sûreté, et, avec tout cela, et à cause de tout cela, biographe incomparable. Mais Boswell s'attachant à Johnson, nature puissante, colossale et elle-même grossière, l'a pu peindre à ravir et faire le livre le plus intéressant dans son genre... Le Dieu, au contraire, en s'attachant aux actions de Bossuet,... n'a fait que compromettre, sans le vouloir, cette haute figure; il lui eût fallu pour pâture d'observation un moins noble maître...[1] »

De même, d'un chapitre à tenter, Pons a fait un volume! il s'y est *vautré*, comme dit Saint-Simon.

Une photographie me le rappelle, tel qu'il m'apparut pour la première fois, dans la matinée du 30 septembre 1861, à la table de travail de Sainte-Beuve, petit, le geste court, avec des tendances à la déclamation; tenue laissant parfois à désirer, surtout quand il fallait aller le tirer par les pieds, le matin, dans l'hôtel à côté; physionomie intelligente d'ailleurs, mais sans rayon, — celle d'un petit bourgeois à l'œil sec, — de ces petits yeux qui deviennent durs à l'occasion, — nez aplati, camus; moustache fine.

Des favoris lui élargissaient la face : c'était (comme on dirait aujourd'hui) sa palme académique, — ce qu'il avait en lui de plus correct, de plus régulier, de plus universitaire, — la moustache n'étant pas d'ordonnance, dans l'Université, sous l'Empire.

Il avait emprunté au maître un ongle long de mandarin au petit doigt. C'était sa marque sainte-beuvienne.

Il est mort à Paris le 31 juillet 1884, à l'âge de cinquante-sept ans.

J'attribue à la maladie les déviations d'esprit et de cœur dont il fit preuve dans ses dernières années.

On le voyait aller le visage ratatiné, sous un chapeau melon, posé de travers et qu'il avait forcé à prendre un faux pli sur sa tête. On ne le lui aurait pas fait mettre droit.

1. *Causeries du Lundi*, t. XIII, article sur le *Journal de Le Dieu*.

Il tournait de plus en plus au *Thomas Vireloque*, de Gavarni.

Les fenêtres du paysagiste Eugène Baudouin donnent sur de grands arbres, dont je vantais un jour la beauté devant l'auteur de *Sainte-Beuve et ses inconnues*.

— Bah! fit-il avec un geste haïssable de suffisance et de dédain, quelques brins d'herbe...

L'oblitération des sens peut expliquer celle de l'esprit.

Il avait une tendance à tout rapetisser.

Ainsi a-t-il fait pour Sainte-Beuve.

XVI

MANIÈRE DE TRAVAILLER DE SAINTE-BEUVE

Je débutai donc, comme secrétaire de Sainte-Beuve, par le second article sur Veuillot (celui qui porte, dans les *Nouveaux Lundis*, la date du lundi 7 octobre 1861). Ma première séance — celle du 30 septembre au matin — consista en une simple répétition. J'assistai au dernier travail de mon prédécesseur. Comme il avait écrit — sous la dictée — le premier article, Sainte-Beuve lut tout haut le second, *bâti* par lui (comme il disait) dans la journée du vendredi, et qu'il allait passer le mardi, le mercredi et le jeudi à me dicter. Sainte-Beuve s'imprégnait ainsi de son propre travail, et consultait son secrétaire. Il fit lire à Pons, tout haut, des vers dans *Çà et là*, afin de présenter Veuillot comme poète. Ils choisirent ensemble l'*Éloge de la prose*, fait en très beaux vers. Pons s'est mis à les copier. Je parcourais, dans *le Constitutionnel*, l'article du maître paru le matin. — « J'ai lu *L'honnête femme*, dis-je... »

— La première partie est bien, répondit Sainte-Beuve.

— Je ne me la rappelle pas.

— N'est-ce pas? redit-il avec insistance; la première partie est bien?

— Je ne me souviens que d'une préface terrible, répondis-je ; il y a longtemps que j'ai lu ce livre...

— En un ou deux volumes?

— En un.

— Mais vous n'avez lu que l'édition expurgée...

Et il alla chercher le premier volume de l'édition qui en a deux.

Il a développé cette idée dans son premier article, où il trouve la première partie (les types de *Chignac*) pris au *daguerréotype* ou *photographiés*, « avec un relief puissant ». La seconde partie est jugée invraisemblable et faite pour servir un système... politico-religieux (l'essence du cléricalisme).

Un chef-d'œuvre de cet article, emprunté à Veuillot, est le portrait du journaliste de province, dans lequel il est impossible de méconnaître l'auteur lui-même, qui s'est peint dans ce « petit journaliste ministériel, si insolent, si spirituel, si acharné à ses victimes... » Sainte-Beuve me le fit relire tout haut (pour m'essayer, me dit-il), — et je le reproduis ici, avec un vrai dilettantisme :

« Quel plaisir de dauber sur ce troupeau de farceurs illustres et vénérés! Croirait-on, à les voir couverts de cheveux blancs, de croix d'honneur, de lunettes d'or, de toges et d'habits brodés, fiers, bien nourris, maîtres de cette société qu'ils administrent, qu'ils jugent et qu'ils grugent..., croirait-on que leurs calculs sont dérangés, que leur sommeil est troublé par le bruit du fouet dont ils ont eux-mêmes armé un pauvre petit diable sans nom, sans fortune et sans talent...? Grosses outres gonflées de fourberies et d'usure, je saurai tirer de vous quelque chose qui pourra suppléer au remords! Croyez qu'il n'y a point de Dieu, mais il y a un journaliste, un gamin... car enfin je ne suis qu'un gamin...

» Au fait, je ne sais pas jusqu'à quel point je vaux mieux qu'eux... Je fais un métier de bourreau, et je ne suis pas absolument sûr de le faire par conscience... Ils ont leurs passions, j'ai les miennes ; ils cherchent leurs plaisirs, et moi, en les tourmentant, je cherche le mien... »

— Voilà des aveux, ajoute Sainte-Beuve. Et dépourvus d'artifice!...

Il montre à Pons une lettre de M. Buloz; et, en même temps, il donne une lettre à porter rue Saint-Benoît.

— Il est donc devenu tout à fait savoisien? dit Pons en rendant la lettre.

— Oui, mais il retardera son voyage d'un jour... Je lui écris de venir déjeuner demain...

C'est la seule fois, en huit ans, que j'ai vu Sainte-Beuve couper sa journée de travail par un déjeuner... C'est pour cela qu'il s'était hâté de *bâtir* son article et de le *coudre*...

Il le passe maintenant à Pons, en lui disant :

— Lisez-moi cela en ennemi.

Pons prend le manuscrit, tout couvert d'épingles et de rallonges, et se met en devoir de l'échenniller. Il fait son métier en conscience : à tout instant, il trouve quelque chose à changer.

Ils se chicanent un instant pour savoir si Sainte-Beuve mettra, dans son prochain article, parlant de Veuillot : « toute laideur *morale* disparaît. »

— Pourquoi *morale* ? demande Pons.

— Vous savez bien qu'il est marqué de la petite vérole, répond Sainte-Beuve.

— Oui, mais vous ne l'avez pas encore dit, et, par conséquent, *morale* me paraît inutile. »

Sainte-Beuve se rend à l'objection, et enlève *morale*.

« — Voyons, relisez, dit-il.

— « La menace s'ennoblit, la laideur s'efface... »

Sainte-Beuve me regarde d'un air consultatif :

« — C'est plus général, » dis-je.

Ceci prouve que Sainte-Beuve a le plus grand soin du style, il y attache une importance particulière. Il pèse le mot. Il s'applique volontiers celui-ci qui n'est pas de lui, mais qu'il répète fréquemment : « Toujours le style me démange. » Ses secrétaires, même M. Pons, prennent cette maladie auprès de lui. Elle m'a quitté, faute d'aliment, mais, de son temps, quand il m'arrivait d'écrire, je me réveillais souvent avec un tour de phrase, cherché la veille au soir en m'endormant, et qui m'était resté à la bouche.

La politesse du style, c'est-à-dire son exactitude, sa délicatesse, sa propriété, préoccupe beaucoup Sainte-Beuve. C'est pour cela qu'il se fait souvent relire ses articles à haute voix. « On est plus frappé, disait-il, des répétitions et des mauvaises consonnances. A la simple lecture par les yeux, on n'entend rien, on ne suit que le sens... »

Aussi ses articles du *Constitutionnel* sont-ils passés au crible [1].

La méthode de Sainte-Beuve n'a pas trouvé, après lui, d'imitateur. Elle a même failli succomber, avec le retour du régime de la parole. Il avait réagi contre toute fausse rhétorique. Sa phrase évite la déclamation. Elle donne peu à la surface, elle est plutôt faite pour

---

1. Voir l'appendice à la fin du volume.

creuser et approfondir. Elle est tout le contraire de celle de Cousin, dont le respectable et savant disciple M. Paul Janet, a dit : « Il savait la lancer, la prolonger, la suspendre, la reprendre et la faire tomber à temps d'une chute solennelle et harmonieuse[1]. » Sainte-Beuve ne jouait pas de l'orgue à ce point. Il n'était pas si virtuose; et je n'en fais pas à son talent une vertu. Je constate ce qui est. Son invention et son originalité ont justement consisté à faire servir la phrase de costume au fait, à l'idée, à la pensée, en lui donnant des plis conformes, et en en élaguant tout ce qui pouvait l'arrondir ou l'enfler. — Mais c'est qu'il n'était qu'un écrivain.

Il a créé ainsi une critique nouvelle et *naturelle*, tranchant sur celle de ses plus brillants devanciers, Villemain et Cousin. Ils eurent sur lui cette supériorité, — qui cesse d'en être une, la plume à la main, dans le recueillement du cabinet, — c'est qu'ils *pensaient* en orateurs. Sainte-Beuve n'avait pas ce genre de génie. L'habitude de l'analyse l'éloignait de la parole autre qu'*écrite*, comme l'observation trop détaillée tient le romancier loin du théâtre.

Il suffit trop de l'*à peu près* à l'*ore rotundo* de l'orateur.

Or, Sainte-Beuve s'est défini lui-même, quand il a dit : « J'ai eu l'honneur d'être autrefois un élève de cette Faculté de médecine... C'est à elle que je dois l'esprit de philosophie, l'amour de l'exactitude et de la réalité physiologique, le peu de bonne méthode qui a pu passer dans mes écrits, même littéraires[2]... »

---

1. Article sur Victor Cousin, *Revue des Deux Mondes*, 1er février 1867.
2. Discours au Sénat sur la liberté de l'enseignement supérieur (19 mai 1868).

XVII

LE SOIR

Vers onze heures, il me congédie : « Je ne veux pas vous retenir davantage; revenez ce soir. » J'étais initié.

A sept heures, je le trouvai encore à table, ayant en face de lui une belle personne brune, en robe blanche, avec une croix attachée au cou par une chaîne d'or. Madame Dufour, qui cumulait les fonctions de correctrice et de femme de charge, — dissimulant une fluxion subite à la joue sous un foulard, — dînait entre les deux, autant que son mal de dents le lui permettait.

Il y avait place pour quatre personnes à la petite table ronde, au milieu de la salle à manger carrelée d'un quadrillage noir et blanc.

Sainte-Beuve se lève pour me toucher la main :

— Vous nous trouvez encore à table, me dit-il ; je vous avais prévenu...

Puis il ajoute, le sourire aux lèvres :

— Voyez que de femmes chez moi pour un célibataire ! N'ai-je pas l'air d'un père de famille ?

J'en comptai trois : deux pour le servir, une pour reposer ses yeux.

Je remplis le vide à table en face de madame Dufour.

Il m'offre un petit verre de *mélange About* (rhum et curaçao mêlés) qu'il arrange lui-même.

Nous causons.

Je raconte l'histoire toute récente de ce train de chemin de fer coupé en deux, sur la ligne du Nord, par le conducteur d'un autre train qui a voulu sauver le sien. Il fallait que l'un des deux pérît ou qu'ils périssent à la fois. Cet acte d'audace avait préservé un grand nombre de voyageurs, mais tant de sang-froid et de logique paraissait criminel à première vue.

Puis je parlai de la noce de V..., à laquelle avaient assisté, comme témoins ou comme amis, MM. Jules Janin, Belmontet, Champfleury, Arsène Houssaye et Charles Coligny.

— Ce Coligny, dit Sainte Beuve, c'est lui qui a dit à Lamartine chez lui : « Vous êtes une canaille », parce que Lamartine avait commis une erreur de compte... Connaissez-vous madame Blanchecotte ? c'est une femme de 48 : la religion de Lamartine lui vient de là ; elle est pleine d'admiration pour lui. C'est une honnête et vaillante femme : elle a beaucoup de courage. Elle se mit en quête de souscriptions pour le *Cours familier* de Lamartine... elle lui en apporta le montant : comme Lamartine ne sait pas compter, il trouva qu'il lui manquait de l'argent... Elle en éprouva un tel saisissement, qu'au lieu de se défendre et de lui prouver qu'il se trompait, elle y mit de sa bourse... Coligny, témoin, insulta Lamartine...

« — Cela dut lui paraître original, glissai-je.

— Il en a bien entendu d'autres!... Le propre mari de madame X..., qui est un personnage assez vulgaire, lui a répondu une fois par le mot de Cambronne...

— L'envers de Jocelyn, » dis-je.

Les dames souriaient.

J'ai su depuis que c'était de mon accent méridional.

Le dîner achevé, nous montons.

Deux bougies allumées et le verre d'eau sucrée m'indiquent la place où je dois m'asseoir pour lire, aussi près que possible d'un fauteuil où le maître s'étend, les jambes sur une chaise, la tête enveloppée d'un foulard rouge.

Il a l'air, ainsi, d'une vieille femme.

Lui-même dit qu'avec ce foulard et sa robe de chambre, il ressemble à sa mère.

C'est le propre de tous les hommes distingués.

Il me donne d'abord quelques strophes en prose de Veuillot à lire.

« — Mais c'est toujours la même chose, dit-il... il est trop catholique... cela nuit à l'artiste... Passons tout de suite à Guizot. »

J'entame le premier volume des *Mémoires*, qui viennent immédiatement après Veuillot dans les *Nouveaux Lundis*.

« — Vous lisez très bien, me dit-il; mais vous accentuez trop... Il ne faut pas perdre tout à fait cet accent, parce qu'il n'est pas désagréable. Ici, nous effaçons trop, nous mangeons les lettres... »

Il me reprend au cours de ma lecture. « Ne dites pas société en appuyant sur *été*; prononcez société, tout court. » A propos de M. Pasquier, dont je fis sonner toutes les lettres (me souvenant d'un orfèvre de mon pays, qui portait le même nom) : « C'est un vieux bonhomme, raconte Sainte-Beuve; j'ai dîné avec lui samedi soir... Nous prononçons *Paquet*; mais votre prononciation s'adoucira. Ce M. Pasquier est l'ancien ministre de la Restauration... »

Rabelais même ne perd pas ses droits avec Sainte-Beuve.

« — Quand on le fit chancelier, ajoute-t-il (parlant toujours du duc Pasquier), pour démontrer l'inamovibilité de ce titre, il disait (je vous demande pardon) : « Mon dernier p.. sera un p.. de chancelier.

» Et, pour nous le prouver, aujourd'hui encore qu'il est très vieux (il a quatre-vingt-quatorze ans), il s'oublie en société; mais, comme il est sourd, il ne s'en aperçoit pas [1]... »

Au nom de M. d'Houdetot : « Prononcez d'*Houdtot*, comme s'il n'y avait pas d'e muet... Le dernier de cette famille s'est fait teneur de livres, parce qu'il n'avait rien de mieux à faire, dans une maison de placement de la rue Montmartre, avec laquelle je suis en relation. Un jour, on m'y dit : « M. d'*Houtot* vous connaît bien. — D'Houtot? » demandai-je. — On me le présenta. C'était M. d'Houdetot... mais, vous le voyez, il faut prononcer d'*Houdtot*... Là, on l'appelle d'*Houtot*... C'est pour vous montrer comme on mange les lettres... Nous disons *m'sieu*; — par la même raison, on aurait pu prononcer : *seigneu*, et non pas seigneur... »

Un matin, il m'écrivit le mot : *empreur*, sans e muet : « Prononcez ainsi, » me dit-il.

Une autre fois, il griffonna ces deux mots : *pronte fin*; « Prononcez-le comme je l'écris, sans appuyer sur le mot *fin*. »

---

[1]. Sainte-Beuve a rendu tout hommage au chancelier Pasquier dans les *Nouveaux Lundis*, t. IV (*Histoire de la Restauration*, par M. de Viel-Castel), et t. X, dans l'article nécrologique sur la comtesse de Boigne.

Je continuais ma lecture des *Mémoires* de Guizot à travers ses interruptions fréquentes.

« — Avez-vous quelques théories politiques? » me demanda-t-il.

J'éludai la question.

Ce n'est que quelques jours après que je m'ouvris à lui de mon *passé politique* : je lui en fis purement et simplement la confidence. Entré dans sa confiance par la recommandation qu'il venait de me faire au sujet de son enterrement civil, je m'y crus autorisé : j'ai déjà dit comment il l'accueillit, dans le chapitre intitulé : *Sainte-Beuve moraliste*; je n'y reviendrai pas.

Absorbé par le sujet, d'ailleurs, il ne m'écoutait guère et se répondait à lui-même. Il posait des jalons pour son prochain article. J'appris, en une soirée, à connaître Guizot par les anecdotes et les mots typiques que lui rappelait ma lecture.

Mais j'aurais été bien embarrassé, au sortir de cette séance, pour noter tout ce qu'il m'avait dit.

Je ne laissais pas non plus que d'être troublé par ma lecture, à laquelle je m'appliquais de mon mieux, ce qui lui fit répondre quelques jours après à Pons qui lui demandait si je lisais bien :

« — Monsieur marque trop, en lisant; je le compare à des caractères neufs d'imprimerie, qui commencent par déchirer le papier; mais peu à peu ils s'assouplissent et finissent par marquer suffisamment... Vous y arriverez, » me dit-il.

De temps en temps, il se lève pour noter au crayon certains passages du volume — ou bien il me dit d'y faire un trait fin, en marge.

Tous ses livres se sont trouvés ainsi crayonnés ou annotés de sa main. — Pour ce dernier soin, il ne s'en remettait qu'à lui-même, craignant toujours qu'on ne *marquât* trop.

Au passage où Guizot rappelle qu'il prit la défense des *Martyrs* sous le premier empire — un régime qu'il n'aimait pas — et cite une lettre de Chateaubriand lui écrivant que, parmi ses insulteurs, se trouvent des gens de police. — « C'est exagéré, interrompt Sainte-Beuve. Hoffmann et bien d'autres, qui n'étaient pas ce qu'il dit, ont beaucoup critiqué *les Martyrs*. Cet ouvrage n'a pas eu le succès du *Génie du christianisme*. Quand Chateaubriand écrivait cela, il était aigri. »

A propos de Royer-Collard : « J'allai chez lui bien jeune, me dit-il, au moment où David (d'Angers) faisait son médaillon. Et, comme les jeunes gens ne doutent de rien, je lui posais des questions. « Pensez-vous, « monsieur?... croyez-vous, monsieur?... » Cela lui donnait de la distraction, et David travaillait dans son coin. »

Les mots *spiritualiste*, *matérialiste*, reviennent souvent dans Guizot. A cette remarque de Sainte-Beuve, je réponds :

« Il serait bien temps que ces mots-là disparussent.

— Oui, dit Sainte-Beuve, c'est Cousin qui les a mis en circulation. Les idéologues, que Guizot traite de *matérialistes*, ne connaissaient pas ces mots dans ce sens. Le *sensualisme cynique* de Destutt de Tracy est une invention de Guizot. Tracy était aussi sobre que lui. »

Et Sainte-Beuve développe ici une idée qu'il a reprise dans ses *Notes et Pensées* (tom. XI des *Causeries du Lundi*, CXVI,) quand il a dit :

» Une petite iniquité philosophique s'est introduite et s'est consacrée depuis 1817 et dans les années suivantes. M. Cousin, pour désigner l'École adverse du dix-huitième siècle, qui rattachait les idées aux sensations, l'a dénommée l'École *sensualiste*. Pour être exact, il eût fallu dire *sensationniste*. Le mot de *sensualiste* appelle naturellement l'idée d'un matérialisme pratique qui sacrifie aux jouissances des sens ; et si cela avait pu être vrai de quelques philosophes du dix-huitième siècle, de La Mettrie ou d'Helvétius par exemple, rien ne s'appliquait moins à Condillac et à tous les honorables disciples sortis de son École, les idéologues d'Auteuil et leurs adhérents, les Thurot, les Daunou, la sobriété même. Mais il est toujours bon de flétrir en passant son adversaire ; il lui en reste quelque chose... »

A cette prétention de Guizot que Napoléon fût *spiritualiste*. « Ce sont des phrases, reprend Sainte-Beuve. Napoléon savait bien à quoi s'en tenir sur ces idées... »

Je hasardai alors une pensée, à peu près analogue à celle-ci :

« — M. Guizot juge les idées d'un temps avec les idées du *sien* (puisqu'il dit : *mon* temps).

— C'est cela même, répondit Sainte-Beuve ; on était plus émancipé que cela à la fin du dix-huitième siècle...

» Tant il est vrai que, depuis, nous avons beaucoup marché : reste à savoir dans quel sens ! » a-t-il dit, en 1868, au Sénat, dans son discours sur la liberté de l'enseignement.

« — Je ne dirai jamais, continue-t-il, dans une assemblée (il n'y était pas encore), qu'il ne faut croire à rien, parce que c'est un besoin...

— La mythologie est dans la nature, dis-je.

— Oui, mais elle se modifie. On nous traite de matérialistes, de réalistes, de socialistes... M. Guizot ne fera pas que l'esprit aille sans la chair. J'ai lu par curiosité ma biographie dans Vaperean. C'est absurde. On a l'air de m'y faire un procès de tendance à cause de mes deux articles sur *Madame Bovary* et *Fanny*. On les signale comme si je n'avais écrit que ces deux articles : ce sont deux quantités infinitésimales dans mes livres... mais on bâtit des systèmes sur ces romans, comme si un roman voulait prouver davantage qu'un tableau... c'est un tableau de mœurs ou de genre... ce n'est ni un évangile ni un code... J'en ai écrit du bien, comme un critique avait le droit de le faire... Partout où nous trouvons du nouveau, notre devoir est de l'indiquer... »

Et ici Sainte-Beuve, me sachant d'avance initié et converti par l'habitude que j'avais d'entendre journellement et pied à pied défendre cette cause de la liberté du roman, me refit tout un exposé de principes, comme il en avait émis dans sa courageuse lettre sur la *morale et l'art* (*Causeries du lundi*, t. XV.)

Chez lui, ces principes étaient immuables depuis *Volupté*, qui lui valut un mot célèbre de la part de M. Guizot lui-même : « C'est l'œuvre d'un *Werther carabin et jacobin*. »

Sainte-Beuve en tenait pour ses quatres *bibles*, qu'à des degrés divers il reliait entre elles par un ordre d'études relevant de l'observation pathologique et physiologique : *Volupté, Mademoiselle de Maupin, Madame Bovary, Fanny.*

On ne saurait contester à aucune d'elles l'imprévu et l'originalité.

Il a fait des réserves sur chacune, même sur *Volupté*,

par la publication d'appendices, où l'éloge et la critique sont soudés ensemble.

« — J'ai trouvé une idée originale dans *Fanny*, me dit-il; l'amant jaloux du mari : c'est ce qui m'a fait écrire l'article.

» Quant à *Madame Bovary*, c'est un roman de mœurs observé en pleine Normandie, et qui ne vise pas le monde entier. L'auteur a voulu raconter, non *prouver*... c'est une œuvre de moraliste, découpée dans la nature vivante, mais de laquelle il n'y a pas non plus à conclure en faveur de tel ou tel système... elle n'a rien à démêler avec la critique étroite et superficielle des doctrinaires d'aucun bord. »

En un mot, me permettrai-je d'ajouter à mon tour, pour faire mieux comprendre la pensée de Sainte-Beuve, comme Claude Bernard, quand le romancier entre dans son cabinet de travail, il laisse le spiritualisme et le matérialisme à la porte.

Sainte-Beuve portait dans ces questions une grande netteté et beaucoup de bon sens. Il était de l'avis du philosophe pratique, que le mouvement se prouve en marchant, et il écrivait, le 28 février 1860, à M. Champfleury, qui lui demandait son avis sur un *Bulletin du romancier* à faire paraître, cette lettre, dans laquelle il ne pose aucune borne à l'art :

« ... Le roman est un vaste champ d'essai qui s'ouvre à toutes les formes de génie, à toutes les manières. C'est l'épopée future, la seule probablement que les mœurs modernes comporteront désormais.

» Ne le resserrons pas; n'en faisons pas trop la théorie; ne l'organisons pas. Que chaque romancier expose à l'occasion ses idées, à la bonne heure ! Mais que les expositions et les apologies ne nous coûtent pas un seul bon roman que l'auteur pourrait composer pendant ce temps-là. La meilleure explication à donner pour l'artiste, c'est de produire toujours, d'aller en avant et de marcher... [1] »

Sainte-Beuve, en parfait moraliste, qui trouvait trop de logique absolue aux doctrinaires, parce qu'il ne la reconnaissait pas conforme aux pentes naturelles, que les hommes adoptent de préférence selon leur nature ou selon leur milieu, put en faire l'expérience, toujours à propos du roman, sur un esprit éminemment distingué et qui chassait de race. M. Guillaume Guizot vint le voir le lendemain de la publication du premier article sur les *Mémoires* de son père. La conversation s'engagea sur le roman, alors à l'ordre du jour. On parla de M. Champfleury. M. Guizot fils trouva que l'auteur des *Bourgeois de Molinchart* peignait trop les bourgeois en relief, et mettait trop d'ombre à côté. Il n'était pas d'avis que la bourgeoisie méritât un grand tableau. Dans la bouche d'un Guizot, la remarque a du prix. Sainte-Beuve avait répondu quelques jours auparavant à propos de *M. Oscar Plumeret*, dans son second article sur Veuillot, et j'y renvoie[2].

Sainte-Beuve s'endort peu à peu, comme je lui fais la lecture. Il a l'air, en ce moment, d'un chanoine faisant la sieste, dans sa robe de chambre brune, la fine calotte sur la tête, les joues pendantes, le nez gros. Quelqu'un entre : cela le réveille. Je lis toujours ; j'en suis au passage où Guizot raconte l'impression qu'il produisit sur madame de Staël, à Ouchy, en lui répétant à dîner la phrase de Chateaubriand, qui fit supprimer le *Mercure*, parce qu'il y était dit que « les Néron voient

---

1. *Correspondance de Sainte-Beuve*, t. I, p. 249.
2. *Nouveaux Lundis*, t. I, article du lundi 7 octobre 1861.

naître des Tacite sous leur règne. » Madame de Staël fut tellement frappée de son accent et de son émotion qu'elle lui dit brusquement :

« — Je suis sûre que vous joueriez très-bien la tragédie; restez avec nous et prenez un rôle dans *Andromaque*. »

Sainte-Beuve me dit de son fauteuil :

« Marquez ce passage sur le volume, finement, en marge ; et prenez une feuille de papier, écrivez dessus : *Madame de Staël*, page tant.. »

C'étaient ses points de repère.

Puis, au bout d'un instant :

« — Je suis fatigué, j'ai beaucoup marché, arrêtons-nous là... »

Il se lève, allume un bougeoir et vient m'éclairer, le long du couloir, jusqu'à la rampe de l'escalier.

XVIII

CONVERSATION AVEC M. BULOZ

Le lendemain, de bonne heure, avant de me rendre rue du Mont-Parnasse, je courus chez M. Champfleury, à Montmartre. « Faites part à Sainte-Beuve, me dit-il, d'un livre qui ne pénètre pas en France, sur les littératures étrangères, par M. William Reymond : il y est dit beaucoup de bien de lui. » — Quand j'en parlai à Sainte-Beuve : « Est-ce que vous connaissez l'auteur ? me demanda-t-il. — Je l'ai rencontré à *l'Illustration*. — Il doit dire de moi du bien et du mal.

On peut lire, dans le tome IV des *Nouveaux Lundis*, une lettre adressée, en 1863, à cet écrivain, ancien bibliothécaire de l'académie de Lausanne, et qui jugeait, de Berlin, notre littérature. Sainte-Beuve y revendique l'originalité de notre génie national : il défend surtout les grands et les aînés de nos romantiques contre toute contrefaçon d'au delà du Rhin ou des Pyrénées : « Victor Hugo, y est-il dit, par moments si Espagnol de génie, lisait beaucoup moins d'auteurs espagnols qu'on ne le croirait... Il avait surtout dans l'imagination ses graves et hauts souvenirs d'enfance qui lui ont imprimé, comme on l'a dit heureusement, un premier pli si grandiose, et qui ont fait de lui « un

grand d'Espagne de première classe en poésie[1]. »...
Il dédaigna toujours l'imitation. Il était trop plein de
soi et de ses sujets pour l'admettre. »

N'a-t-on pas eu à venger le roman si *français* de *Gil
Blas* de ces accusations de plagiat, qui ne reposent
que sur des apparences?

Les guerres de la Révolution et de l'Empire avaient
soulevé tant de pollen d'un bout de l'Europe à l'autre,
qu'il n'est pas étonnant que la génération littéraire et
poétique de la Restauration en eût respiré en naissant,
et portât à son insu des germes exotiques, qui trouvaient leur fécondation sur le sol français. La France
elle-même n'a-t-elle pas, de tout temps, répandu assez
de lumière et de chaleur sur le monde, comme un
volcan qui se consume?... faut-il lui contester son
propre génie pour quelques paillettes et parcelles de
métal étranger roulées dans sa lave

Sainte-Beuve persiste à rattacher, en droite ligne,
« ces talents éclos et inspirés d'eux-mêmes au mouvement français inauguré par Chateaubriand... Aucun
des grands poètes romantiques français ne savait
l'allemand, » dit-il; — et l'argument clôt la discussion.

Une de ses premières recommandations fut de le
tenir au courant des journaux, de les lire pour lui et
de lui signaler tout ce qui pourrait l'intéresser. Dès le
premier jour, il me met en garde contre les inexactitudes des autres et celles... qu'il pourrait commettre.
Il revient sans cesse sur ses pas comme un homme
qui craint de s'égarer. Que de fois, en huit ans, n'ai-je
pas été, en toute hâte, à la Bibliothèque de la rue Richelieu vérifier un mot, une date, un fait? Chacune de

---

[1]. Expression de Paul de Saint-Victor.

ses hautes vues est basée sur un scrupule de conscience et de probité littéraire.

Tout parti pris d'aigreur et d'injustice lui est inconnu. Il reste impartial même envers ceux dont il a le plus à se plaindre. Il semble qu'il n'ait pas de vengeance à exercer. Les rancunes de Sainte-Beuve, quoi qu'on en ait dit, ne le dominaient pas. Il ne pensait avant tout qu'à l'intégrité de sa plume; et il ne se donnait pas facilement l'absolution.

Dans l'article sur J.-B. Rousseau des *Portraits littéraires* qu'on réimprime, il est arrêté par trois mots : « l'Ode *sur* Namur. » — « Il y avait primitivement, me dit-il, l'Ode *de* Namur; j'ai mis depuis l'Ode *sur*, au lieu de *de*, — c'est un imperceptible *repeint*, — mais c'est *sur la prise de* qu'il faudrait... J'étais jeune quand j'écrivais cela (1829) : aujourd'hui, ces petites choses m'inquiètent. » Combien d'autres auraient passé outre!

Il attend Buloz à déjeuner, comme il le disait hier à Pons.

Un déjeuner politique, à ce que j'ai su depuis.

Il y eut là une entrevue qui n'aboutit pas.

« — J'ai été longtemps mal avec lui, me dit Sainte-Beuve... Il ne revient de Savoie que pour sa *Revue*... Nous avons profité d'un numéro de quinzaine... »

L'un des convives (je ne sais plus lequel) exprima par la suite cette idée devant Buloz, que Sainte-Beuve pourrait remplacer M. Mocquard comme secrétaire de Napoléon III.

« — Ils se prendraient aux cheveux », dit Buloz.

Il savait qu'il y avait de l'entêtement d'un côté, et une volonté bien arrêtée de l'autre.

Pendant que Sainte-Beuve, dans l'attente de ses hôtes, surveillant les préparatifs de son déjeuner, entre et sort, ne perdant pas un mot de ma lecture, prenant toujours des notes, me disant de le suivre dans une chambre en haut, pleine de livres, — celle où il se rase tous les matins, sans miroir, — je trouve l'occasion de placer, moi aussi, mon anecdote : je lui raconte une visite que je fis à Buloz, à mon arrivée à Paris, du temps que je vivais avec Soulas.

« — Soulas, de Montpellier? m'interrompt-il ; je lui ai écrit autrefois pour le remercier d'un article...

— Oui, dis-je, je le sais... nous demeurions ensemble aux Batignolles... il envoyait tous les jours une correspondance à un journal de Turin, *l'Indipendente*... En novembre 1858, nous reçûmes la visite de son rédacteur en chef, qui venait tâter le terrain à Paris, aux approches de la guerre...

— Comment s'appelait-il? (Sainte-Beuve voulait tout savoir).

— Pierre Castiglioni. »

Et, comme je voyais que ce nom en évoquait un autre :

« — Un médecin de Turin, m'empressai-je d'ajouter, devenu journaliste... Soulas avait été mis en relation avec lui par le comte de Castiglione, pour qui il faisait des travaux... M. Castiglioni tomba chez nous un jour que le pauvre Soulas craignait de perdre un enfant... Pendant deux jours, je servis de guide à ce Piémontais dans Paris. Il avait une lettre de recommandation pour M. Buloz. Le directeur de la *Revue des Deux Mondes* nous reçut comme de vieilles connaissances... la Savoie ouvrit la porte au Piémont... je n'étais pas en nom... Il nous parla, avec son rude bon sens de Savoyard, comme à des compatriotes, à des *amis* : il

mit brusquement la conversation sur le nom de Lanfrey. Il nous dit qu'il était du même pays que lui, de Chambéry, qu'il avait voulu lui faire une position à Chambéry, lui créer un journal, mais que M. Lanfrey avait refusé. « Il préfère, nous dit-il, être le 363° à
» Paris que le premier à Chambéry. Il est venu faire le
» dix-huitième siècle à Paris, où il était fait depuis long-
» temps, et il refuse de le faire en Savoie, où tout est
» encore à faire. » Il ajouta qu'il enverrait à sa place M. Albert Blanc, éditeur de la Correspondance de Joseph de Maistre, lorsqu'il l'aurait assez rompu au métier d'écrivain à la *Revue*. « Je l'ai fait venir exprès
» pour le dresser. Mais votre ministre (M. de Cavour)
» n'est pas généreux. Je n'ai pu encore obtenir pour
» M. Albert Blanc la croix de Saint-Maurice... »

XIX

MADAME DE SOLMS

Un soir, je fus porteur de mauvaise nouvelle dans la maison de Sainte-Beuve. Les journaux annonçaient la mort de madame de Solms. Les dames pleurèrent. Sainte-Beuve, sceptique, flaira le journal, et se mit à raconter des anecdotes piquantes qui faisaient honneur à l'esprit et à la beauté de la dame. Le démenti ne se fit pas attendre. Madame de Solms, réfugiée à Aix-les-Bains, rentrait forcément en France par l'annexion de la Savoie. On donnait sa nouvelle adresse, rue de Milan. Les cartes affluèrent. Le registre se couvrit de signatures à la porte.

Quelques jours après, Sainte-Beuve, chez qui ma candeur prenait de plus en plus racine, me dit : « J'invite demain à dîner mon ami Chéron, de la Bibliothèque... Vous le connaissez? — De vue, répondis-je... — Je ne vous ai pas encore présenté à lui... voulez-vous nous faire l'honneur de dîner avec nous demain? »

Intimidé, mais réjoui, je répondis, en rougissant, que l'honneur était pour moi.

Le soir même, Sainte-Beuve recevait une lettre de madame de Solms qui s'invitait à dîner pour voir de près, disait-elle, l'*odalisque* dont on lui avait parlé.

Il répondit : « J'avais invité mon ami Chéron et mon secrétaire... je ne déprie personne. Nous vous attendons... »

J'entrai dans les bonnes grâces de Chéron, le lendemain, en allant le prévenir.

« — Je vous remercie, me dit-il ; car, non averti, je ne me serais pas mis en tenue. »

Il arriva, selon les règles, en habit noir.

Madame de Solms portait un magnifique collier d'améthystes.

Elle lorgna tellement celle qu'elle appelait l'*odalisque*, que la pauvre fille, belle elle-même à soutenir le jugement de Pâris, incommodée, troublée, se retira de table.

Madame de Solms, avec son double diadème de cheveux noirs, et ses grands yeux de brune pleins de tendresse et de langueur, restait maîtresse du champ de bataille.

Au champagne, sa main belle et potelée fouilla dans son corsage.

Cette incomparable beauté, qui eût embrasé Troie, était bourrée de petites poésies.

Ses lèvres minces, dardant la malice, distillaient le madrigal, l'épigramme, le sonnet.

Elle avait le rire étrange, la voix câline et un mouvement de tête de côté, fascinateur.

Dans la soirée, la porte s'ouvrit inopinément, et madame Dufour annonça le maréchal Magnan.

Nous vîmes entrer un grand gaillard, à qui Sainte-Beuve nous présenta.

Au nom de Chéron, le maréchal entendit mal.

— Ah! monsieur Gérome, dit-il, j'ai admiré votre *Duel de Pierrot* au Salon; je vous félicite... »

Sainte-Beuve reprit doucement :

« — Chéron, de la Bibliothèque...

— Oui, oui, je sais bien, monsieur Gérome...

Pas moyen de le détromper.

Chéron était énorme; le peintre Gérome, très mince... mais le maréchal Magnan voyait Chéron pour la première fois, et n'avait jamais vu Gérome.

Peu lui importait d'ailleurs.

Il venait chercher madame de Solms pour la conduire chez madame Ancelot.

Quelques jours après, elle vint voir Sainte-Beuve.

Je trouvai au maître, en rentrant, le sourire guilleret.

— Madame de Solms a pensé à vous, me dit-il, et je vous ai engagé... Elle a besoin d'un prête-nom au *Constitutionnel* pour signer un courrier de Paris... Il ne faut pas qu'on sache que c'est elle... J'ai trouvé un pseudonyme, *baron Stock*... vous n'aurez qu'à corriger les épreuves et toucher le montant des articles pour madame de Solms...

Et c'est ainsi que je devins le baron Stock, un courriériste très cancanier, très médisant, très tapageur. Je relançais de çà, delà, de spirituels collaborateurs qui travaillaient à l'œuvre commune[1].

On peut livrer aujourd'hui sans indiscrétion leurs noms à la postérité : c'étaient le comte Alexis de Pomereu, le prince de Polignac, M. Tony Révillon, etc.

Madame de Solms tint à me récompenser, et un jour m'arriva de Turin, à la date du 13 novembre 1862,

---

[1]. Voir, à ce sujet, dans la *Correspondance de Sainte-Beuve*, t. I, p. 297, la lettre qui m'est adressée à la date du 28 juin 1862.

sous la signature du ministre Rattazzi, la notification de ma nomination dans l'ordre des Saints Maurice et Lazare. Une croix envoyée par madame de Solms suivit bientôt la lettre officielle.

Je pris la plume et répondis — sous la dictée de Sainte-Beuve (dont c'est ici un joli début de lettre) :

« Madame, M. Sainte-Beuve prétend qu'il y a dans Homère un vers à peu près comme celui-ci : « Il ne » faut jamais refuser les présents de Vénus. » Comment donc, madame, pourrais-je ne pas répondre avec reconnaissance à une pensée si gracieuse qui amène à sa suite quelque chose de si honorable ? Je n'ai véritablement d'autre titre à une telle distinction, après votre indulgence, que le sentiment profond d'admiration que j'ai pour l'Italie, pour l'ancienne et pour la moderne Italie. A l'époque de la dernière guerre, en 1859, mon zèle juvénile m'avait porté à être à Turin, à Gênes et à Alexandrie, les jours mêmes où la lutte était le plus vivement engagée et où les armes unies de l'Italie et de la France servaient une même cause et une même patrie. J'étais un volontaire écrivain, envoyant de Turin les nouvelles toutes brûlantes à nos amis de Paris... »

Quant au ruban vert, je ne l'ai jamais porté ; je ne m'y croirai autorisé, que le jour où j'aurai fait légaliser ma nomination.

En ces années, je prenais souvent par Meudon pour aller retirer mon brevet à la rue Saint-Dominique ! La gare Mont-Parnasse était si voisine, si tentante !... Depuis, l'âge est passé de *reverdir!*..

XX

ENTRETIENS DE GŒTHE ET D'ECKERMANN

Je n'eus, pourtant, jamais de goût pour la baguenauderie.

Le soir où Sainte-Beuve me montra les deux premiers volumes de l'*Histoire de Louvois*, par M. Camille Rousset, me disant : « Il va falloir les lire; vous en sentez-vous la force? » j'éprouvai une joie secrète, comme le zouave à qui l'on montre la batterie ennemie à enlever.

Je me fortifiai à cette lecture.

Ce livre fut une révélation pour moi. J'y sentais de la vraie histoire, bâtie avec un indestructible ciment.

M. Camille Rousset racontait volontiers son œuvre; sa conversation était comme la préface de ses livres : un commentaire vivant et animé. Il les vivait, les jouait, les mimait. On ne retrouve pas le même feu dans ses écrits; mais, quand on songe à la difficulté d'extraire un monument durable des *six cents* volumes du Dépôt de la guerre, où dormait l'œuvre *originale* de Louvois, on comprend que la solidité de l'édifice ait avant tout préoccupé l'historien.

De tels ouvrages sans prétention ni parti pris, puisés aux sources mêmes de l'histoire, et où la philosophie se déduit naturellement des faits évoqués, des grandes figures remises en lumière, ne sont pas assez populaires. On lit trop peu ces livres plus que jamais pleins d'enseignements utiles et pratiques pour l'heure actuelle. On y apprendrait, avec détail, comment, par l'*intrigue* de Louvois, Strasbourg devint province française; — et l'on y pèserait plus justement ces hommes « détestés et haïs de tout temps, exécrés et *abominés* », par qui les nations sont rendues fortes et puissantes. Ils ne flattent pas la popularité, mais ils font leur *pré carré*, comme dit Vauban; — Louvois a en lui « du Carnot, » dit Sainte-Beuve.

Une autre révélation, qui me rattacha de plus en plus à la littérature et à Sainte-Beuve, en 1862, me vint des *Entretiens de Gœthe et d'Eckermann*.

L'apparition de ce livre fut, pour moi, comme une efflorescence, — une envolée à chaque page dans un ciel clair et lumineux.

La fraîcheur d'impressions subies, pendant que j'en faisais la lecture à haute voix, était celle que Sainte-Beuve a notée lui-même, quand il a comparé les Poésies de Gœthe à une « vaste prairie de fleurs et de verdure où, quelque part que le regard tombe, chaque point vit, reluit ou scintille de sa couleur propre... [1] »

Eckermann aussi, parlant des conversations de Gœthe, s'exprime ainsi : « On croyait alors être au printemps, dans un jardin où tout est en fleur, où tout éblouit et empêche de penser à se cueillir un bouquet... »

Ce livre eut une fortune singulière. Il arriva traduit en un volume de la collection Hetzel. En le recevant,

[1] *Nouveaux Lundis*, t. III, *Entretiens de Gœthe et d'Eckermann*.

Sainte-Beuve dit : « Je ferai un article là-dessus. » Au nom du traducteur M. Charles, professeur au lycée Bonaparte : « Notre meilleur professeur d'allemand ! m'écriai-je ; je le connais beaucoup ; je l'ai eu pour professeur d'histoire en quatrième à Montpellier, car il a tout enseigné, et il a passé par tous les grades ; c'est un des hommes les plus dévoués à l'Université. demandez-le à M. Lenient... Il est de Nîmes et protestant ; tout jeune, il partit pour l'Allemagne afin de mieux acquérir cette langue qui est une science ; il s'y fit maître d'études ; il s'y bourra de pommes de terre... il y vécut de la vie et de la nourriture allemandes... puis il revint dans le Midi, et prit la file, montant de classe en classe au lycée de Montpellier... Une première fois, il fut nommé à Paris ; mais la santé délicate de madame Charles l'obligea à retourner là-bas... ils sont revenus depuis et se sont acclimatés... Pas un ancien élève de M. Charles ne vous en parlera qu'avec reconnaissance... quand il les sent doués, il les pousse, les soutient ; il veut qu'ils arrivent quand même... Il en a fait recevoir ainsi un grand nombre à Saint-Cyr... Par exemple, il les bouscule... il jure et fume comme un Allemand... Un proviseur prude et gourmé lui dit un jour dans la cour du lycée de Montpellier : « Votre » odeur de pipe fait scandale... » — « Monsieur le proviseur, répondit M. Charles en nasillant, vous êtes un bon chrétien ; or, vous savez qu'il est écrit dans l'Évangile : « Malheur à ceux qui scandalisent, mais encore » plus malheur à ceux qui se laissent scandaliser !... » M. Charles ne se gênait pas, aux jours de congé, pour aller pêcher, avec tout un attirail sur le dos et la pipe à la bouche, au bord du Lez... C'est un original, aimé de tous ceux qui ont passé par sa férule... »

Je n'avais pas vu M. Charles depuis des années. La publication de son livre, sans doute, le fit descendre au boulevard. Je l'y rencontrai le soir même, et l'engageai à venir voir Sainte-Beuve.

Malheureusement le préjugé en France est qu'il ne faut nous servir tout ce qui vient de l'étranger qu'à petite dose ; on le passe au tamis. « Ce que nous avons travaillé avec art n'est pour eux (Français), dit Gœthe, qu'une matière brute qu'ils doivent remanier[1]. » L'éditeur Hetzel, imbu de ces idées, avait obligé M. Charles à désosser, pour ainsi dire, sa traduction des *Entretiens* de Gœthe, — à lui enlever la chair, le sang et la vie, — à servir des pensées toutes desséchées, — comme si ces pensées, objet, dans le moment même où elles étaient dites, des préoccupations de Gœthe, ne venaient pas à propos de quelque chose de naturel et de vivant. « Ne déracinez pas les pensées, dit Sainte-Beuve à ce propos, sous prétexte de les montrer plus nettes et plus dégagées : elles y perdent de leur sève et de leur fraîcheur. »

M. Hetzel se repentit, par la suite, de n'avoir pas publié la traduction de M. Charles en entier. « Si j'avais su, dit-il, que Sainte-Beuve fit *trois* articles!... »

C'est le propre de l'éditeur français d'être *timide*.

Pendant que nous nous contentions de l'œuvre mutilée, un envoi, fait à Sainte-Beuve, la lui apporta complète en manuscrit, avec une lettre de M. Émile Délerot, devenu le traducteur définitif des *Entretiens de Gœthe et d'Eckermann.*

Le savant et distingué bibliothécaire de Versailles

---

[1]. Je tiens de M. Charles que la meilleure traduction française de *Faust* est celle qu'en a publiée en vers le prince de Polignac (un vol. in-18, Paris, Librairie Nouvelle, 1859).

n'a pas à le regretter, car il a rendu service aux lettres.

Quelques événements qui se soient passés depuis, et dans sa propre ville, qui constituerait à elle seule une patrie, ils n'effaceront pas cette œuvre de haute culture intellectuelle... Les deux peuples se rejoindront un jour, et les monuments de civilisation survivront à tous les vandalismes.

M. Émile Délerot offrait à Sainte-Beuve son travail, rapporté même de Weimar, résidence de Gœthe, et enfoui depuis trois ans dans ses tiroirs, faute d'avoir pu trouver un éditeur. La publication de M. Hetzel l'en faisait sortir, avec l'agrément en plus d'une traduction qui complétait l'autre. On y entend parler Gœthe, — on l'y voit vivre. Eckermann nous l'y montre jusque « dans sa voiture, en pardessus brun, en casquette bleue, son manteau gris clair étendu sur ses genoux... ses paroles jaillissent spirituelles et se perdent dans l'air, mêlées au roulement de la voiture qu'elles dominent. »

J'en eus la primeur; je la lus avec enthousiasme; je l'annotai de petits coups de crayon à tout ce qui me frappait, sur la recommandation du maître; j'y trouvai un charme, tout le contraire du dogmatisme en quoi que ce soit, — religion, littérature, philosophie, politique...

C'était la vie même.

J'y compris l'importance et la valeur de ces études de cabinet, — épreuves d'eaux-fortes bien avant la lettre.

Gœthe, le plus grand des critiques modernes et de tous les temps (c'est Sainte-Beuve qui l'appelle ainsi), était donné là en déshabillé. L'homme restait grand dans sa simplicité naturelle, et rien de lui n'était perdu, puisque chacun de ses enseignements, même oraux, était expliqué, recueilli, commenté.

C'est par là que de tels ouvrages, qu'une pensée toujours élevée éclaire, sont utiles à notre éducation littéraire et philosophique.

Sainte-Beuve, tout en rendant hommage à M. Charles, se servit presque exclusivement de la traduction inédite qui lui arrivait.

Ses *trois* articles affriandèrent l'éditeur Charpentier père, qui dota la France des *Conversations* de Gœthe, traduites par M. Délerot, en deux volumes.

XXI

A CHATOU

Demeurant au passage du Commerce dans une chambre qu'avait habitée Sainte-Beuve, je m'arrêtais, avant de me coucher, au café Procope. Un lundi soir, dans la salle d'en haut, où j'étais assis seul, n'y connaissant personne, j'entendis une voix gasconne dire : « Voyons qu'est-ce que dit *l'oncle Beuve*, aujourd'hui, dans *le Constitutionnel...* » C'était parler comme au bon temps du romantisme, où l'on disait : *le père Hugo* et *l'oncle Beuve*. En même temps, je vis se déployer *le Constitutionnel* comme un drapeau. La main qui l'agitait le rejeta bientôt sur la table ; mais l'homme continua à parler. Sa voix bruyante et son accent du Midi remplissaient la salle, et il ne s'arrêtait pas. Impossible de lire un journal. On était absorbé par cet intarissable *orateur*, — un jeune homme barbu, au nez sémitique... Si celui-là n'est pas un étudiant en droit, pensai-je, qu'est-il ? Je partis, étourdi par tant de paroles, n'ayant pu penser à autre chose qu'à ce que j'entendais forcément. Et c'étaient des visées et des fusées sur tous sujets, qui se croisaient.

Quelques années après (1867), un dimanche d'été, M. Champfleury, avec qui je dînais tous les dimanches, me donnait rendez-vous dans une auberge au bord de la rivière, près de Chatou, où je devais le trouver avec Courbet, le franc-comtois Max Buchon, madame Max Buchon, un sculpteur de Salins, Max Claudet... Il y avait aussi Vermorel. On attendait Castagnary, mais celui-ci ne vint pas.

A chaque instant, Courbet demandait si l'on n'avait pas vu Gambetta.

La réputation de Gambetta commençait à pointer. Une altercation au concert Besselièvre avec le célèbre banquier Mirès, que le jeune et futur tribun avait terrassé, y contribuait en ce moment. L'affaire Baudin n'avait pas éclaté encore.

Courbet ne cessait de demander Gambetta. On finit par lui répondre qu'il était parti en canot.

Alors Courbet nous invita à passer l'eau pour aller visiter l'île voisine. Madame Buchon et moi sautâmes en barque. Courbet saisit l'aviron : la lourde embarcation était difficile à manier. Courbet, luttant contre le courant, était superbe. Sa poitrine se dilatait à chaque effort, et venait rejoindre sa barbe. On eût dit un dieu marin. Sur l'autre rive, il nous fit faire le tour de l'île, plantée de hauts peupliers. L'herbe était haute comme du blé. Courbet devenait mer ou plante en face des grandes manifestations de la nature. Il se fondait dans les éléments. Son enthousiasme, dans ces moments, tenait de l'éloquence : il se communiquait.

Au retour, comme nous repassions la Seine, il poussa tout d'un coup un cri de contentement au milieu de la rivière.

« — Voilà Gambetta! » dit-il.

Et il nous le montra au loin, ramant de notre côté;

mais l'eau, conducteur du son, trahit le cri de Courbet : l'embarcation, qui *nageait* vers nous, s'éloigna ; et nous n'aperçûmes plus qu'une ombrelle et de jolis pieds d'une personne étendue à la poupe. La barque fuyait sous les saules.

Le soir, à dîner, on questionnait Vermorel sur ses doctrines politiques. Il expliquait qu'il appartenait au socialisme de Proudhon, ce qui flattait énormément le compatriotisme de Courbet et de Max Buchon ; mais Courbet ne lâchait pas son idée.

« — Dites à Gambetta de venir, répétait-il à la servante[1] à chaque nouveau service.

— M. Gambetta est là dans le cabinet d'à côté, en société...

— Dites-lui que Courbet le demande...

— Oh ! il vous entend bien, répondait la servante, mais il ne peut pas se présenter ainsi... La brave fille, qui savait son *monde*, faisait allusion tant à notre propre société, où il y avait une dame (madame Buchon), qu'à la personne en compagnie de Gambetta.

— Je viens, Courbet ! cria de l'autre côté de la cloison une voix d'outre-Loire.

Et, au même instant, apparaissait, en complet canotier, celui que je reconnus aussitôt pour mon *avocat* du café Procope.

— N'entrez pas, Gambetta, il y a Mirès, dit M. Champfleury.

— Ça ne fait rien, répondit Gambetta de sa voix grave de Méridional, riant complaisamment en homme d'esprit qui prend bien la plaisanterie.

Courbet endoctrina Vermorel tout le reste de la soi-

---

1. Une jolie servante, très accorte et très délurée, comme on en trouve dans ces auberges des bords de la Seine.

rée. Je les quittai à minuit au sortir de la cour du Louvre, fatigué d'une conversation où il n'était question que de lui Courbet, et de la conversion de Castagnary au réalisme.

Courbet devenait tout à fait charlatan. Il flairait en Vermorel une plume jeune, pouvant lui être profitable, et il la tirait à lui.

Un soir, dans le quartier Latin, je le rencontrai avec Francis Enne.

« — Vous ne venez pas voir la lune avec nous, Troubat ?... vous vous *abrutissez* avec Sainte-Beuve...

— Je vais me coucher, répondis-je.

— Vous n'êtes pas un homme libre. »

Il l'était moins que moi peut-être, car il abondait en lui-même, et ses propres instincts commençaient à l'entraîner à la dérive, — à la déclive.

XXII

SAINTE-BEUVE ET SON CURÉ

Il est impossible de recueillir toutes les lettres écrites ou dictées par Sainte-Beuve, parce que, à l'exemple d'Horace Vernet, qui, un jour, acheva, en quelques coups de pinceau, une enseigne de charcutier pour un *confrère*, peintre d'attributs, rue Dauphine, Sainte-Beuve se faisait volontiers le secrétaire d'autrui, et n'écrivait pas toujours pour son propre compte. Il m'en a dictés ainsi de plus d'une sorte [1].

[1]. Il me dicta celle-ci, entre autres, en 1865, pour un pasteur protestant, M. le pasteur Hugues, auteur de l'*Histoire de l'Église réformée d'Anduze*, avec qui je correspondais : « M. Sainte-Beuve a été très sensible à ce que vous avez dit à son adresse dans votre lettre. La vérité est qu'il n'est ni un grand catholique ni un grand protestant, ce qui ne veut pas dire qu'il ne prenne un vif intérêt à la question religieuse. Dans sa jeunesse, il a même été vivement saisi du courant religieux qui régnait alors dans l'air. Il a été fort lié avec l'abbé de Lamennais, l'abbé Gerbet et toute cette école au moment où elle passait au libéralisme ; — puis, dans un séjour à Lausanne, où il a fait un cours sur *Port-Royal*, il a été dans des rapports très affectueux avec M. Vinet, M. Manuel et toute cette académie protestante si distinguée. Il est resté fidèle à ces souvenirs et il a toujours parlé du protestantisme en homme dégagé de toute aversion romaine ou française ; car les Français, même philosophes, sont quelquefois bien impertinents à l'égard du protestantisme. — La phrase que vous me citez est bien de M. Sainte-Beuve (dans cette phrase,

Quant à celles qu'il signait, on n'a pas gardé copie de toutes, et toutes non plus n'ont pas été communiquées.

Il se tira, avec esprit et politesse, d'une jolie épreuve, en 1865.

Je ne puis y songer sans me rappeler le tableau, si plein d'observation malicieuse, d'Heilbuth, au Salon de 1863, *Deux cardinaux se saluant*. Sainte-Beuve regarda longtemps ce tableau de genre et de mœurs, et le montra à Préault, qui passait par là. Le peintre de portraits littéraires, qu'était Sainte-Beuve, semblait retrouver, dans la fine expression de ces deux physionomies ironiquement polies, un talent congénère. Voici comment il fit sa révérence à son curé.

Il venait d'être nommé sénateur.

Le curé de la paroisse Notre-Dame des Champs, M. Du Chesne, lui envoya à cette occasion, selon sa coutume à l'égard des considérables paroissiens, un brochet de ses étangs de Sologne.

Sainte-Beuve, qui ne fréquentait pas la paroisse, me dicta une lettre, dont nous ne songeâmes pas à garder copie, mais dont j'ai retenu la fin : — après la comparaison obligatoire tirée de l'Évangile, et relative à la multiplication des poissons (celui-ci était énorme):

« Quel dommage, monsieur le curé, écrivait Sainte-Beuve, que nous ne soyons plus au temps où l'on pou-

---

il était dit que Sainte-Beuve avait « côtoyé la religion protestante, attiré par M. Vinet »); mais détachée sans doute en mauvaise fin dans quelque journal, elle rendrait mal sa pensée. En général, c'est chez lui qu'il faut lire M. Sainte-Beuve, parce que son style comme sa pensée sont pleins de nuances. On a voulu souvent faire de lui ce qu'il n'était pas ; ce n'est qu'un philosophe intelligent, ondoyant et bienveillant à la façon de Montaigne. »

vait faire impunément sa partie de whist avec son curé sans que cela tirât à conséquence! Aujourd'hui, les chemins de fer et les télégraphes électriques ont rapproché les distances. Rome est trop près de Paris. Dès qu'on a le curé en face de soi à sa table, il semble que le pape soit derrière! Excusez-moi donc, monsieur le curé, si je ne puis avoir l'honneur de vous inviter à venir prendre votre part de ce superbe brochet... »

Nous le mangeâmes en compagnie de MM. Nisard et de Sacy.

On emprunta, pour le faire cuire, les fourneaux de Magny, tellement il était gros et long.

Au jour de l'an, Sainte-Beuve envoya les *Causeries du Lundi* à M. le curé Du Chesne.

Il ne se laissait pas facilement mettre le grappin.

Il avait pour voisine une madame de Saint-Aubin. Quand elle mourut, Sainte-Beuve, qui attendait de sa porte la levée du corps, se joignit au cortège. A l'entrée dans l'église[1], le curé lui dit tout bas : « Monsieur Sainte-Beuve, allez à l'autel, il y a un fauteuil pour vous... » Sainte-Beuve, qui ne voulait pas être mis en vedette, répondit : « Si vous ne me laissez pas tranquille, je m'en vais. »

M. Du Chesne, homme d'esprit, n'insista pas.

---

[1]. L'église de la paroisse Notre-Dame-des-Champs, aujourd'hui en pierres de taille, rue du Mont-Parnasse, était alors un chalet provisoire de la rue de Rennes. Ce chalet (disons-le tout de suite à l'honneur du curé Du Chesne) subit le bombardement prussien dans la nuit du 5 janvier 1871. Le curé y prononça le sermon d'un citoyen à l'enterrement des *onze* enfants massacrés, la même nuit, dans le dortoir de l'établissement des frères de Saint-Nicolas, rue de Vaugirard. Jules Favre assistait à cette cérémonie émouvante. La brèche était ouverte dans l'église, et la mort plana nuit et jour sur le quartier jusqu'au 22 janvier.

Pendant la maladie de Sainte-Beuve, il venait s'informer de sa santé. Il restait sur le seuil. « Je ne veux pas entrer, disait-il, je viens seulement prendre de ses nouvelles... »

Tout le monde n'observa pas la même mesure.

Pendant l'hiver de 1867-1868, Sainte-Beuve tomba plus malade. Un de ses compatriotes de Boulogne-sur-Mer, informé par les journaux de cette nouvelle crise, le docteur Foissac, candidat perpétuel à l'Académie, vint le voir. Ils causèrent amicalement de souvenirs d'enfance. J'assistai à la conversation. Le lendemain, dans l'après-midi, par un temps de neige, M. Hamon, curé de Saint-Sulpice, se présenta de la part du docteur Foissac, qui lui avait dit : « Sainte-Beuve recevra votre visite avec plaisir, je l'y ai préparé. » Dans le premier moment, Sainte-Beuve s'indigna ; puis il me dit : « Descendez, dites-lui que je ne puis pas avoir l'honneur de le recevoir ; dites-le-lui poliment ; et ajoutez que je lui suis resté reconnaissant de s'être dérangé une nuit, par un temps pareil, pour une mourante de ma maison, madame de V..., qui le demandait... »

Je descendis ; je me trouvai en présence d'un vieillard, la couronne de cheveux blancs sur la tête. Je m'acquittai doucement de la commission. Il invoqua le nom du docteur Foissac.

« — M. Foissac n'a rien pu dire de semblable... il n'a pas été du tout question de cela, » dis-je.

Le curé me rappela alors que M. Sainte-Beuve était allé le chercher autrefois pour sa *sœur*...

« — Ce n'était pas sa *sœur*, observai-je, et M. Sainte-Beuve ne vous l'a pas laissé croire... Il fit cette démarche auprès de vous, par respect pour la liberté de conscience, parce qu'elle vous réclamait instamment... il m'a chargé de vous en témoigner de nouveau sa reconnaissance pour l'empressement que vous voulûtes bien y mettre...

— Je faisais mon devoir, je ne viens encore aujourd'hui que pour son bien[1], dites-le-lui... »

Le curé se retira, promettant de revenir.

— Ne prenez pas cette peine, répondis-je.

Il ne se le tint pas pour dit, et essaya encore une fois de pénétrer.

Ce fut sa dernière tentative.

---

1. Il n'aurait manqué que cela, qu'il vînt pour autre chose !

XXIII

M. LACAZE

« Il n'existe pas proprement de biographie pour un homme de lettres, dit Sainte-Beuve de lui-même, tant qu'il n'a pas été un homme public : sa biographie n'est guère que la bibliographie complète de ses ouvrages... »

La sienne ne daterait donc que de l'année 1867, où il fit acte d'homme public ; il prit possession du Sénat par un coup de foudre improvisé.

La popularité lui vint dès ce jour, à son insu, sans préméditation de sa part.

Dans la séance du Sénat du 29 mars, Sainte-Beuve, interrompant M. de Ségur d'Aguesseau, qui reprochait à M. Rouland une nomination « scandaleuse », s'était écrié :

« — Si c'est à M. Renan que l'honorable M. de Ségur d'Aguesseau prétend faire allusion, je proteste contre une accusation portée contre un homme de conviction et de talent dont j'ai l'honneur d'être l'ami. »

Là-dessus, *tolle* général.

Le Sénat devint, pendant quelques instants, un concile où l'on entendit MM. de Maupas et le maréchal Canrobert défendre « la religion de nos pères ».

Sainte-Beuve tint tête de sa place à l'orage. Se levant de nouveau :

« — M. de Ségur d'Aguesseau, dit-il, a parlé de deux choses. Il y a un courant d'immoralité et d'obscénité que personne ne défend et qu'on réprouve avec mépris ; mais il y a aussi des opinions philosophiques honorables et respectables que je défends au nom de la liberté de penser et que je ne laisserai jamais attaquer et calomnier sans protestation. »

Sur quoi, M. Lacaze lui cria :

« — Vous n'êtes pas ici pour cela. »

Cette parole offensante fut relevée par Sainte-Beuve dans son discours du 25 juin, *A propos des bibliothèques populaires*, provoqué par une pétition de cent-deux cléricaux de Saint-Étienne, qui dénonçaient « une liste d'auteurs et d'ouvrages fort mélangés, tous également présentés comme répréhensibles. »

S'adressant directement à M. Lacaze :

« ... La question est, dit-il, celle de savoir pourquoi je suis ici.

» — Eh bien, en conscience, je crois, au contraire, comme je l'ai dit en commençant, messieurs, que c'est précisément pour cela que je suis ici. Je me permets même de penser que l'empereur, qui savait mon insuffisance à tant d'égards pour tous les ordres de services et de savoir qui sont si bien représentés dans cette assemblée, n'a pu songer à moi que pour que je vinsse de temps en temps et rarement apporter au milieu de vos délibérations une note sincère, discordante peut-être, mais personnelle et bien vibrante... »

Quelques jours après, le 29 juin, M. Lacaze provoquait Sainte-Beuve en duel, et prenait pour témoins MM. de Heeckeren, sénateur, et de Reinach, député.

Sainte-Beuve rangea les rieurs de son côté en saisissant l'opinion publique d'une affaire qu'on voulait « entraîner sur un autre terrain, où la raison n'est pas libre ».

Il soumit d'abord sa note au meilleur juge, à Émile de Girardin, qui la trouva *parfaite*, et donna l'ordre sur-le-champ au metteur en page de *la Liberté* d'en faire tirer et d'en mettre à ma disposition autant d'épreuves qu'il y avait, à Paris, de journaux.

Le soir même, l'incident était porté à la connaissance du « juge compétent, le public, le grand public, tout le monde, ce quelqu'un qui a plus d'esprit que personne et qui a autant d'honneur que qui que ce soit, — un honneur qui n'est pas le point d'honneur, et où il entre de la raison. »

XXIV

L'ANNÉE 1867

« Comme nous sommes forts ! s'écriait la princesse Mathilde le lendemain de la journée où Berezowsky avait tiré sur le czar. Monsieur Troubat, avez-vous vu hier la revue ?... c'était splendide. »

L'empire s'étourdissait.

Sainte-Beuve s'acharnait au travail avec stoïcisme.

La maladie le minait.

Il avait demandé au docteur Veyne la permission de mettre la dernière main à son œuvre *testamentaire*, *Port-Royal*, avant de se laisser *explorer*.

Cette exploration mal dirigée (au printemps de 1867) occasionna, l'hiver suivant, en décembre, dès les premières neiges, un abcès mortel à la prostate [1].

---

[1]. Le docteur Veyne tenait pour l'exploration, parce qu'il était convaincu (et il ne se trompait pas) que Sainte-Beuve avait la pierre; mais ce n'est pas lui qui fit l'exploration. Sainte-Beuve avait grande confiance dans son coup d'œil comme médecin, mais il se fit explorer par le docteur Ricord, qui déjà lui avait fait une première opération dès les premiers symptômes de la maladie en janvier 1866. Sainte-Beuve composa en une nuit de fièvre, et me dicta au matin les vers suivants, que je retrouve dans mon *herbier* :

> De l'oranger, feuille séchée,
> Digne de l'odorante fleur,
> Depuis des saisons détachée,
> Tu sais adoucir la douleur.

Dans les derniers jours de l'Exposition universelle, pour la première fois avant qu'elle disparût, Sainte-Beuve désira la voir. Rendez-vous fut pris le 23 octobre 1867 avec le célèbre oculiste Liebreich, qui l'attendrait au temple égyptien avec Mariette. En route, dans la voiture, Sainte-Beuve se tint tout le temps de côté : il souffrait à vue d'œil ; la sueur perlait au-dessus de sa lèvre supérieure et sur son front. Nous entrâmes par la porte avoisinant celle de l'École militaire, afin de descendre plus tôt : il ne pouvait plus supporter le véhicule. Nous nous rendîmes directement à l'Histoire du travail. Il y remarqua des pierres sur lesquelles étaient dessinés et gravés de grands animaux disparus, indice de leur contemporanéité avec l'homme. Nous passâmes ensuite au temple égyptien. MM. Mariette[1] et Liebreich firent à Sainte-Beuve les honneurs de cette maison carrée, percée à jour et sans vitres, comme une habitation égyptienne. Ces messieurs nous montrèrent la collection de crânes et les momies, — des cadavres de nègres remontant à cinq

> Ton infusion délicate
> Où survit un parfum léger
> Désaltère ma lèvre, et flatte
> Le mal qu'on n'a pu soulager.
>
> Ainsi la beauté qu'on adore,
> Et dont s'enivra notre été,
> N'étant plus, reparaît encore,
> Et devient la tendre bonté ;
>
> La bonté qui veille et qui reste
> Au chevet de fièvre enflammé,
> Essuyant votre front calmé,
> Et gardant son charme céleste.
>
> (Janvier 1866.)

---

[1]. Sainte-Beuve et Mariette étaient de Boulogne-sur-Mer tous les deux ; ils paraissaient l'ignorer.

ou six mille ans, race noble (à ce qu'il paraît), quelques-uns ayant encore leurs bandelettes, d'autres, des femmes, leurs cheveux longs que les préparations chimiques avaient roussis. Nous avons vu la momie d'un jeune enfant, gardien des crocodiles, — troupeau sacré, moins difficile à garder, à ce qu'il semble, et moins dangereux surtout qu'on ne le dit. Enfin, dans la partie qu'on appellerait aujourd'hui la *chapelle*, des statues, des *bénitiers* (comme de nos jours) pour contenir l'eau lustrale, une sorte d'oiseau sculpté, rappelant le Saint-Esprit, des bijoux qu'on dit être ceux de Joseph. Une statue de reine m'a beaucoup frappé par sa finesse et sa chasteté, ne déguisant rien cependant d'une taille et de jambes élégantes; les seins très rapprochés font une saillie gracieuse et douce. Aux pieds de cette reine, est gravée une inscription que Mariette nous a traduite; et, pour plus de rapprochement avec les temps modernes, deux noms de rois sont grattés absolument comme quand on remplace les N des Napoléons ou les fleurs de lis des Bourbons par d'autres emblèmes.

Pendant que nous travaillions, rue du Mont-Parnasse, le vent nous apportait parfois, du côté de Meudon, des détonations, des bruits de guerre : « Je ne sais pas ce que l'on prépare, disait Sainte-Beuve; au lieu d'exciter l'une contre l'autre deux grandes puissances à la tête de la civilisation européenne, comme la France et la Prusse, on ferait mieux de chercher à les rapprocher... par sa force militaire et son génie scientifique, l'alliance de la Prusse serait celle qui conviendrait le mieux à un peuple de progrès et fort comme nous... Ces nations protestantes ont un avantage sur les autres : leur religion ne les endigue pas comme le catholicisme. C'est ce qui a vaincu l'Autriche... elle était encore fort en retard avant Sadowa : la voilà qui devient libérale et progressiste ; elle a senti le besoin de se rajeunir. — En France, on ne connaît pas Bismarck ; et l'on se moque, par bravade, comme des Gascons, de ceux qui ne paraissent pas nous craindre...c'est un grand ministre, qui a relevé son pays ; il continue l'œuvre de Frédéric... Il vaudrait mieux, plutôt que de rêver un choc entre les deux colosses, créer deux Écoles, l'une de Berlin, l'autre de Paris. Leur jeunesse viendrait chez nous s'adoucir, s'assouplir : elle n'y perdrait rien de sa force, et elle y prendrait un peu de notre gentillesse d'esprit ; tandis que nous enverrions l'élite de nos Facultés se fortifier dans leurs laboratoires, plus riches que les nôtres, au contact de ce peuple rude, barbare, si l'on veut, comme les Macédoniens... ce sont les Macédoniens modernes et d'autant plus à craindre... »

Telle était l'utopie de Sainte-Beuve [1].

Le second empire lui fit illusion : il crut aux *idées napoléoniennes* ; il rêva d'empire et de démocratie ; il y eut foi, il la pratiquait. Il lui arrivait souvent, donnant cours à ses pensées, de tracer devant nous un idéal de gouvernement dans lequel le chef de l'État

---

[1]. Je l'ai déjà développée plus au long dans mon volume : *le Blason de la Révolution*. Voir aussi dans les *Cahiers de Sainte-Beuve*, pages 73, 74, 75, la pensée qui commence ainsi : « Ces hommes, Guizot, les doctrinaires et leurs disciples... » et qui se termine par cet aperçu lointain et peu rassurant : *Puis le jour viendra où la nation corrompue au dedans, énervée par ses mœurs pacifiques et gorgée de sophismes philanthropiques, se trouvera en face d'un ennemi armé, puissant, égoïste. Comment soutiendra-t-elle alors la lutte formidable ?* » (C'était écrit en janvier 1848, et dirigé surtout, par conséquent, contre le régime parlementaire d'alors).

serait constamment occupé des petits, à l'exemple de l'empereur Joseph II, ennemi des jésuites et ami des classes populaires. « Mais l'empereur est trop mou, ajoutait-il, trop occupé uniquement de ses plaisirs. »

Il s'intéressait extraordinairement à tous les déclassés des deux sexes : il n'y mettait aucune hypocrisie. Il entretenait des ramifications, comme il disait, avec la *franc-maçonnerie des femmes*, et il était tenu au courant par là de ce qui a de tout temps exercé la curiosité des moralistes. Il était bien en cela du xvIII° siècle et de l'école de Diderot. Il regrettait l'ancien Palais-Royal, celui des galeries de Bois, qu'il avait connues en 1819 ; mais il s'enfonçait de préférence dans son faubourg. Un jour, il effraya un homme de tact, devenu de ses amis (M. Demarquay, commissaire de police aux délégations judiciaires), par l'une de ces sorties originales, comme il lui en échappait quelquefois. Il avait reçu le matin on ne sait quelle confidence d'une de ces *malheureuses* qui grouillent dans les bas-fonds parisiens. « On frémira, s'écriat-il, on criera au scandale ; mais là aussi j'attirerai l'attention publique sur les abus et les injustices criantes de la police des mœurs ; oui, je les dénoncerai en plein Sénat... »

Coiffé d'un mouchoir sur le front, comme le représente justement un portrait peint par M. Demarquay au musée de Boulogne-sur-Mer, les traits fins et contractés, il rappelait, en s'animant et s'échauffant de la sorte, une physionomie de la fin du xvIII° siècle, à la Marat.

« — Si vous saviez, monsieur, répondit l'honnête fonctionnaire à cette apostrophe, la difficulté qu'il y a de la théorie à la pratique ! »

Un dimanche soir, j'étais dans l'imprimerie du *Moniteur*, occupé à relire l'épreuve d'un article sur *le comte de Clermont et sa cour*. L'atelier était en rumeur.

« — Vous les entendez, me dit M. Fourché, le metteur en page... — Oui, dis-je; qu'est-ce qu'ils ont? — Tenez, c'est cette dépêche qui paraîtra demain : « Nos chas-
» sepots ont fait merveille... »

Le lendemain matin, je trouvai Sainte-Beuve non moins indigné que les compositeurs des termes de cette dépêche, annonçant l'écrasement de Garibaldi à Mentana. Il s'étonnait qu'il n'y eût pas déjà un soulèvement dans Paris.

Il oubliait, en ce moment-là, que le 2 décembre nous avait émasculés sous ce rapport[1].

---

[1]. Et quand on lui parlait de ce même 2 décembre, il se fâchait. « L'empire, disait-il, est notre garde-fou; si on le renverse, nous tombons dans l'ornière réactionnaire et cléricale; il nous en a tirés en 1851; je l'ai accepté avec la majorité des Français, non par enthousiasme, mais par raison; il a arboré les principes de 89 et rétabli le suffrage universel, que la République avait mutilé par la loi du 31 mai 1850; la France, en 1851, était livrée aux conspirations des anciens partis. C'était à qui s'emparerait du pouvoir; nous étions menacés du drapeau blanc... » A celui qui a remarqué le premier quelques points communs entre Béranger et Sainte-Beuve, je signale ce dernier trait de plus qui tient à la fois de leur tempérament propre, de leur scepticisme et de leur patriotisme. Sainte-Beuve a dit et raconté de Béranger : « Cela le mena à sacrifier son idée de république chaque fois qu'il y vit le salut du pays intéressé. Éviter tout pas rétrograde, tout faux mouvement de retour en arrière et vers l'ancien régime, était sa grande préoccupation et son idée première dans chaque crise. « Je vis, me dit quel-
» qu'un dont les paroles sont pour moi un témoignage, je vis Bé-
» ranger quelques mois après l'Empire. Il était content, il me dit :
« — Ne voyez-vous pas que nous sommes à jamais délivrés du
» drapeau blanc ?... (*Nouveaux Lundis*, t. I, *Correspondance de
» Béranger*). » La comparaison du parapet ou du garde-fou tenait à cœur à Sainte-Beuve. On la retrouve dans le début d'article sur l'*Histoire de César*, qu'il me dicta, et que j'ai publié, après sa

Le 27 novembre au matin, préparant un article sur *Virgile* qui devait paraître le lundi 2 décembre dans le *Moniteur*, il reçut la visite de son ami Loudierre, qu'il consultait toutes les fois qu'il écrivait sur l'antiquité grecque ou latine. Ils s'étaient connus à Charlemagne, et se tutoyaient. Sainte-Beuve a dit de lui dans son article sur M. Boissonade[1] : « M. Loudierre, ancien professeur de rhétorique à Saint-Louis, qui aurait pu faire des livres comme un autre, et à meilleur titre que beaucoup d'autres, mais qui a mieux aimé faire des élèves ; un esprit philosophique et fin, qui sait l'antiquité sans superstition, et qui s'est toujours rendu compte de ce qu'il enseignait. » M. Loudierre avait retrouvé chez Sainte-Beuve deux de ses anciens élèves, qui lui rendaient le même témoignage, le président Pelletier de la Cour des comptes, Chéron, de la Bibliothèque... Sainte-Beuve le priait de venir ce matin-là pour lui lire son article sur *Virgile*. Cet article se termine par une citation de l'*Énéide*, empruntée au livre de M. de Fezensac : *Histoire de mon régiment pendant la retraite de Russie*, et qui s'applique à la situation d'un héros, survivant à l'humiliation de la patrie : « Cendres d'Ilion, incendie suprême, tombeau des miens, je vous prends à témoins que, dans votre ruine, je n'ai rien fait pour éviter les traits des Grecs, ni aucun des hasards funestes, et que, si le destin avait été que je tombasse, j'ai tout fait pour mériter de mourir. » A la lecture de ce passage, la voix de

---

mort, à la fin du tome XIII des *Nouveaux Lundis* : « ...Tant qu'il porte et s'appuie sur leurs épaules même inégales, il semble que l'État dans son penchant ait encore trouvé son meilleur soutien ».

1. *Nouveaux Lundis*, t. VI.

Sainte-Beuve s'altéra visiblement, son œil se troubla et se voila. Il ferma la paupière pour retenir une larme. C'est là un de ces rapprochements patriotiques, comme il en aurait eu au Collège de France, si son cours de poésie latine n'avait pas été étouffé.

XXV

LE PRINCE NAPOLÉON

Un matin du mois de décembre, comme il était retenu au lit par la souffrance et la maladie, M. Rapetti, secrétaire de la Commission pour la Correspondance de Napoléon Ier, lui fut dépêché par le prince Napoléon avec une mission secrète. L'état de santé de Sainte-Beuve ne lui permettant pas de répondre seul à la confidence du prince Napoléon, on me fit monter. M. Rapetti m'adressa tout d'abord cette recommandation flatteuse : « Le prince Napoléon m'a dit que je pouvais parler devant vous : vous allez lire à M. Sainte-Beuve un mémoire que je lui apporte ; nous comptons sur votre discrétion la plus absolue... »

Le mémoire en question est la lettre du prince Napoléon sur l'unité de l'Italie et le pouvoir temporel du pape, qui a été publiée en appendice dans le volume supplémentaire, intitulé : *Nouvelle Correspondance* de Sainte-Beuve. C'est un plaidoyer éloquent en faveur d'un fait accompli depuis, — l'annexion romaine au royaume d'Italie.

Selon le plan concerté, cette lettre, datée de Prangins, le 15 décembre 1867, devait être communiquée à M. Havin, et paraître dans *le Siècle*. La lettre d'envoi de Sainte-Beuve à M. Havin était préparée. Elle se termine ainsi : « Les pensées, à leur heure, sont faites pour sortir et les paroles pour voler[1]. »

Sainte-Beuve et le prince Napoléon marchaient de concert dans cette revendication de bon sens et d'idées franchement françaises, soulevée à la suite de « cette séance du 5, où l'on a vu M. Rouher s'engageant graduellement jusqu'à dépasser le but, traîné à la remorque par deux acolytes imprévus, M. Thiers et M. Berryer, et en venant à laisser échapper du haut de la tribune ce fameux mot *Jamais!* qui a toujours porté malheur à ceux qui l'ont proféré[2]. »

Le prince Napoléon protestait, au lendemain de Mentana et des déclarations de M. Rouher, contre la nouvelle politique de l'empire. Le parti radical (celui qui n'est pas purement parlementaire) se reconnaîtrait encore à cette heure dans bien des points de ce programme démocratique, par lequel le cousin de l'empereur rompait en visière à M. Rouher[3].

Ce document aurait eu de hautes et graves conséquences pour son auteur, s'il avait paru à temps. Le *Siècle* laissa échapper son secret : une indiscrétion fut commise, et le prince Napoléon mis en demeure d'opter entre son cousin et son beau-père.

---

1. *Nouvelle Correspondance de Sainte-Beuve*, 9 janvier 1868.
2. *Les Cahiers de Sainte-Beuve*, note du 8 décembre 1867, p. 119.
3. Et quel patriote, non contaminé par le cléricalisme, ne contre-signerait ces lignes? « Le nom de Garibaldi vivra comme celui d'un citoyen qui a beaucoup fait pour son pays, a donné de grandes preuves d'abnégation et de désintéressement, et restera comme une figure extraordinaire, difficile à comprendre dans nos temps. »

XXVI

HISTOIRE D'UN BUSTE

Je ne reviendrai pas sur l'épisode trop connu du dîner du vendredi-saint (10 avril 1868). Je l'ai raconté ailleurs[1].

Le principal incident qui suivit ce dîner est le discours sur la liberté de l'enseignement (19 mai 1868), où Sainte-Beuve proclama le grand diocèse de la libre pensée. A la suite de tumultes soulevés par la faction cléricale, une ovation d'étudiants vint acclamer Sainte-Beuve à sa porte. J'ai publié, à la date du 27 mai 1868, dans les *Lettres à la Princesse* et dans les *Premiers Lundis* (t. III), les sages paroles qu'il leur adressa dans son jardin.

Dès le 2 mars 1868 et à travers des souffrances qui

---

1. *Souvenirs et Indiscrétions.* — Je ne reviendrai pas non plus sur d'autres incidents de ces années-là et qui firent du bruit : le licenciement de l'École normale pour une lettre de félicitations adressée par les élèves à Sainte-Beuve pour sa vigoureuse défense des droits de la pensée au Sénat, dans les séances des 29 mars et 25 juin 1867. On peut voir, dans les *Lettres à la Princesse*, à la date du 9 juillet et dans la *Correspondance*, t. II, à la date du 22 juillet 1867, les documents relatifs à cette affaire. On trouvera aussi, dans les *Lettres à la Princesse*, à la date du 16 juin 1868, une singulière méprise, et qui fit bien rire, de la part de la princesse Julie.

altéraient de plus en plus son visage, les *Nouveaux Lundis*, interrompus par la maladie depuis le 2 décembre 1867, avaient repris au *Moniteur*[1].

Sur les onze heures, on entendait le pas du sculpteur Chenillion, qui venait travailler au buste du maître. Ce Chenillion, fils de jardinier et madré compère, — à l'œil observateur et rusé d'un homme d'église (bien qu'il ne fût pas clérical), — était un ouvrier sculpteur, homme du moyen âge, à qui il ne manquait que le froc; — un de ces plébéiens qui ne s'émancipaient qu'en prenant la robe, pour mieux se livrer en conscience à la satisfaction de leurs goûts et de leurs appétits.

Justement Viollet-le-Duc l'employait aux travaux de restauration de Notre-Dame.

Chargé de tailler une statue de roi pour le portail, il lui donna les traits mêmes du grand architecte. La barbe

---

1. Le tome XI en est une preuve. Ce volume, presque tout entier consacré à des études historiques, est particulièrement remarquable par l'allure et la vivacité de ses notes. Je signalerai, p. 47, dans les articles sur *Maurice de Saxe*, celle sur la victoire de Denain, consacrée à MM. Marius Topin, Guizot et Villemain, qui se termine ainsi : « Il y a des gens à qui il est tout à fait égal, pourvu qu'on signe la paix, que les *Alliés* soient aux barrières de Paris ou à la frontière... L'âme de la France n'est point avec eux; » une autre, dans les mêmes articles, p. 107, à propos de madame Favart, où Sainte-Beuve, remontant à la source, indique certaine *coquille* typographique, qui avait échappé à la prud'homie bourgeoise de M. Saint-René Taillandier; — la veine gaillarde n'y fait point défaut, pas plus que dans deux notes qui suivent, sur Mademoiselle de Sens, au château de Chambord, p. 110, et dans les articles sur *le comte de Clermont*, p. 115. — Cette dernière, empruntée au malicieux abbé de Feletz, est, dit Sainte-Beuve, ce que j'appelle « du bon xviiie siècle. » — Ce tome XI fut malheureusement le dernier auquel Sainte-Beuve put donner ses soins, en réimprimant ses articles en volume. Les tomes XII et XIII ont été édités et (comme on disait autrefois) *procurés* par moi, après sa mort. Je m'y suis efforcé de rester dans le ton.

fleurie de son modèle s'y prêtait merveilleusement.

Il voyait finement et juste, mais sans imagination. De la campagne, il n'admirait que les petits pois de Clamart en fleurs. — Toujours le fils du jardinier. On a de lui un groupe en marbre, acheté par l'État, représentant des moines greffant.

Il s'y prit adroitement pour pénétrer chez Sainte-Beuve, qui n'avait pas de temps à donner à la *pose*, et qui n'aimait pas d'être dérangé dans son travail.

Il ne demanda tout d'abord que la permission — en voisin — d'ébaucher un peu de terre glaise, avec une allumette. Peu à peu, il prit l'habitude de venir tous les jours pendant quatre ou cinq mois.

Dès que son pas lourd retentissait dans le couloir, le front de Sainte-Beuve se contractait. Je recevais un geste d'impatience.

Chenillion, qui venait de déjeuner à Meudon avec une omelette faite aux œufs d'oie (c'était son plat favori), ne s'apercevait pas de l'effet qu'il produisait.

Il s'asseyait comme Hamlet, presque à terre, sur un tabouret bas, près de la fenêtre.

Nous continuions de travailler sous son œil. Il assistait aussi à la dictée de l'article ou à la collation des épreuves, faites toujours en double et triple lecture.

J'essuyais pour lui la mauvaise humeur du maître, qui éprouvait une sorte de sujétion à se voir surpris et pénétré, pour ainsi dire, dans tous les plis et replis de sa nature impressionnable. La vivacité de sa pensée imprimait à son visage des reflets mobiles, et il ne se sentait plus libre devant un témoin qui épiait ses jeux de physionomie.

C'était un malaise que comprendront tous les hommes de cabinet, habitués à s'enfermer en eux-mêmes comme le ver à soie dans son cocon, et qui n'aiment pas à se laisser deviner dans ce travail de dévidage.

Chenillion, en praticien exercé, avait choisi le meilleur coin pour observer son modèle dans le blanc des yeux; et c'est là ce qui gênait Sainte-Beuve, de trouver toujours ce regard inquisiteur et malin, à l'endroit même où son rayon visuel ne rencontrait que des livres amis et qui lui souriaient. L'œil ne se posait plus avec confiance sur cette nature vivante qui obstruait et gâtait le calme habituel de la nature morte. Par moment, Sainte-Beuve baissait le rideau devant l'artiste : il se couvrait le visage de ses deux mains, pour échapper à l'obsession.

Celui-ci alors luttait de ruse. Il se levait, comme pour se reposer, ce qui dérangeait encore plus Sainte-Beuve, qui lui faisait le geste de se rasseoir. Chenillion reprenait sa place sur son petit tabouret ou s'accroupissait sur le parquet, sa maquette à la main, l'œil sur son modèle, qu'il avait forcé à se découvrir.

Le moment *gai* pour Chenillion était celui où Sainte-Beuve déjeunait. On lui apportait, sur les midi et demi, dans sa chambre, un plateau : il n'avait qu'à changer de place et de table. — Depuis qu'il était malade, il déjeunait plus solidement, sur le conseil de l'homéopathe Milcent, qui lui avait dit : « Faites-vous de la végétation[1]. » Quelquefois il continuait, même en déjeunant, de dicter ou de se faire lire. Mais, quand Chenillion était là, il y avait détente : on causait. L'artiste avait fréquenté dans sa jeunesse l'atelier de Charlet : il ra-

---

1. Sainte-Beuve avait consulté l'homéopathie pour ne pas faire de peine à son ami et cousin d'Alton-Shée, qui y avait mis une obstination d'aveugle, et s'était presque fâché en trouvant au premier mot de la résistance.

contait quantité de souvenirs qui amusaient beaucoup Sainte-Beuve et lui donnaient envie d'écrire sur Charlet. En attendant, il prenait des notes d'après ce que lui racontait Chenillion. Pour cela, il n'avait qu'à les dicter à son secrétaire, toujours à son poste, qui profitait lui aussi de la conversation. Chenillion, tout en distrayant son modèle, n'en perdait pas d'ailleurs un seul coup d'ébauchoir. La terre glaise allait toujours se dégrossissant, et l'on voyait d'un jour à l'autre se dessiner de mieux en mieux cette physionomie fine où les ravages de la souffrance sont exprimés par des ravins profonds. Aucun sillon n'y est négligé, et le crâne même pourrait servir à une étude de phrénologie. Une cicatrice sur le front provient d'un coup d'encrier, destiné à un autre, que Sainte-Beuve reçut, dans son enfance, à l'école.

Paul de Saint-Victor a assigné au buste de Sainte-Beuve par Chenillion sa place entre deux rayons de bibliothèque, avec les œuvres de l'auteur des *Lundis* dans le fond.

Ce buste diffère essentiellement de celui de Boulogne-sur-Mer, par Mathieu-Meusnier, exécuté en 1859, et dans un tout autre sentiment, qui faisait complètement défaut à Chenillion.

L'ouvrier sculpteur manquait de rayonnement, mais il s'attachait au *réel* avec une opiniâtreté invincible. Son buste a du prix en ce sens qu'il nous rend bien la dernière année de Sainte-Beuve. Il porte la date de septembre 1868. Sainte-Beuve n'avait plus qu'un an à vivre [1].

---

[1]. Peu de personnes possèdent ce buste de Sainte-Beuve par Chenillion. À la mort de Sainte-Beuve, Viollet-le-Duc voulut bien m'en offrir une épreuve en bronze, coulée chez Barbedienne, qu'il destinait à l'illustre critique.

Chenillion était surtout physionomiste. Il avait eu le temps d'observer tout ce qui pouvait donner à Sainte-Beuve une impression avec l'air de visage qu'il désirait lui faire prendre dans le moment même. Il l'animait, le calmait ou le faisait sourire par ses récits et bons mots, et, quelquefois aussi, s'attirait bien à lui-même ce qu'on appelle, en terme d'atelier, un *renfoncement*. Cela ne faisait qu'ajouter à la vivacité du buste[1].

Ceux qui ont connu Chenillion le reconnaîtront à l'anecdote suivante.

« J'étais, racontait-il, à jouer aux boules dans le jardin du peintre Steinheil, à l'Hay, près Sceaux. Tout d'un coup les canards de Toudouze[2], un voisin de jardin, accoururent sur nous et se réfugièrent dans nos jambes en poussant des cris extraordinaires. Ils étaient vraiment terrorifiés. J'en cherchai la cause : tous les yeux et toutes les têtes des canards étaient dirigés vers un ballon venu des Arènes (près la Bastille), qu'on n'apercevait encore qu'à une grande distance, et qui causait leur effroi. Mais voilà qu'une demi-heure après, le ballon de l'Hippodrome passa aussi presque au-dessus de nos têtes, et les canards n'y firent plus attention. Ils avaient déjà fait leur raisonnement, et avaient eu le temps de s'aguerrir. »

Sainte-Beuve se fit répéter l'anecdote, me la dicta sur l'heure, et y ajouta cette note :

1. Je recommande un très bon article sur *les Portraits de Sainte-Beuve*, par M. Maurice Tourneux, dans *l'Amateur d'autographes* (juin-juillet 1874). — J'ai moi-même offert au musée Carnavalet le masque mortuaire de Sainte-Beuve, qui fait pendant à celui de Béranger.

2. M. Toudouze, architecte, ami de Lassus, et inspecteur de la Sainte-Chapelle.

« Cette observation est du statuaire M. Chenillion, homme exact et véridique s'il en fût. — Eh bien, j'estime que cette observation est plus utile à une saine psychologie expérimentale que tout le livre si vanté du Beau, du Bien et du Vrai de M. Cousin. J'en demande bien pardon à MM. Lévêque et Janet. »

XXVII

LES AMIS DE LA FIN

Une aimable visite, toujours agréable à Sainte-Beuve, était celle de Prevost-Paradol, qui arrivait à cheval. On attachait le cheval à la porte. Peu après — quelquefois avant — arrivait madame de Tourbey. Sainte-Beuve leur disait en souriant : « Je crois que vous vous êtes donné rendez-vous ; » et deux sourires répondaient au sien. Prevost-Paradol aimait Sainte-Beuve et le lui témoignait. Quand il ne venait pas le voir, il lui écrivait. Il était jeune, mais surtout il en avait l'air : un charmant *jeune premier* de la Comédie-Française. Sainte-Beuve l'a appelé « le Secrétaire général des anciens partis, adopté et chéri d'eux en cette qualité[1] ». On comprenait qu'il fût la coqueluche de l'opposition orléaniste et *libérale*, — celle qui mène encore à l'Académie.

Viollet-le-Duc, un esprit universel, un de ces hommes comme les eût aimés Diderot pour son aptitude à tous les arts, qui n'ignorait de rien en fait de connaissances pratiques, capable de mettre la main à la lime et au rabot, doué avec cela d'une érudition im-

---

1. *Nouveaux Lundis*, t. I.

mense, aimé et recherché de Mérimée (un autre *radical* en fait d'histoire, — la prenant toujours à la source et touchant le roc); — Viollet-le-Duc, dis-je, dans les intervalles d'un voyage de Pierrefonds à Paris, tenait Sainte-Beuve au courant des nouvelles de Compiègne.

Un jour, il lui raconta que l'empereur était allé visiter les travaux de Pierrefonds, et lui avait parlé de l'alliance du trône et de l'autel, comme un prince de l'ancien régime.

— Voulez-vous me donner l'impunité, Sire? répondit l'architecte esprit libre et libre penseur.

— Que voulez-vous dire?... demanda l'empereur.

— Sire, je suis architecte diocésain, et je corresponds par télégrammes avec toute la France... Je m'engage, à un signal donné, si vous m'accordez ce que je vous demande, — l'impunité, — de mettre sous vos yeux, à la même heure, un vaste feu de joie, dans tout le pays, de tout ce qui tient à l'autel... et vous verrez quelle farandole... Il y a une vieille chanson du moyen âge, à l'esprit de laquelle les paysans sont restés fidèles... je n'ose pas la répéter devant Votre Majesté...

L'autre l'encourageait par son silence à la dire.

— Eh bien, ce vieux refrain dit : « Je me f... du pape... » C'était l'esprit du moyen âge, et il n'a pas changé.

La conversation de Viollet-le-Duc était animée, variée; l'esprit de cour et de ville s'unissait en lui pour en faire le plus agréable causeur. Toute sa personne respirait la joie et la distinction : il y avait quelque chose de riant dans cette physionomie claire et ouverte. Son œuvre le passionnait. La nuit, au clair de lune, il venait étudier les effets de son immense décor autour du château de Pierrefonds. Il a laissé, parmi tous ceux qu'il a employés à ses travaux, un souvenir attachant. Le sculpteur George, un de ses fidèles, — le concierge de Pierrefonds, un serrurier qu'il a initié à lire dans le monument comme dans un livre, en parlent avec une inaltérable reconnaissance. Ce dernier pleurait encore au retour de l'enterrement de son illustre maître à Lausanne (1879).

Le dimanche, un autre savant, mais dans un ordre différent, M. Paul Grimblot, consul à Florence, familier de M. de Rémusat, et qui avait failli mettre le feu aux poudres entre l'Angleterre et la France pour des *découvertes* de manuscrits dans l'Inde, venait entretenir Sainte-Beuve d'Antiquité, de littérature grecque, latine, hindoue, *de omni re scibili...* c'était un intarissable causeur, auprès duquel M. Milbert, l'anecdotier, dont j'ai parlé dans mes *Notes et Pensées*[1], trouvait son maître. Sainte-Beuve a mis à contribution les conversations de M. Grimblot dans l'énumération des citations virgiliennes, appliquées à la politique anglaise[2], qu'il a faite à la fin de son article sur *Virgile* (1867). Il y avait toujours profit à entendre M. Grimblot.

1. Un vol. gr. in-18, tiré à 200 exemplaires, chez Sauvaitre, 72, boulevard Haussmann, 1888.
2. Sainte-Beuve a été souvent préoccupé de ces citations virgiliennes, faites dans le parlement anglais. J'en trouve un exemple dans *les Enchantements de Prudence*, par madame P. de Saman (pseudonyme de madame Hortense Allart de Meritens), — un livre sincère au plus haut degré. « Je m'occupais alors de Pitt, dit-elle (p. 316), et de ces vers de Virgile cités par Pitt, à propos de l'émigration française. Je répétais à Sainte-Beuve :

Et recidiva manu posuissem Pergama victis,

heureux tous deux et charmés de voir le plus grand homme politique s'appuyer de la plus haute poésie. » (Paris, Michel Lévy, un vol. gr. in-18, 1873.)

En recueillant, à la fin du tome XIII des *Nouveaux Lundis*, l'article inachevé (et qui fut le dernier de Sainte-Beuve) sur les Mémoires de d'Alton-Shée, j'ai dit les relations d'amitié et la parenté qui existaient entre Sainte-Beuve et l'ancien pair de France par hérédité, — républicain d'avant 1848. « C'est à deux générations de distance, dit Sainte-Beuve, quelque chose d'assez analogue à ce qu'était sous la Restauration cet autre radical également sorti des rangs de l'aristocratie, M. d'Argenson. »

Théophile Gautier venait aussi causer avec l'oncle Beuve. Ils avaient pris l'habitude de se tutoyer au dîner Magny. Quand il entrait, Sainte-Beuve allumait une bougie, pour que Théo entretînt le feu de son cigare. Il tenait les propos les plus chatoyants et les plus lubriques. Dans l'escalier, il me donna un jour un billet de loge pour les Italiens, dont je régalai des amis, ne pouvant quitter Sainte-Beuve de la soirée[1].

J'ai recours à une liste de noms jetés au hasard, autrefois, parmi ceux qui fréquentaient le plus la maison de Sainte-Beuve ; c'étaient MM. Demarquay, commissaire de police aux délégations judiciaires ; Michel Lévy, éditeur des *Nouveaux Lundis* ; Charles Edmond, Edmond et Jules de Goncourt, Gustave Flaubert ; Garnier frères, éditeurs des *Causeries du Lundi* ; Champfleury, Charles Monselet, Frédéric Baudry, Louis Ulbach, Charles Robin, Taine, Berthelot, Ernest Renan, madame Blanchecotte, Taschereau, M. de Lescure, Ernest Chesneau, Zeller, docteur Piogey, Giraud (de l'Institut), Malouet, Charles Martins, Germain (doyen de la faculté des lettres de Mont-

---

[1]. Voir, sur Théophile Gautier, mon volume *Plume et Pinceau*.

pellier), Xavier Marmier, Louis Favre (l'auteur d'un livre intéressant sur *le Luxembourg*), madame et mesdemoiselles Proudhon, le futur colonel Langlois, Garsonnet, Jules Claretie, Philippe Burty, Claude Bernard, Camille Rousset, Camille Doucet, Adert, rédacteur en chef du *Journal de Genève*; Nefftzer, J.-J. Weiss et Sarcey, qui vinrent dîner une fois avec M. Edmond Scherer; Juste Olivier (de Lausanne), William Hughes, Auguste Lacaussade, Victor Duruy[1], Buloz, Louis Dépret, Ernest Feydeau, Ernest Baroche; — deux camarades de collège, avec lesquels Sainte-Beuve se tutoyait, Nestor Roqueplan, et l'acteur Charles Potier, fils du célèbre Potier; — R. de Chantelauze, Paul Chéron, de la Bibliothèque impériale; Rochebilière, de la Bibliothèque Sainte-Geneviève; Anatole de Montaiglon, qui faisait la *Table* de *Port-Royal*; Loudierre, autre ami de collège; Pantasidès, son maître de grec; Emile Délerot, à qui il eut souvent recours pour des traductions d'allemand...

Un soir, après l'enterrement du romancier Charles Barbara, j'amenai Duranty, qui revint souvent.

M. Edmond Magnier écrivait de fréquentes lettres de Boulogne-sur-Mer. Il piaffait à la porte de la renommée et de la fortune.

Après les amis, les livres.

J'ai noté comme un indice caractéristique les auteurs le plus souvent cités par Sainte-Beuve : Saint-Simon, Vauvenargues, La Rochefoucauld, Saint-Évremond, Senac de Meilhan... — Il n'y a pas, dans les premières *Causeries*, un article où le nom de Vauvenargues ne revienne. En poésie, c'est André Chénier qui se retrouve

1. Voir dans *Notes et Pensées* ma conversation avec M. Victor Duruy, à qui je demandai la croix pour Monselet.

le plus souvent sous sa plume. Le xviii° siècle a beaucoup occupé Sainte-Beuve, et tout ce qu'on écrit sur cette époque pourrait bien dériver de lui : Galiani, Chamfort, Rivarol, Grimm...

J'allais oublier Homère et La Bruyère.

Dans les commencements, nous allions dîner une fois par an à Bercy chez un riche négociant en vins, M. Guérin, ami du docteur Veyne. — C'est ce qu'on appelait *manger une matelote*. Nous étions trente convives, et les plus grands vins coulaient à pleins bords. — M. Guérin, mort bien jeune, avant Sainte-Beuve, fut l'un des plus actifs organisateurs de l'élection d'Eugène Pelletan à Bercy, en 1863. Le docteur Veyne amenait chez lui tous ses amis, le peintre Gleyre, M. Champfleury, maître Nogent Saint-Laurens, — plus que son compatriote, son camarade d'enfance.

Le célèbre avocat aborda pour la première fois Sainte-Beuve par ces mots dans le salon de madame Guérin : « Je n'ai rien compris à *Volupté*. »

Ce n'était pas de la littérature à grand orchestre ; et le dilettante vauclusien était surtout amateur de musique.

Sainte-Beuve ne répondit pas ; mais, le lendemain, il trouva Nogent « un peu provincial ».

Le poète chansonnier Gustave Mathieu vint s'asseoir une fois à ce dîner, en habit de chasse (velours épinglé), la fleur comme toujours à la boutonnière. Il en fut d'abord honteux, puis il se remit. Au champagne, il s'écria, en faisant claquer sa langue : « Le mien est meilleur. » Il était commissionnaire en vins de Champagne. « Si je n'avais pas un représentant, riposta M. Guérin, je vous prendrais... Vous savez placer la réclame à propos. »

Cette année-là, le dîner Guérin, dont Veyne avait inspiré l'idée à son ami, coïncida avec l'apparition des *Misérables* (1862). En revenant le soir, le long des quais, Sainte-Beuve et moi avions pris les devants. Nous entendions derrière nous la conversation qui allait toujours son train sur l'œuvre nouvelle et retentissante d'Hugo. Sainte-Beuve, qui avait causé toute la soirée et qui pensait à son article à faire le lendemain, me dit : « Laissons-les passer, cachons-nous... » Nous nous mîmes derrière des tonneaux, tout au bord de la rivière. Je l'entraînai ensuite au bal du Progrès, boulevard de l'Hôpital, où j'invitai, par pure espièglerie ou plaisanterie de jeunesse, deux *dames* à vider avec nous un saladier de vin chaud. La cravate blanche et l'habit les intriguaient bien. Notre débauche en resta là. L'*oncle* Beuve prit bien la chose. Lui qui n'arborait la rosette que pour aller dans le monde, il la dissimulait de son mieux sous son paletot.

Il donnait lui-même souvent à dîner, et, comme je l'ai dit ailleurs, il priait ses convives de marque de désigner eux-mêmes les personnes avec lesquelles ils désiraient se trouver. Madame Sand désigna un soir MM. Berthelot, qu'elle voulait connaître, Flaubert et Alexandre Dumas fils. J'ai retenu de cette soirée, où je n'avais rien à dire, un mot sur les Goncourt : « Ils s'efforcent, dit Dumas, de paraître ce qu'ils ne sont pas, des raffinés, des corrompus, — à la Balzac ; — le jour qu'ils voudront redevenir naturels, ils referont *Paul et Virginie*, et ce sera leur meilleur livre. »

Je ne sais pas s'ils ont refait *Paul et Virginie*.

XXVIII

SAINTE-BEUVE ET DUBNER

Sainte-Beuve dégustait le grec en raffiné dilettante. Ses lèvres s'allongeaient, quand il lisait l'Anthologie, comme celles d'un gourmet, qui sent fondre dans sa bouche la graisse d'un ortolan.

Il s'entourait de poésie grecque, pesait, *pondérait* la valeur d'une expression avec cette délicatesse irritable d'oreille et de goût, propre aux exécutants de la musique de chambre. Il ne se contentait jamais de l'à peu près, et faisait appel aux plus instruits, aux plus compétents pour avoir le sens propre.

Une de ses lumières habituelles était le savant Dübner, un sage, qui venait le voir tous les lundis. Il s'ensuivait des consultations sans fin. On montait à la pièce du second, tapissée de livres, et les deux amants de la belle Hélène, à tête chauve, courbés l'un près de l'autre sur les textes, rappelaient, par la conformation de leurs crânes, nus comme des billes, et toujours près de s'entrechoquer, les conseils de guerre de l'*Iliade*. Ils étaient à la recherche de la vérité littéraire et philologique.

Dübner représentait un petit homme gros, à physionomie « rustique et attique », vrai savant allemand, qui ne vivait que par l'amour des Lettres. La candeur et la naïveté, propres à ces esprits de haute culture, en faisaient un type de distinction et de finesse, doué de causticité et de pénétration d'esprit, comme en donnent la fréquentation habituelle et la connaissance approfondie des sources de l'Antiquité, où chaque coup de plume est comme un coup de pioche dans un placer.

Sainte-Beuve professait le respect de l'homme *intérieur*, et ne permettait pas qu'on rît de certains travers, qui dénotaient l'origine allemande.

Le bonhomme Dübner, dans sa simplicité primitive, avait conservé, autour de ses doigts gros et courts, des *colliers de chien*, énormes bagues qui auraient bien gêné le secrétaire de Sainte-Beuve pour écrire sous la dictée. Elles auraient trop tiré l'œil du maître, lui qui ne supportait pas, en travaillant, le bruit du *jais* à la manche de robe d'une femme de charge. Mais il n'avait jamais paru s'apercevoir des bagues de Dübner.

Celui-ci arrivait, pendant la saison, avec un panier de pêches de Montreuil à la main. Il les cultivait lui-même, ce qui a fait dire à Sainte-Beuve que Dübner « jouissait de son jardin, envoyait à ses amis en présent des fruits à faire envie à Alcinoüs, et possédait son Homère comme Aristarque. »

Dübner avait à Montreuil plusieurs jardins, et il envoyait la bonne madame Dübner dans le plus éloigné, afin de n'être pas trop distrait, dans ses travaux, par des conversations *journalières*.

Seulement, ce qu'il pratiquait de sa propre main, avec une habileté d'artiste, c'étaient des dessins tatoués sur ces beaux fruits, quand ils étaient encore verts et tendres. A maturité, ils présentaient le chiffre incrusté de la personne à qui ils étaient destinés.

Sainte-Beuve mangeait ainsi tous les ans des pêches à ses initiales, *S.-B.*, aussi finement gravées que l'eût pu rendre un joaillier sur la boîte d'une montre.

Le savant Dübner envoyait également des pêches à Napoléon III, marquées aux armes impériales. La raison de cette reconnaissance se lit dans le discours de Sainte-Beuve, à l'inauguration du tombeau de Dübner, le 13 octobre 1868. Dübner avait pu, grâce au goût du souverain pour tout ce qui concernait César, établir un excellent texte des *Commentaires*. Il en reçut d'autres témoignages de protection, dus aux mêmes causes ; mais celui auquel le savant allemand se montra le plus sensible, fut de pouvoir mettre son nom sur l'édition, en dépit de M. Anselme Petetin, conseiller d'État, directeur de l'Imprimerie impériale, qui avait la prétention de signer seul. Le conflit fut tranché, dit Sainte-Beuve, dans le cabinet même de l'empereur, « en faveur de Dübner et de la simple équité ».

Quand Sainte-Beuve achevait son *Port-Royal* (1866), arrivé au *Jardin des Racines grecques*[1], à propos desquelles il rappelait le mot de Jean-Jacques sur les petites règles rimées en quatrain ou sixain de l'ancienne *Méthode latine :* « Ces vers ostrogoths me faisaient mal au cœur, et ne pouvaient entrer dans mon oreille, » il voulut avoir, néanmoins, l'avis de Dübner.

Celui-ci répondit par une lettre spirituelle, presque comique, dont nous ne reproduirons que ce qui est de notre compétence. Sainte-Beuve la donne en entier dans les appendices du même volume (*Sur l'enseignement de Port-Royal*) :

[1]. Tome III, p. 524, 3ᵉ édition, gr. in-18, librairie Hachette, 1866.

« Montreuil-sous-Bois, le 31 mai 1866.

« Monsieur,

» Votre livre quatrième de *Port-Royal*, que j'ai lu dix-huit ans après son apparition, m'a fait toucher du doigt le mal de ma vie souterraine dans la mine philologique ; je me vois sous la figure du père de Luther dans nos livres d'école saxons : mineur du Erzgebirge, tricorne avec le petit lampion à la pointe de devant, un gros cuir au siège. Un jour, je m'avisai de quitter mes manuscrits et de saisir la grande manivelle de l'orgue universitaire pour la faire tourner un peu plus dans le sens de la raison et de la nature des choses. Dieu sait combien de peine je me suis donné pour montrer clair comme le jour qu'on tournait dans le faux sens, et qu'avec la moitié, peut-être le quart, de la peine qu'on se donnait, on ferait bien, et surtout qu'on donnerait à la jeunesse le goût à la place du dégoût ! Eh bien, monsieur, Port-Royal et vous, en 1846 (date de la Préface), vous aviez dit tout, *absolument tout* ce qui se trouve d'essentiel dans ce que j'ai élucubré et publié à ce sujet de 1856 à 1863 : aborder le grec directement et non à travers le latin... »

Cette dernière idée était déjà celle de Lancelot, l'un des auteurs du *Jardin des Racines grecques*.

L'humoristique Allemand nous décoche, pour l'amour du grec, plus d'un trait au passage, celui-ci entre autres :

« Ne surgira-t-il pas quelqu'un qui voudra et saura écrire l'*Histoire de la Raison en France ?* Ce serait une grande, mais navrante histoire. »

Et cet autre encore, applicable à tous les temps :

« Un plan que je proposais... fut applaudi dans la

Commission des livres classiques et recommandé par M. le président au ministre M. Rouland, puis le silence se fit... »

Sainte-Beuve ne prévoyait pas que ce fût la dernière visite de Dübner, quand il lui remit, un matin, un volume de traduction de l'*Iliade*, d'après un nouveau système de décalque, qu'il venait de recevoir, où Jupiter est appelé Zeus. Il le pria de l'examiner et de lui dire ce qu'il en pensait.

Quelques jours après, je rencontrai Dübner sur le pont des Saints-Pères.

— Qu'est-ce que *Sainte-Peufe* m'a *tonné* là...? me dit-il.

Et il *s'esclaffait* de rire.

Jamais Sainte-Beuve ne l'avait vu rire ainsi.

Ce n'était plus cette *moue*, dont Sainte-Beuve lui faisait un mérite et une qualité dans la lettre qu'il lui adressait le 1er septembre 1865, et où il lui disait : « Critique, je viens me plaindre un peu au critique qui, selon moi, a faibli... devant un demi-savant (il s'agissait de M. Bernard Jullien). » — « ... Vous qui sentez les vraies fleurs et qui faites la moue aux *assa fœtida*... »

Sainte-Beuve ne pouvait mieux témoigner le grand cas qu'il faisait de Dübner que dans cette lettre d'amical reproche [1].

On en peut voir une autre preuve dans les deux lettres de Sainte-Beuve, publiées par M. Jules Claretie dans son livre, extrait des papiers impériaux inédits, *L'Empire, les Bonaparte et la Cour*. Elles sont adressées au successeur de M. Mocquard, à M. Conti, se-

---

[1]. *Correspondance*, t. II.

crétaire de Napoléon III, que M. Claretie désigne, sans le nommer, par ces mots vagues : « un des familiers de l'empereur ». Ces deux lettres, datées des 30 mars et 28 mai 1866, font autant honneur à celui qui les écrit qu'à Dübner qui en est l'objet. Elles sont une nouvelle marque de l'intérêt que Sainte-Beuve portait aux Lettres et aux savants[1].

Dans la semaine qui suivit la rencontre du pont des Saints-Pères, nous apprenions, p r les journaux, la mort subite de Dübner à Montreuil-sous-Bois le 13 octobre 1867 (juste deux ans, jour par jour, avant la mort de Sainte-Beuve).

Il emportait ainsi son impression sur la nouvelle traduction de l'*Iliade*, avant d'avoir pu en faire part à l'illustre critique.

Dübner était né dans le duché de Saxe-Cobourg-Gotha, le 21 décembre 1802.

Sainte-Beuve rendit une fois de plus justice à son ami dans le discours qui fut lu en son nom (et par moi-même) le jour anniversaire de sa mort, un an après, à l'inauguration du monument funéraire, élevé à la mémoire de Dübner, dans le cimetière de Montreuil[2].

Ce discours, qui parut dans *le Moniteur* du 15 octobre 1868, suscita de piquantes et même d'aigres

---

1. M. Claretie a faussement attribué à Sainte-Beuve, dans ce même volume (p. 178), des notes sur les académiciens « qui boudaient l'empire ». Ce qui y est dit de dénigrant, par exemple, sur MM. Littré, Maury, Mohl, Renan (pour ne désigner que ces noms parmi ceux que Sainte-Beuve tenait en particulière et haute estime), et la singulière recommandation que Sainte-Beuve se serait décernée à lui-même, auraient dû mettre en garde M. Claretie.

2. Ce tombeau est l'œuvre de M. Mathieu-Meusnier, à qui l'on doit aussi le buste de Sainte-Beuve, dont il a été question plus haut (p. 242 et 331).

polémiques, de la part de l'Académie des Inscriptions et de l'Université. Sainte-Beuve y répondit par une vive réplique dans les *Nouveaux Lundis*, t. XI[1], en reproduisant son discours.

Je renvoie aux pièces du procès, qu'il y a résumé.

---

1. J'ai déjà signalé (p. 328), dans ce tome XI, la note patriotique (p. 47), et la note gaie (p. 115). L'humeur de Bayle perçait en Sainte-Beuve.

XXIX

LE TEMPS

Je n'entreprendrai pas de réfuter, page à page, le *Journal des Goncourt*. Ils ont fait de Sainte-Beuve un dénigrement systématique. En rassemblant tous ces morceaux, on ne reconstituerait pas le grand esprit que fut mon maître. Le pamphlet n'est pas de l'histoire. Les Goncourt sont entrés chez Sainte-Beuve comme des commissaires-priseurs. Ils ont inventorié son mobilier. On ne reproche pas à l'homme qui, dans le moment même, écrit *Port-Royal,* de n'avoir pas de bric à brac japonais à ses murs ; et, si j'en juge par la qualité d'esprit de Sainte-Beuve, la marque d'un esprit supérieur serait plutôt de se dispenser de tous ces enfantillages et *accroche-l'œil* de la pensée.

Un seul passage me sollicite dans tout ce fatras, arrangé et *voulu* par eux. C'est celui qu'ils ont rattaché eux-mêmes à l'entrée de Sainte-Beuve au *Temps* en 1869.

L'injure tombée de haut mérite d'être relevée. Elle touche à l'honneur d'une mémoire respectable.

L'ordre naturel des faits m'oblige à rappeler succinctement les raisons, déjà exposées ailleurs[1], qui dé-

1. Dans le chapitre intitulé *Dernière année*, reproduit à la fois en tête du tome XII des *Nouveaux Lundis* et dans les *Souvenirs*

terminèrent Sainte-Beuve à quitter *le Moniteur universel*. Ce journal (on le sait) cessait d'être *officiel* à partir du 1ᵉʳ janvier 1869. Cette seule circonstance aurait suffi pour délier Sainte-Beuve de son traité avec M. Paul Dalloz : mais il se croyait moralement engagé avec ce dernier. Il ne voulait pas surtout s'enrôler sous la politique de M. Rouher. Le régime alors était si infatué qu'on en oubliait même que le titre de *Moniteur universel* ne se séparait pas du journal des Panckoucke. M. Dalloz dut en revendiquer la propriété par papier timbré. C'est ce qui força la nouvelle feuille à s'intituler *Journal officiel*.

Sainte-Beuve, pour bien marquer qu'il tenait à rester au *Moniteur*-Dalloz, s'empressa d'envoyer à celui-ci un article sur les Leçons de poésie faites à la Sorbonne par M. Paul Albert pour l'enseignement secondaire des jeunes filles. Dans cet article, il relevait « un manque de goût » de M. Le Courtier, évêque de Montpellier, qui appelait « étudiantes » les jeunes filles assidues à ces leçons. « Il a poussé un cri d'alarme, disait Sainte-Beuve, — des cris d'aigle, — comme s'il s'agissait de sauver le Capitole. »

Quand j'allai chercher l'épreuve de l'article au *Moniteur*, je trouvai M. Dalloz en conférence avec son avocat. Il se détacha un instant pour me dire :

« — Obtenez de Sainte-Beuve qu'il supprime le passage qui a rapport à l'évêque... J'ai pour associé un clérical, M. Pointél, que cela choque...

— Ce sera difficile, » répondis-je.

---

et Indiscrétions. Voir aussi ma *Vie de Sainte-Beuve,* servant d'introduction et de préface à l'édition définitive du *Tableau de la poésie française au XVIᵉ siècle,* en 2 vol. (1876, chez Alphonse Lemerre.)

Le lendemain, M. Dalloz vint lui-même présenter sa requête à Sainte-Beuve.

Sainte-Beuve lui adressa deux lettres, publiées dans sa Correspondance à leur date, et dont je n'extrairai qu'un passage significatif (31 décembre 1868) :

« ... J'ai cru que *le Moniteur universel*, non *officiel*, allait être plus libre et plus vif ; — qu'en reprenant son titre de *Gazette nationale de* 89, et la tradition des Encyclopédistes, il ne subirait aucun joug. Je me suis trompé. Je ne veux pas vous susciter d'ennui. Je retire l'article, je me retire en même temps... » Dans une autre lettre, il disait : « Au diable les fanatiques !... »

M. Jules Amigues, attaché à la feuille de M. Dalloz, vint le supplier de rester, disant : « Vous nous laissez désemparés... » Sainte-Beuve ne se laissa pas attendrir. Il se sentait attiré au *Temps* par la pensée philosophique. Il n'y comptait que des amis.

Dans la même matinée, M. Charpentier père, venu chez lui pour l'édition nouvelle et définitive de *Volupté*, offrit et se chargea d'apporter l'article à M. Nefftzer.

La princesse Mathilde vint voir Sainte-Beuve, comme à son ordinaire, le dimanche, et causa une heure avec lui, sans souffler mot de son passage au *Temps*, dont s'entretenait toute la presse.

Le lendemain, contre son habitude, elle revint. C'était le jour même où paraissait l'article (4 janvier 1869).

Ce roulement de voiture à la porte nous était si familier, qu'on annonça, dans le cabinet de Sainte-Beuve, la princesse Mathilde avant de l'avoir vue.

En entendant son nom, M. Edmond Scherer, en visite auprès de Sainte-Beuve, se retira.

Je descendis avec lui dans le salon.

« — Ne croyez-vous pas, me dit-il, qu'elle vienne pour le détourner de nous?

— Soyez tranquille, répondis-je, il tiendra bon. »

Quelques instants après, Sainte-Beuve me fit prier de monter.

« — Tenez compagnie à Son Altesse, » me dit-il.

La contraction de son visage exprimait une grande souffrance. Il avait besoin de se *sonder*.

La princesse Mathilde discutait debout, agitant son manchon. Elle ressemblait en ce moment aux portraits de Napoléon Ier en colère.

« — C'est *le Temps*, dit-elle, qui a lancé la souscription Baudin. »

Le commerce poli de Sainte-Beuve m'avait fait perdre l'habitude de hausser la voix.

Pourtant je répondis, en me redressant :

« — La souscription Baudin est sortie des pavés de Paris.

— C'est mon frère et moi, continuait la princesse, qui avions fait nommer M. Sainte-Beuve sénateur...

— Je ne vois pas, dis-je, en quoi il a démérité... l'Empire a une droite et une gauche... il l'a dit lui-même au Sénat... il ne peut pas aller avec M. Rouher...

— Je ne viens pas de la part de M. Rouher... »

Il paraît bien, au contraire, qu'elle venait de la part de M. Rouher. Du moins, le *Journal des Goncourt* l'indique ; — mais, dans le moment, animée par la discussion, elle l'oubliait de bonne foi.

« — M. Sainte-Beuve était un vassal de l'Empire. »

A ce mot de *vassal*, et sans me faire plus brave ni plus aguerri que je ne l'étais auprès d'une personne de ce rang, pour qui la maison de Sainte-Beuve avait tous les égards, je m'écriai :

« — Il n'y a plus de vassaux, il n'y a que des citoyens... »

La mêlée devenait générale. Nous élevions de plus en plus la voix l'un et l'autre.

« — Eh bien, Troubat, dit Sainte-Beuve ouvrant subitement la porte, il me semble que vous parlez un peu haut... »

J'étais heureux de m'éclipser.

Elle ne tarda pas à sortir en faisant claquer les portes. Je répétai ensuite à Sainte-Beuve le mot de *vassal*. Il pâlit, et me dit :

« — Ils verront si je suis un vassal. »

Quand elle lui dépêcha M. Charles Edmond trois mois après pour se réconcilier, il répondit qu'il était embarqué au *Temps* dans des articles sur Jomini, et qu'il lui faudrait revenir de trop loin pour redescendre au rivage de Saint-Gratien [1].

---

[1]. La réconciliation eut lieu cependant à la veille de sa mort. Elle me télégraphia pour avoir de ses nouvelles. Le docteur Veyne me dicta la réponse toute médicale. Elle adressa à Sainte-Beuve un nouveau télégramme, accusant réception de ma lettre. Sainte-Beuve me dit : « Vous lui avez donc écrit ? » Je lui expliquai qu'ayant reçu une dépêche dans laquelle elle demandait instamment de ses nouvelles, Veyne m'avait dit que mon devoir était de lui en donner. — « Je reconnais bien là Veyne, reprit-il en souriant ; toujours chevalier... » Il me dicta un télégramme assez long. Elle répondit par l'envoi de M. Jules Zeller, qui le trouva ne quittant plus le lit. Sainte-Beuve le pria de prendre sur sa table un numéro de la *Revue des Deux Mondes* en guise de pupitre, et de se rapprocher le plus possible pour écrire sous sa dictée. Ce fut la dernière lettre de Sainte-Beuve à la princesse Mathilde.

XXX

LE JOURNAL DES GONCOURT

MM. de Goncourt prétendent que deux jours après cette scène, en la leur racontant, la princesse Mathilde se serait vantée d'avoir tenu à Sainte-Beuve des propos de ce genre :

« Je lui ai dit chez lui : « Mais votre maison est une
» maison de coquines, un mauvais lieu... Qu'êtes-vous ?
» un vieillard impotent. Vous ne pouvez pas seulement
» vous servir dans vos besoins... »

A la mort de Sainte-Beuve, le prince Napoléon me dit : « C'était un honnête homme ; » et c'est l'hommage que Sainte-Beuve s'était rendu à lui-même dans son article sur *les Jeudis de madame Charbonneau*, où, répondant à une injure de M. de Pontmartin, il dit de lui-même : « Plus jaloux, je l'avoue, d'être honnête homme que de passer pour avoir du goût, je dis tout net à propos de ces phrases étranges qu'on vient de lire, et qui atteignent directement et outrageusement mon caractère :

« Savez-vous, monsieur, que, si vous n'étiez pas un homme léger qui ne pèse pas ses paroles, vous seriez un calomniateur ! »

Les éditeurs responsables sont plus coupables ici

que la femme, dont la colère s'exhalait en paroles furibondes.

La princesse Mathilde, dont Sainte-Beuve a dit : « Elle a cette faculté, qui tient à l'énergie du cœur, de ne jamais oublier, » n'a pu oublier ce que Sainte-Beuve lui écrivait, à propos de l'*étourderie* de sa cousine la princesse Julie[1] :

« On est heureux d'avoir un aperçu de ces aménités qui s'imprimeront, comme évangile, le lendemain du jour où l'on ne sera plus, afin d'en montrer par avance l'absurdité. — Il est vrai qu'on en débitera bien d'autres. C'est ce qu'on appelle la réputation... »

Certes, Sainte-Beuve a eu des faiblesses, — des tendresses littéraires, mais ce n'est pas aux Goncourt à les lui reprocher, — lui qui les traitait « de parfaits gentilshommes de lettres, » ne se doutant pas que ce qu'il disait dans l'article cité ci-dessus sur *les Jeudis de madame Charbonneau* pût s'appliquer à eux-mêmes :

« Le comte d'Orsay était un libertin, un dissipateur, mais un charmant et galant homme. Un jour qu'il était ruiné, un libraire de Londres lui offrit je ne sais combien de guinées pour qu'il écrivît ses Mémoires et qu'il y dît une partie de ce qu'il savait sur la haute société anglaise avec laquelle il avait vécu. — « Non, dit le comte après y avoir pensé un moment, je ne trahirai jamais les gens avec qui j'ai dîné. » M. de Pontmartin n'a pas même cette excuse d'être ruiné, puisqu'il a, bon an mal an, il nous le répète assez, de douze à quinze mille livres de revenu... »

Les Goncourt en possèdent à peu près autant, — s'il faut en croire la préface d'*Henriette Maréchal*.

---

1. *Lettres à la Princesse*, 16 juin 1868.

Sainte-Beuve achève ainsi de formuler sa morale, dans le cas dont il s'agit :

« Les Anciens, honnêtes gens, avaient un principe, une religion : tout ce qui était dit à table entre convives était sacré et devait rester secret; tout ce qui était dit sous la rose, *sub rosa* (par allusion à cette coutume antique de se couronner de roses dans les festins), ne devait point être divulgué et profané... »

Mais cette religion n'est pas celle des Goncourt qui n'aiment pas les Anciens.

Ils sont « modernes, » bien modernes, et, en cette qualité, font étalage naïvement d'une *plaie*[1], prévue aussi par Sainte-Beuve dans le même article, quand il a dit :

« M. de Pontmartin... est plutôt piqué, aigri... »

De quoi donc sont aigris les Goncourt?

D'un article sur *Madame Gervaisais*, que Sainte-Beuve n'a pas fait.

Il était brouillé déjà depuis trois mois avec la princesse Mathilde. Ses articles paraissaient toujours au *Temps*.

A propos du livre des Goncourt, il voulait, étendant la question, publier une étude complète sur le roman moderne.

Il me fit lire tout haut *Madame Gervaisais*, prenant à mesure des notes indicatrices qu'il me dictait et que j'écrivais sur de petits carrés de papier.

Cet ouvrage lui paraissait fatigant. Le travail s'y

---

1. « Notre plaie au fond, c'est l'ambition littéraire insatiable et ulcérée, et ce sont toutes les amertumes de cette vanité des lettres, où le journal qui ne parle pas de vous vous blesse, et celui qui parle des autres vous désespère. » (*Journal des Goncourt*, t. II, p. 187).

faisait trop sentir. Il n'y retrouvait pas non plus la Rome catholique, telle qu'il la revoyait dans ses propres souvenirs. Ce n'était pas la vraie note, enfin.

Il se permit d'en faire l'observation polie aux auteurs.

L'un d'eux, le plus jeune, lui répondit : « Nous nous sommes tués, monsieur Sainte-Beuve, sur ce roman... »

On s'en apercevait bien, en le lisant.

Quelques jours après, M. Henri Harrisse, à qui George Sand a dédié *Cadio*, vint redire à Sainte-Beuve un propos tenu la veille par Jules de Goncourt à son sujet chez la princesse Mathilde.

« — Comment va Sainte-Beuve? avait-elle demandé.

— Oh! il n'y a pas à s'en inquiéter, aurait répondu le plus primesautier des deux frères ; il est moins malade qu'on ne pense : il est en train de nous *éreinter*... »

Ce dernier mot choqua extrêmement Sainte-Beuve.

« — Je fais de la critique *honnête*, s'écria-t-il, je n'ai jamais *éreinté* personne. Ce sont là de mauvaises mœurs littéraires que je laisse à d'autres... »

Il renonça dès ce moment à son article.

Ce fut, somme toute, un mauvais service rendu aux Lettres. On aurait vu défiler tout un convoi de romanciers, comme il faisait des convois de poètes ; — et l'on aurait eu son opinion définitive sur un genre, qui se passe de plus en plus, il est vrai, de législateur. Lui-même ne lui assignait d'autres limites que celles de l'honnêteté et de la bienséance, lui laissant d'ailleurs toute latitude. Il n'oublia jamais qu'il avait fait *Volupté*.

XXXI

DERNIÈRE SORTIE

L'Empire ne doutait plus de rien. Témoin l'élection de Théophile Gautier à l'Académie, qu'on croyait si sûre que la princesse Mathilde était venue en attendre le résultat dans l'appartement de M. de Sacy, à la Bibliothèque Mazarine, afin d'embrasser plus tôt son poète. Il échoua, parce que le parti de la cour eut plus confiance en la parole des meneurs orléanistes et cléricaux qu'en MM. Thiers, de Rémusat, Prevost-Paradol, Autran, Mignet, avec qui Sainte-Beuve et Mérimée faisaient ce jour-là cause commune. L'empereur avait désigné vaguement son candidat, M. de Champagny, — autre historien de César, en qui il se voyait lui-même reçu de l'Institut, — et les amis de Compiègne (sauf Sainte-Beuve et Mérimée) votèrent pour M. de Champagny, candidat de M. Guizot, contre M. Duvergier de Hauranne, candidat de M. Thiers et de la *gauche* de l'Empire. La faction cléricale l'emporta.

M. Thiers ne demandait, pour son candidat, que *cinq* voix, en échange desquelles il s'engageait à faire passer Théophile Gautier à la troisième élection de la journée, qui devait suivre immédiatement celle de M. Duvergier de Hauranne. Se voyant battu, il rendit la pareille, et vota, avec tous les siens, pour Auguste Barbier [1].

En retournant cahin-caha rue du Mont-Parnasse, nous rencontrâmes, au sortir du passage du Pont-Neuf, MM. Rouher et de la Valette, qui descendaient gaiement le trottoir de la rue de Seine. Sainte-Beuve leur fit part brusquement, et en termes très vifs, de ce couronnement de la politique impériale en la personne d'un candidat clérical, M. de Champagny, et de la défaite qui en était la conséquence, en celle de Théophile Gautier.

M. Rouher haussa les épaules.

— L'empereur ne s'occupera plus de l'Académie, dit-il ; il ne recevra plus les nouveaux élus : *on les payera*, voilà tout.

Cette appréciation de M. Rouher donne la mesure de son infaillibilité.

L'Empire touchait à sa fin. Il se croyait inébranlable.

Après l'impertinente et suffisante réponse que je venais d'entendre, j'approuvai, *in petto*, l'Académie d'avoir voté pour Auguste Barbier.

Ce fut la dernière sortie de Sainte-Beuve (29 avril 1869).

Il ne s'éloigna plus de son quartier dès ce jour.

Nous avions poussé, le matin, à pied, jusqu'à la rue Vivienne.

En traversant le pont des Saints-Pères, voyant pour la première fois l'effigie équestre de Napoléon III par

---

1. J'ai raconté cette intrigue académique plus au long dans les *Souvenirs et Indiscrétions*, à propos même de Mérimée et de l'élection d'Auguste Barbier.

Barye, collée comme une pièce de cent sous sur le nouveau Louvre, il m'avait dit ces paroles prophétiques :

« — Vous verrez cela arraché par le peuple avec colère[1]... »

---

[1]. Il allait se faire couper les cheveux rue Vivienne, chez un perruquier dont l'établissement a disparu depuis l'occupation de tout l'îlot par la Bibliothèque nationale. Il prit ensuite un bain aux bains Vivienne. De là, nous déjeunâmes chez Véfour, où, pour s'épargner la monotonie d'un tête-à-tête avec son secrétaire, il avait donné un agréable rendez-vous. *Nec tamen pœnitens!..*

XXXII

LE PRINCE NAPOLÉON

Dans les derniers jours du mois d'août, le prince Napoléon tomba, une après-midi sur les quatre heures, chez Sainte-Beuve, s'essuyant, s'épongeant le front. Il lui apportait son impression toute *chaude* sur le sénatus-consulte, dont il venait d'entendre la lecture au Sénat. Je fus chargé de le prier d'attendre un instant, en bas, au salon, que Sainte-Beuve s'apprêtât. Il me questionna sur la santé du maître avec un vif intérêt, puis Sainte-Beuve le pria de monter et le reçut, portes et fenêtres ouvertes, dans une grande pièce, donnant sur le jardin et appartenant à la maison voisine, nouvellement annexée à la sienne.

On passait de la chambre à coucher, servant de cabinet de travail, à cette autre chambre par une veranda.

Sainte-Beuve ne pouvait plus s'asseoir qu'entre deux tabourets. Son visage était de plus en plus creusé et raviné : la voix même, qu'il avait agréable et douce, s'altérait.

Le prince Napoléon parlait avec une vivacité extrême, ne mâchant pas les mots.

J'étais resté dans la chambre à côté, à ma place de travail habituelle.

A un moment, j'entendis ce dialogue :
Sainte-Beuve, d'une voix très affaiblie :
« — Et l'empereur, que pense-t-il de tout ça ? »
Le prince Napoléon, d'une voix retentissante :
« — L'empereur ! il n'est pas même mauvais !! »
Je descendis, craignant d'être indiscret, — d'écouter, malgré moi, aux portes.

Après le départ du prince, Sainte-Beuve me dit :
« — Je vous ai appelé ; vous n'étiez plus là... »
Je lui exprimai le scrupule qui m'était venu.
« — Mais il savait très bien que vous étiez là, dit Sainte-Beuve ; il a été étonné, comme moi, que vous ne répondiez pas, quand je vous ai appelé... »

Quelques jours après, Sainte-Beuve lui donna un témoignage d'amitié dans le post-scriptum de sa lettre à M. Nefftzer, sur le sénatus-consulte[1] (7 septembre 1869). Le prince Napoléon avait prononcé un grand discours au Sénat sur ce sénatus-consulte, le 1ᵉʳ septembre, puis il était retourné à Prangins.

A la mort de Sainte-Beuve, le 13 octobre 1869, je crus devoir l'en prévenir par un télégramme et par une lettre où je lui donnais des détails.

Je reçus, en réponse, cette lettre émue que je place aujourd'hui en regard de la belle page, écrite dix-huit ans après sur Sainte-Beuve par le prince Napoléon dans *Napoléon et ses détracteurs*[2] :

---

1. Recueillie dans les *Premiers Lundis*, t. III.
2. « Sainte-Beuve faisait également partie de la Commission. Je le connaissais beaucoup ; je savais qu'il n'aimait guère Napoléon. C'était un esprit charmant, surtout critique, et empreint de socialisme autoritaire. Je demandai à l'empereur de réfléchir avant de l'exclure, et j'eus plusieurs longues conversations avec Sainte-Beuve sur l'œuvre que j'entreprenais. Je lui en expliquai le but, je lui dis les sentiments et l'esprit que j'y apporterais,

« Villa de Prangins, près Nyon. Canton de Vaud (Suisse).
            Ce 20 octobre 1869.

» Monsieur, je reçois votre lettre sur M. Sainte-Beuve, elle me navre et j'avoue qu'elle m'a arraché des larmes ; la perte de ce grand littérateur philosophe, de cet homme de bien, de cet ami, me cause un profond chagrin. Merci d'avoir compris l'amitié qui m'attachait à celui que vous appelez votre maître. Si cela m'avait été possible, je serais accouru à Paris pour ses funérailles ; malheureusement je ne pouvais arriver à temps ; j'aurais suivi avec tristesse et sympathie le modeste convoi, grand par celui qui était porté en terre et par les amis qui lui rendaient ce dernier devoir !

» Dans quelques jours, je serai à Paris ; venez me voir, je désire vous serrer la main et vous remercier de vive voix de vos dépêches et lettre, et d'avoir compris mes sentiments pour l'illustre et cher mort. Je vous serre la main.

                » NAPOLÉON (Jérôme). »

et lui demandai loyalement s'il voulait m'aider ou me contrecarrer. Il me tendit la main : « Après tout, me dit-il, vous con-
« naissez mieux Napoléon que moi qui ne m'en suis pas spéciale-
« ment occupé ; vous avez une mission à remplir, et, si vous vou-
« lez de moi, je vous seconderai. » Jamais en effet nous ne fûmes en désaccord, notre amitié fut vive et durable, j'allais passer de longues heures dans son petit logement de la rue Mont-Parnasse, je l'assistai pendant sa maladie. Je le regrettai vivement. Après sa mort, il ne fut pas remplacé à la *Correspondance*. » (*Napoléon et ses détracteurs*, par le prince Napoléon, p. 249-250).

XXXI

GUIRLANDE FUNÈBRE

Dans le premier moment (13 octobre), M. de Lescure m'écrivit du Petit-Luxembourg :

« Quelle terrible nouvelle me foudroie à l'improviste ! Serait-il vrai (j'étais absent quand, me dit-on, M. Camille Doucet est venu donner ce funèbre avis au président), serait-il vrai que notre cher maître n'est plus qu'un grand esprit, et qu'il est mort pour commencer d'être immortel !... »

De Provins, m'arrivait cette lettre (14 octobre) :

« Quel événement, monsieur, et quelle émotion m'a apportée votre télégramme si inattendu ! *Tout est fini*, je reçus ce mot douloureux à quatre heures ; j'étais bien loin de m'attendre jeudi, quand je lui serrais la main en lui disant *au revoir*, avec Mérimée, que c'était pour la dernière fois que je le voyais. Il avait tant de courage et encore tant d'espérance ! Voilà un vide immense qui vient de se faire, une des plus irréparables pertes que puissent éprouver les Lettres françaises. C'est un grand flambeau qui s'éteint. Vous perdez une amitié bien précieuse ; mais on n'ose parler des douleurs privées au milieu d'un deuil public. Je vous remercie d'avoir pensé à moi dans ces funèbres circonstances. On m'écrit que sa dernière volonté défend toutes cérémonies, toutes convocations. Je regrette qu'il refuse des funérailles, du moins plus recueillies que celles que peut lui faire une foule, peut-être passionnée. Pardonnez ce regret[1], et recevez de nouveau le remerciement d'un cœur bien affligé et d'un ami de M. Sainte-Beuve, qui veut être le vôtre.

» LEBRUN.

» Provins, jeudi matin. »

Viollet-le-Duc voulut bien m'adresser ce témoignage de l'estime en laquelle il tenait Sainte-Beuve :

« Compiègne, 15 octobre 1869.

» Cher monsieur,

» J'ai appris ici par le *Journal officiel*, hier matin, la mort de notre pauvre Sainte-Beuve. J'étais, depuis ma visite de janvier, préparé à cet événement, et je pensais bien, en vous quittant, ne plus revoir notre ami. Aussi suis-je parti fort chagrin et préoccupé, mais il me fallait absolument me rendre à mon poste. En revenant donc ici de Pierrefonds, mes craintes ont été confirmées par la triste nouvelle. Nous perdons là un ami sûr et un conseil précieux, un caractère; ce qui, dans un temps d'effacement comme le nôtre et de misères morales, est un vrai malheur. Bien peu d'hommes eussent pu, au milieu de si longues souffrances physiques, conserver la force morale et l'in-

---

1. Nous avons publié intégralement la lettre de M. Lebrun, sans partager son regret ni son sentiment sur les funérailles civiles, où nous avons cru remarquer, au contraire, plus de recueillement qu'aux autres.

telligence nette des choses que notre ami possédait jusqu'aux derniers jours. Plus que personne, vous qui ne l'avez pas quitté, vous avez pu apprécier l'énergie de cette lutte de l'esprit contre la décomposition physique. C'est là un exemple qu'il nous laisse ; c'est ainsi qu'il faut finir [1].

» Retenu ici aujourd'hui, je ne pourrai vous voir comme j'y comptais et accompagner le corps de notre ami à son dernier refuge. Excusez-moi et croyez, cher monsieur, à tous mes sentiments les plus sympathiques.

» VIOLLET-LE-DUC. [2] »

De Versailles, je recevais la carte suivante :

« 15 octobre.

» ÉMILE DESCHAMPS.

» A mon profond chagrin, qui est celui de tous, se joint le poignant regret de ne pouvoir me réunir à

---

[1]. Et c'est ainsi qu'a fini le vaillant et grand architecte.

[2]. Et dans une seconde lettre, du 27 octobre, revenant sur le caractère de Sainte-Beuve, il m'écrivait :

« ... J'ai reçu à Compiègne votre carte, et je serai très heureux de vous entendre sur le compte de notre ami. Ce sera encore un écho de lui. C'est un vide pour ses amis, un conseil, un jugement sûr qui vont nous manquer.

» Et, en ces temps, les esprits de cette trempe sont rares... »

J'ai dit, plus haut, que je tenais de Viollet-le-Duc un buste en bronze de Sainte-Beuve par Chenillion. Voici la lettre par laquelle il m'en annonçait l'envoi :

« 30 novembre.

» Cher monsieur,

» Revenu depuis peu de Compiègne, je voulais aller vous voir et vous porter un petit buste en bronze de notre maître et ami, et que M. Barbedienne lui destinait. Il vous revient de droit... Dans le cours de la semaine prochaine, j'irai vous porter le petit chef-d'œuvre de Chenillion... »

l'innombrable cortège, qui va conduire notre cher Sainte-Beuve à sa dernière demeure, moi son ami de toujours et son admirateur dévoué. Voilà bien longtemps et pour bien longtemps peut-être que je suis retenu par une *cécité*, qui ne me laisse des yeux que pour pleurer.

» Agréez, je vous prie, l'expression de ma peine avec celle de mes plus chaleureuses sympathies. »

Octave Lacroix, à qui Sainte-Beuve a rendu un juste hommage dans son article sur ses *Secrétaires*, m'écrivit :

« Mon cher ami,

» C'est hier seulement et dans la soirée que j'ai appris à Bordeaux la mort de notre maître M. Sainte-Beuve. J'étais loin, malgré les mauvaises nouvelles, tant de fois démenties, de prévoir un malheur si grand et que je ressens au fond de l'âme. J'ai pris le premier train qui partait pour Paris afin de pouvoir me joindre à tous ceux qui ont aimé la personne et admiré le beau génie de Sainte-Beuve. Vous savez quel prix je mettais à son opinion sur mon compte et à ses sympathies. J'ai besoin de dire à l'*un de nous*, à vous, mon cher Troubat, qui avez reçu le dernier soupir de cet illustre ami, que mes regrets et ma douleur sont avec les vôtres.

» Tout à vous et du fond du cœur, mon cher ami.

» OCTAVE LACROIX.

» 15 octobre 1869. »

Voici un jugement littéraire qui a son prix (16 octobre) :

« Cher monsieur,

» J'ai été consterné de la triste nouvelle qui nous arrive au fond de nos bois. Je suis à cent lieues de Paris. Sans cela, je me serais fait un devoir d'accompagner à sa dernière demeure notre pauvre ami. Quelle perte pour les Lettres ! Qui verra désormais aussi clair que lui ? qui sera aussi sincère et dira aussi justement la vérité à tous ? La critique française est décapitée...[1]

» A. MÉZIÈRES. »

Un voisin, bien connu, de la rue Mont-Parnasse, m'envoyait ce mot de regret :

« Samedi, 16 octobre 1869.

» Monsieur,

» N'ayant pu, malgré toute la diligence que j'ai mise, arriver à temps pour accompagner les restes de l'éminent écrivain et du libre penseur que la France vient de perdre, je viens vous témoigner tous mes regrets, en même temps que je vous exprime la vive et sincère admiration que je professais pour celui dont vous avez si longtemps été le secrétaire. A dix heures, j'assistais avec Jules Simon, Taxile Delord et Ulbach à une réunion qu'aucun motif ne pouvait faire ajourner ; ces vieux amis ont été comme moi très attristés de ne pouvoir venir grossir la foule qui a rendu les derniers honneurs à M. Sainte-Beuve.

» DUCOUX. »

---

1. A rapprocher d'une lettre de madame Sand à Flaubert, où, parlant de Sainte-Beuve, elle disait (17 janvier 1869) : « Il sera le dernier des critiques. Le critique proprement dit disparaîtra. Peut-être n'a-t-il plus sa raison d'être. Que t'en semble ? »

Après la carte d'Émile Deschamps, voici encore une lettre touchante d'un ami presque aveugle :

« Cher monsieur,

» J'aurais bien voulu, ce matin, dans cette triste circonstance, vous serrer la main en face du cercueil de notre cher et illustre ami ; mais, à cause de ma vue déplorable, je n'ai pu pénétrer jusqu'à vous dans cette foule énorme.

» Permettez donc à un des plus anciens amis de Sainte-Beuve (quarante ans de bonne et fidèle amitié !), permettez-moi de vous adresser mes remerciements dévoués et pleins de gratitude pour tous les soins admirables dont vous avez entouré les dernières années de ce noble travailleur, plus fort que sa souffrance ! Avec tous les vrais amis, les fervents admirateurs de Sainte-Beuve, nous vous sommes reconnaissants.

» A vous de cœur dévoué,

» JULES LACROIX.

» Ce 16 octobre 1869. »

La lettre douloureuse suivante m'était adressée de Cannes :

« Cannes, 17 octobre 1869.

» Cher monsieur,

» Quelques heures avant de quitter Paris, M. Giraud, qui sortait de chez vous, m'a appris la triste nouvelle.

» Mon voyage avait été retardé et je ne suis parti que mercredi soir. En arrivant ici, j'ai trouvé votre télégramme. Je vous remercie d'avoir pensé à moi dans ces tristes moments. Vous saviez combien je serais touché de cette mort. Il y a bien longtemps que nous

nous connaissions. Nous avions commencé à écrire presque en même temps. Nous avons fait ensemble nos visites académiques ; nous avons été élus le même jour, et c'est chez Sainte-Beuve que j'attendais mon sort le jour de l'élection. Il me restait bien peu d'espoir la dernière fois que je l'ai vu ; j'étais loin de m'attendre cependant à une fin si rapide...

» Adieu, cher monsieur ; veuillez croire à tous mes sentiment bien dévoués.

» P. MÉRIMÉE. »

Un écrivain, de qui Sainte-Beuve a dit dans *Ma biographie* : «... J'ai eu à me louer de bonne heure de M. Xavier Eyma... » m'envoyait de Nice cette belle lettre :

« 93, Promenade des Anglais.
Nice, le 17 octobre 1869.

» Monsieur,

» Vous n'ignorez certainement pas l'affectueuse estime dont Sainte-Beuve m'honorait et le respectueux attachement que je professais pour lui.

» Je tiens donc, monsieur, vous un dépositaire de ses pensées et de son cœur, à ce que vous sachiez qu'il a fallu mon éloignement de Paris, et dans des conditions médiocres de santé, pour que je ne fusse pas présent à la funèbre cérémonie de samedi. J'y étais bien certainement de tout mon esprit, et ce sera un de mes grands regrets de n'avoir pu rendre un dernier devoir à un des hommes que j'ai le plus aimés et le plus admirés en ma vie.

» Que sera pour vous, monsieur, mon témoignage venant après celui de tant d'autres pour votre dévouement infatigable ? Permettez-moi, néanmoins, de mettre un véritable prix à vous l'exprimer, en vous priant d'agréer, monsieur, l'expression de mes sentiments les plus distingués.

» XAVIER EYMA. »

D'Alton Shée aussi, de sa main d'aveugle, m'écrivait après les funérailles :

« Paris, 18 octobre 1869.

» Mon cher Troubat, avant-hier, au milieu de la foule, je n'ai pu ni vous *voir* ni vous serrer la main ; car on a rendu justice à notre ami ; des milliers de citoyens lui ont apporté leur témoignage de respect et de sympathie.

» Pour la première fois, depuis plus de deux ans, mon mardi[1] est sans but...

» A vous.

» D'ALTON SHÉE. »

Albert Glatigny, qui avait subi toutes les misères en Corse, et en était lui-même devenu aveugle, m'envoyait ce témoignage :

« 19 octobre 1869.

» Mon cher ami,

» J'apprends aujourd'hui seulement la mort de M. Sainte-Beuve, et je l'apprends presque par hasard, car, dans le désert où je suis, on ne reçoit qu'un seul journal que mes pauvres yeux m'empêchent même de lire. Je vous écris encore à tâtons. Je n'ai rien à vous dire, sinon que je sens votre douleur et que j'ai pleuré en apprenant le malheur qui frappe si cruellement la littérature. En dehors du grand écrivain, j'ai eu le

1. Le jour où il venait rendre visite à Sainte-Beuve.

bonheur, douloureux maintenant, de connaître le brave et excellent homme qui vient de mourir.

» Je vous serre bien tristement la main.

» ALBERT GLATIGNY. »

» Sainte-Lucie de Tallano (Corse). »

Madame Sand, qui avait envoyé à Sainte-Beuve un exemplaire de *Monsieur Sylvestre* avec cette dédicace : « A mon ami Sainte-Beuve, chère et précieuse lumière dans ma vie, » adressait cette lettre émue au légataire universel du grand critique :

« Cher monsieur, je n'ai pas eu le courage de rentrer dans cette chère petite maison et de vous serrer la main, mais j'étais là tout près, me retenant de pleurer devant tout ce monde, le cœur bien gros. Ah! c'est trop tôt se quitter! je croyais partir avant lui.

» Vous garderez pieusement cette douce mémoire. Il a bien su que vous en étiez digne, et tous ses amis le savent aussi.

» A vous de cœur.

» G. SAND. »

» Paris, 22 octobre 1869. »

La carte de Louis Blanc m'était parvenue avec celle de M. Alfred Hédouin. J'en remerciai l'illustre proscrit. Il me répondit par ces lignes cordiales :

« Londres, le 26 octobre 1869.

» Mon cher monsieur,

» C'est parce que j'ai compris combien votre affliction devait être grande, que la pensée m'est venue de vous envoyer un témoignage de sympathie. Pourquoi vous étonnez-vous que votre nom soit resté

dans ma mémoire? Je trouve cela tout simple, moi.
» Votre bien dévoué,

» Louis Blanc. »

Chaque courrier apportait des cartes et des lettres en grand nombre. Je continue à faire un choix parmi tous ces témoignages spontanés qui jettent autant de reflets, aujourd'hui, sur l'esprit et le cœur de l'écrivain regretté.

M. Adert, directeur du *Journal de Genève*, avec qui Sainte-Beuve entretenait une correspondance de savant, d'helléniste, m'écrivait :

« Quelle triste nouvelle !... et combien j'étais loin de la prévoir ! Il ne me semblait pas possible que M. Sainte-Beuve pût nous quitter aussi rapidement, tant il était plein encore de vie intellectuelle et de passion pour le travail ! Mais aussi quelle immense perte fait en lui l'histoire littéraire et quel vide il va laisser au milieu de ses contemporains ! Vous savez combien je lui étais attaché et quel prix je mettais à des relations qu'il avait toujours su rendre si faciles et si agréables. Aussi son souvenir me restera-t-il toujours précieux; et je relirai plus d'une fois ses charmants billets pour me rappeler cette vive, impressionnable et séduisante nature, qui avait tant de charmes et d'imprévu pour moi... »

M. Edouard Schuré, auteur d'une étude sur Richard Wagner, qui avait paru naguère dans la *Revue des Deux Mondes* (15 avril 1869) et nous avait attiré une discussion piquante avec M. Buloz[1], me faisait part de nobles et vives appréhensions :

« ... Que va devenir la critique littéraire sans lui ? La France a perdu un de ses esprits les plus libres et

---

1. Voir ci-dessus le chapitre intitulé *Richard Wagner*.

les plus larges, la littérature son guide le plus sûr, la jeunesse chercheuse et pensante son ami le plus bienveillant. Je le sais, pour avoir joui une ou deux fois de ses conseils. Je n'oublierai jamais les courts moments passés avec lui. Ils m'ont fait sentir avec son charme pénétrant cette ferme et fine intelligence toujours prête à prendre parti pour le nouveau, le jeune, le vrai... les obscurs, les commençants, les inconnus sincères possédaient en lui un ami inspiré, un défenseur toujours sur les rangs. L'ayant connu par ce côté délicat et touchant, je joindrai toujours au précieux souvenir que m'a laissé sa personne un sentiment de respect et de vive reconnaissance... »

Je ne puis m'empêcher de rapprocher cette lettre d'une autre toute récente, provoquée par le *Journal des Goncourt*, où quelqu'un d'autorisé me dit : « Dans cette « maison de coquines, » dans ce « mauvais lieu » de la rue du Mont-Parnasse, on ne traitait que de choses intellectuelles, et le maître de la maison, tout épicurien qu'il fût, avait cette suprême qualité de relever les défaillants, de se mettre au service des gens timides, de les pousser, de les aguerrir et d'user pour eux de tout son crédit qu'il ne marchandait pas. Il a trouvé des ingrats, des salisseurs de sa mémoire comme le... que dans l'intimité il appelait *un sot*; le sot s'est vengé, croyant n'avoir plus rien à craindre, c'est la règle. »

M. Emmanuel des Essarts, esprit lettré par excellence, pétri de Lettres pour ainsi dire, me témoignait d'un trait sa douleur vive :

« ... Au moment où je vous écris, je pleure (et ceci n'est pas une métaphore), je pleure l'homme excellent qui des hauteurs de la pensée descendait vers nous et était si bon, étant si grand..., »

Tous s'accordent à rendre hommage à la bonté de cœur de Sainte-Beuve :

« ... Je n'oublierai jamais, m'écrivait Chantelauze, ses bontés si délicates, ses encouragements, son accueil si plein de grâce et de bienveillance, le charme sans égal de ses entretiens, et surtout les derniers témoignages d'intérêt qu'il a bien voulu me donner de son lit de douleur, et jusqu'aux derniers moments de sa vie... »

J'en trouve une autre preuve dans une lettre de province, qu'il ne m'est pas permis de désigner autrement :

« Madame G... n'oubliera jamais son dévouement si affectueux, les sentiments si généreux et si élevés dont il a fait preuve à son occasion, dans des circonstances telles qu'elles suffiraient à édifier sur l'étendue de son cœur ceux qui font tant d'efforts pour en douter. Cette dernière réflexion m'est suggérée par un article indigne... (15 octobre 1869). »

Poulet-Malassis se rangeait d'une famille d'esprits dans ce fragment de lettre datée de Bruxelles (16 octobre 1869) :

« ... Après ma famille et mes plus anciens amis, M. Sainte-Beuve était la personne pour qui j'avais le plus d'affection, avec un respect profond. Lui et Proudhon étaient les deux hommes à qui je dois le plus. La plupart des gens de ma génération, s'ils sont de bonne foi, en diront autant... »

Le disciple et traducteur de Strauss, M. Charles Ritter, de Morges, pour qui l'intérêt supérieur des Lettres primait tout, m'écrivait :

« ... Pour nous, qui aurions eu si grand besoin de suivre longtemps encore cet admirable cours de littérature et de morale qu'il nous faisait depuis quarante ans, — nous sommes et nous serons toujours inconsolables d'une telle perte. Tant que nous le possédions encore, tant que nous le savions vivant, travaillant, écrivant, nous étions assurés contre le règne du mauvais goût et de la sottise, nous savions que *le maître était là*. Que va devenir maintenant ce royaume des Lettres dont il tenait le sceptre avec tant de grâce et de fermeté, et qui était pour nous « comme un asile et un Élysée terrestre? » Le temps des barbares et de la barbarie semblait déjà venu, à bien des signes; maintenant que Sainte-Beuve n'est plus là, qui nous défendra contre cette invasion?... »

La pauvre Louisa Siefert m'écrivait le 3 novembre 1869 :

« Les Ormes, Saint-Cyr, près Lyon.

» Monsieur,

» L'on me dit que profondément attaché à M. Sainte-Beuve et admirablement dévoué à celui que tous nous regrettons sans avoir eu le bonheur de le connaître, vous êtes sensible aux marques de respect rendues à sa mémoire.

» Pour moi, si tard que je sois venue et quoique je n'aie pu exprimer à l'illustre maître qu'une bien lointaine et modeste sympathie, j'avais à le remercier de sa grande bonté. La reconnaissance était à moi, je la garde avec son souvenir, mais l'admiration est à tout le monde... »

Et le 15 novembre :

« ... Vous m'avez rendue bien fière, monsieur, en trouvant que j'ai parfois rencontré juste et parlé de notre cher et grand maître[1], comme lui-même l'eût

---

1. Dans un article du *Progrès de Lyon*.

désiré. Rien assurément ne pouvait me toucher davantage, et, s'il est ainsi, je ne puis en rapporter l'honneur qu'à l'ardente sympathie que m'a toujours inspirée cette grande âme de poète, et qui m'a fait peut-être en deviner quelque chose. Je vous suis bien reconnaissante, monsieur, d'avoir songé à me le dire et vous remercie de vous souvenir aussi de mes vers... »

Le docteur Veyne me remettait ce billet :

« Vendredi.

» Mon ami,

» Moi qui connais ton cœur, je devine ton affliction après la mort de notre illustre et regretté Sainte-Beuve.

» Je serai toujours reconnaissant pour M. Troubat, qui m'a donné la consolation de lui serrer la main naguères.

» Je te verrai demain à la triste cérémonie.

» Vive affection.

» NOGENT SAINT-LAURENS. »

Au retour des funérailles[1], je trouvai, dans la maison de Sainte-Beuve, M. Léon Halévy, qui m'impressionna vivement par l'accent de sa parole noble, élevée, convaincue.

La dernière guirlande à tresser serait celle d'un

---

1. Je n'aurais pu que me répéter à refaire le récit des funérailles. Je renverrai à celui du *Temps* (17 octobre), qui a donné la plus longue liste de personnes présentes, et à mes propres *Souvenirs et Indiscrétions*. Une couronne de violettes, envoyée par M. Alexandre de Girardin, de la part de madame de Tourbey, avait été déposée sur le cercueil. Depuis le 13 octobre 1869, l'anniversaire de la mort de Sainte-Beuve m'est rappelé tous les ans par une lettre de M. René Fossé d'Arcosse.

choix d'articles sur Sainte-Beuve publiés au lendemain de sa mort.

Je me bornerai à signaler celui de M. Nefftzer, annonçant la mort dans *le Temps* du 14 octobre;

Les premières lignes d'en-tête du *Journal de Paris* du 15 octobre, dues sans doute à M. J.-J. Weiss, où il est dit, d'une façon si éloquente : «... Notre siècle, depuis Gœthe, n'a pas produit de plus grand critique et il a produit bien peu d'aussi grands esprits;... »

Et un magnifique article de M. Taine dans le *Journal des Débats*, du 17 octobre, où le talent de Sainte-Beuve est analysé et condensé avec l'inspiration propre à l'auteur, quand il se dégage et s'abandonne[1].

Réfutant tout d'abord le reproche d'absence de foi politique, fait l'avant-veille à Sainte-Beuve par Prevost-Paradol dans le même *Journal des Débats* (15 octobre 1869), M. Taine dira :

«... Ce que les contemporains remarquent surtout chez un homme, c'est le parti qu'il a pris dans leurs querelles politiques ou religieuses; rien ne les intéresse plus vivement; ils le jugent d'après cette pierre de touche. L'inconvénient est qu'elle s'use vite; au bout d'un demi-siècle ou d'un siècle, la postérité en choisit une autre. Alors on estime l'homme d'après la

---

1. C'est lui qui a résumé ainsi Voltaire : « Créature d'air et de flamme, la plus excitable qui fût jamais, composée d'atomes plus éthérés et plus vibrants que ceux des autres hommes, il n'y en a pas dont la structure mentale soit plus fine ni dont l'équilibre soit à la fois plus instable et plus juste. On peut le comparer à ces balances de précision qu'un souffle dérange, mais auprès desquelles tous les autres appareils de mesures sont inexacts et grossiers. » — Il me semble avoir déjà vu des instruments analogues, aussi subtils et non moins sensitifs, aux doigts d'un autre. Quand je disais que Sainte-Beuve était de la famille de Voltaire!

qualité et l'étendue de son esprit, d'après l'originalité et l'importance de son œuvre ; c'est à ce point de vue qu'il faut se mettre pour apprécier l'écrivain et le penseur qui vient de mourir. Il fut impopulaire, il y a vingt ans, au Collége de France ; il était populaire, l'an dernier, au Sénat. Mais les actions qui tour à tour l'ont rendu populaire et impopulaire n'ont été pour lui qu'accessoires, il eût pu répéter ce que Lagrange disait de lui-même et de son rôle politique sous le premier empire : « Mes formules, à moi, sont plus générales que cela... »

Et, comme si M. Taine prévoyait d'avance l'autre reproche fait plus tard à Sainte-Beuve, le « décousu de sa philosophie, » il répondra :

« Sans doute jamais il n'a exposé un système ; un critique comme lui a peur des affirmations trop vastes et trop précises ; il craindrait de froisser la vérité en l'enfermant dans des formules. Mais on pourrait extraire de ses écrits un système complet. Il avait toutes les connaissances de détail qui conduisent aux vues d'ensemble...

»... M. Sainte-Beuve a été un inventeur. Il a importé dans l'histoire morale les procédés de l'histoire naturelle ; il a montré comment il faut s'y prendre pour connaître l'homme ; il a indiqué la série des milieux successifs qui forment l'individu et qu'il faut tour à tour observer afin de le comprendre... M. Sainte-Beuve, un jour, a lui-même exposé cette méthode, et il y voyait son principal titre auprès de la postérité[1]...

1. Dans le deuxième article sur *Chateaubriand jugé par un ami intime en 1803* (*Nouveaux Lundis*, t. III, article du 22 juillet 1862). — L'auteur des présents *Souvenirs*, qui doit tant à Sainte-Beuve, se permettra d'ajouter qu'il lui doit aussi une

» Aujourd'hui, autour de lui, il y a des contemporains, des rivalités, des brouilles, des picoteries, des rancunes de personnes, de salon, de parti, de journal, des souvenirs du *Globe*, du *National*, du *Moniteur*, du *Constitutionnel*, du *Temps*, de l'Académie française, du Collège de France, du Sénat... Tout cela est éphémère. Mais quelque chose subsistera et peu à peu se dégagera. On verra qu'à travers plusieurs engagements, il n'a servi qu'un maître, l'esprit humain; pour le juger lui-même en critique et d'après ses propres préceptes, j'ose ajouter, en pesant exactement toutes mes paroles, qu'en France et dans ce siècle, il a été un des cinq ou six serviteurs les plus utiles de l'esprit humain. »

Après un jugement aussi impartial et large, on peut s'arrêter et laisser au temps le soin de faire son œuvre.

philosophie. Elle est toute contenue dans le *Portrait d'un philosophe*, tracé par Sainte-Beuve dans son article intitulé *Méditations sur l'essence de la religion chrétienne*, par *M. Guizot* (*Nouveaux Lundis*, t. IX, 14 novembre 1864).

APPENDICE

I

M. JULES RENOUVIER

(Se rapporte à la page 33.)

A la mort de M. Jules Renouvier, M. Nefftzer voulut bien insérer ces quelques lignes nécrologiques, qui sont de moi, dans *la Presse* du 2 octobre 1860 :

M. JULES RENOUVIER

La génération politique de 1830 vient de perdre un soldat : la société, un honnête homme, et la littérature, un critique d'art, dans la personne de M. Jules Renouvier.

M. Renouvier est mort âgé seulement de cinquante-six ans.

Le parti démocratique de l'Hérault l'envoya à l'Assemblée constituante en 1848.

Depuis le 2 décembre 1851, M. Jules Renouvier était absorbé par des occupations purement artistiques et archéologiques. L'art occupe, du reste, dans sa vie, plus de place que la politique. La *Revue du Midi*, rédigée par lui autrefois à Montpellier, était le recueil littéraire le plus sérieux qu'on ait jamais pu fonder à deux cent cinquante lieues de Paris.

M. Jules Renouvier défendait le mouvement romantique. La *Revue du Midi* se mêlait aux luttes du parterre de la capitale, et applaudissait de Montpellier aux grandes tentatives de l'auteur d'*Hernani*, dont chaque œuvre était étudiée, analysée avec soin, par M. Jules Renouvier.

Comme on le voit, M. Jules Renouvier n'était en arrière

dans aucune des luttes de 1830. Mais ce qui prouve que l'élément littéraire dominait en lui, c'est que, contrairement aux hommes politiques avancés de son époque, il comprenait l'innovation dans l'art, tandis que la plupart de ces derniers ne pouvaient s'arracher aux œuvres traditionnelles. Il se montra en cela plus intelligent que les plus illustres de ses coreligionnaires, qui repoussaient le grand poëte.

La révolution de Février nomma M. Jules Renouvier commissaire du département de l'Hérault. Les électeurs firent de lui, comme nous l'avons déjà dit, un représentant du peuple.

En 1857, je fus admis à Montpellier dans le cabinet de M. Renouvier. Il venait de publier les *Maîtres graveurs*; ce travail de patience et de recherches laborieuses ne contenta pas son auteur, qui résolut de le recommencer. La bibliothèque formait des ruelles au milieu du cabinet. Il fallut tourner dans ce labyrinthe de livres pour arriver jusqu'au maître du lieu. Il était assis sur un fauteuil antique. Le bureau était antique. La pendule était du dix-septième siècle. Une grande chaise de bois, haute de la hauteur de l'appartement, était dans le fond du cabinet. M. Jules Renouvier, grand et maigre, me tendit une main sèche; mais sa figure avait une expression souriante, pleine de bonté. La réputation d'honnêteté dont il était entouré m'imposait pour lui le plus grand respect. Il me parla de Paris.

« — Oh! me dit-il, que de temps j'ai perdu en province!

— Non, monsieur; vos travaux démentent ce que vous dites.

— Mes travaux ne sont rien en raison de ce que j'aurais fait si j'avais vécu à Paris. »

La vie de M. Jules Renouvier était cependant un voyage perpétuel de Montpellier à Paris. Que de fois l'avons-nous vu, les bras chargés d'in-folios, traversant d'un pas sec et rapide, la tête inclinée, l'œil méditatif, le dos un peu voûté, dans un costume toujours noir, la salle de la Bibliothèque impériale! Et ce n'est pas sans émotion que la nouvelle de sa mort nous a frappé hier, quand, il y a quinze jours à peine, nous l'avions vu dans cette même salle, se livrant sans relâche aux recherches constantes et aux études de toute sa vie.

II

ALBERT CASTELNAU[1]

(Se rapporte à la page 00.)

Messieurs,

Nous avons encore à déplorer la mort d'un membre de la *Cigale*. Albert Castelnau, ancien député de l'Hérault, que vous avez entendu, l'hiver dernier, faisant ici même en quelques mots d'improvisation ému l'éloge funèbre de son ami Alfred Bruyas, Albert Castelnau n'était pas seulement un homme politique, c'était encore un littérateur des plus distingués, un érudit de premier ordre, un helléniste de première main. Il était passionné pour tout ce qui passionne aujourd'hui les esprits d'élite. C'était un raffiné et un dilettante de l'Antiquité grecque et de la Renaissance.

Pendant ses années d'exil, que je n'ai pas à raconter ici, il était parti un jour pour Athènes, et il s'était arrêté à Florence. Il y contracta le goût et l'amour de ce siècle de la Renaissance si grand, si fertile, si semblable au nôtre par ses agitations politiques et ses conquêtes dans l'ordre de la pensée. Castelnau étudia l'histoire des Médicis aux sources; il en rapporta tout d'abord son roman de *Zanzara*, une œuvre tourmentée et bizarre si l'on veut, mais qui contient en germe toutes les inquiétudes de cet esprit fouilleur et chercheur, qui allait se produire dans

---

[1]. Discours prononcé au dîner de la *Cigale*, le 1ᵉʳ novembre 1877. — Voir aussi la dédicace de mon livre, *Plume et Pinceau*.

une grande composition encore inédite, mais heureusement achevée, sur le même siècle des Médicis. Il nous a été donné d'en lire le manuscrit. C'est bien l'œuvre testamentaire de notre ami; ce sera son véritable livre. C'est le tableau le plus complet qu'on ait pu tracer de ces années crépusculaires de la fin du quinzième siècle, déjà toutes resplendissantes de l'aurore du grand siècle de la Renaissance, qui allait suivre. Castelnau attachait avec raison à son ouvrage, aujourd'hui posthume, une très grande importance : il craignait de ne pas le voir imprimer ; la mort n'a que trop réalisé sa prévision, mais nous espérons que la publication de ce livre justifiera bientôt aux yeux de tous ce que nous en disons aujourd'hui[1].

Comme simple journaliste, qu'il nous soit permis de revendiquer Castelnau pour l'un des nôtres, à cause des nombreux articles qu'il a donnés çà et là dans les recueils et journaux les plus célèbres, — et aussi pour la part si libérale qu'il prit de tout temps à l'émancipation de la presse et de la pensée, dans sa ville natale et ailleurs, en aidant de son talent et de sa fortune à la création de nouvelles feuilles. Paris n'avait rien à envier de lui à Montpellier sous ce rapport. Il n'attendait pas le succès pour alimenter un nouveau journal de ses *actions* et de sa plume.

Mais les poètes de la *Cigale* peuvent aussi revendiquer Albert Castelnau pour l'un des leurs. Deux volumes de vers, *Simplice ou les Zigzags d'un bachelier*, et un recueil de Sonnets, très châtiés de forme, reflètent les luttes intérieures de ce vaillant enfant du siècle, qui en avait ressenti tous les tressaillements et toutes les douleurs. Dans son ardente curiosité tournée surtout vers les problèmes intellectuels les plus abstraits, il était le tourmenteur, le bourreau de lui-même. Rien n'exprime mieux les combats qui se livraient en lui que ce moule étroit et défini de la poésie, dans lequel il força un jour sa pensée philosophique de se fixer, payant ainsi le tribut du sage à la Muse que tout littérateur digne de ce nom doit avoir

---

[1]. M. Eugène Castelnau, peintre de talent, a publié l'œuvre de son frère : *Les Médicis* (2 vol. in-8°, Paris, Calmann Lévy, 1879). M. Félix Henneguy donna tous ses soins à la correction des citations italiennes, grecques et latines.

vaincue et assouplie au moins une fois. C'était se conformer au précepte antique qu'il faut avoir mangé des roses.

Je n'ai voulu vous parler, messieurs, que des titres littéraires de notre ami, ceux par lesquels il se rattachait surtout à notre Société. Son fidèle et dévoué secrétaire, M. Edouard Durrane, qui est aussi membre de la *Cigale*, vient de lui consacrer une longue notice, pleine de détails plus intimes, dans la *Republique du Midi*, à Montpellier. Je n'ai fait que résumer ce que j'y avais lu, en y ajoutant ce que mes propres relations avec Castelnau m'avaient appris à connaître de sa nature exquise et délicate, essentiellement tournée vers les choses de l'esprit, et cachant tant d'élévation et de vraie noblesse sous une simplicité plus grande encore. Ce n'est pas renchérir ici sur l'éloge que de répéter de lui ce qu'on a dit des grandes âmes en général : « Elles ne sont pas toujours soupçonnées ; elles se cachent, et souvent il n'y paraît qu'un peu d'originalité. »

L'originalité de Castelnau était dans la trempe de son caractère, qui contrastait si visiblement avec un corps chétif et frêle envers lequel la nature s'était montrée si peu prodigue, qui occupait si peu d'espace dans la vie, qui avait par cela même, peut-être, une tendance marquée à s'effacer encore, que l'esprit conduisait bien véritablement (*mens agitat molem*), et dont l'exiguïté fine eût été une distinction de plus, si le manque apparent et réel de santé n'avait de tout temps averti et effrayé ses proches et ses amis.

Sa mort, qu'on n'attendait pourtant pas si prématurément, a été un vrai deuil et un déchirement cruel pour tous ceux qui l'ont connu et qui par cela même l'avaient aimé. Je vous ai peut-être, messieurs, tenus trop longtemps sous l'impression d'un sujet aussi pénible et aussi douloureux ; mais par les trésors exquis dont son âme était pleine, Castelnau était digne de votre affection à tous, et, comme membre de la *Cigale*, je le dis sans hésiter, chacun de nous a perdu en lui un collègue des plus distingués.

III

PÉRET, MAIRE DE BÉZIERS

(Se rapporte à la page 149.)

A propos des *Bagnes politiques* du second empire, *le Rappel*, dans son numéro du 12 novembre 1869, publiait une lettre déjà ancienne de Louis Blanc — puisqu'elle portait la date du 23 août 1856 — adressée au rédacteur en chef du *Times*, et reproduite par presque tous les journaux anglais.

L'illustre historien dénonçait les horreurs de la vie de forçat que l'on faisait subir aux déportés politiques. Il accumulait les preuves et documents à l'appui. Il citait des lettres. J'en reconnus une, entre autres, qui me rappela le temps où je correspondais avec Mijoul, à Londres.

J'avais été informé, l'un des premiers, à Montpellier, de la mort de l'infortuné maire de Béziers, M. Péret, victime de sa foi politique, et qui n'avait pas voulu croire au succès du coup d'État. « C'est impossible, » dit-il, au moment de franchir la frontière d'Espagne; et il retourna à Béziers. Il y fut arrêté, et passa à Montpellier par le conseil de guerre, présidé par le colonel (futur général) Espinasse.

Le spectacle était navrant. Le grand et malheureux Péret tendait ses poignets aux gendarmes, qui lui mettaient les menottes pour lui faire traverser la cour de la citadelle. Ce vieillard à cheveux blancs, au visage vénérable, dans sa longue redingote, impressionnait, parmi les assistants, les moins disposés en faveur des nombreux accusés politiques assis sur les mêmes bancs.

Il fut déporté à Cayenne.

Voici sa fin, racontée dans la lettre citée par Louis Blanc et que j'avais écrite à Mijoul :

« Chaque vaisseau qui arrive des rivages pestilentiels de Cayenne apporte la nouvelle de la mort d'une victime.

» Le dernier qui a succombé est Péret, qui fut, en 1848, maire de Béziers, homme généreux qui souffrait vivement, lui qui était riche, de l'idée qu'un si grand nombre de ses semblables mouraient de faim, et qui s'était toujours tenu prêt à sacrifier sa fortune et sa vie à la cause de l'humanité.

» Ayant été déporté à Cayenne pour avoir résisté au coup d'État de Décembre, il tenta, avec cinq de ses compagnons, de s'évader du tombeau où ils étaient enterrés vifs. Mais le bateau dans lequel ils s'échappèrent pendant la nuit fut poussé par la mer contre les rochers. Péret, embarrassé dans son manteau, se noya. Les cinq autres ont survécu. Mais quelle existence! Pendant deux jours, ils vécurent des coquillages qu'il leur fut possible de trouver sur un roc désolé, au milieu de l'Océan, qui menaçait à tout instant de les engloutir. Enfin, l'un d'eux résolut de risquer sa vie pour le salut des autres. Il s'élança dans la mer, et, après avoir nagé trois heures, il atteignit la terre. Malheureusement, la terre, c'était... la Guyane. Il ne put sauver sa vie qu'en se rendant prisonnier. Ce fut en les plongeant dans un cachot, qu'on arracha les quatre compagnons de Péret à la mer; — tombe pour tombe. »

J'ai vu, en 1885, à Barjols, un vieillard, le citoyen Blanc, qui avait été compagnon de chaîne de Péret à Cayenne, et qui m'a fait un récit semblable de sa mort.

IV

« LA SUCCESSION LE CAMUS »

(Se rapporte à la page 191.)

J'ai retrouvé, dans les papiers de Sainte-Beuve, cette lettre que je lui écrivais, pendant qu'il composait son article sur les frères Le Nain (5 janvier 1863) :

Mon cher maître,

J'ai été témoin, en 1861, de l'inquiétude de M. Champfleury, recevant une lettre de son éditeur Poulet-Malassis, qui l'avertissait du refus de l'estampille, fait à *la Succession Le Camus*. Il y allait de la vente dans les gares de chemins de fer. « Il ne me reste plus qu'à chercher une industrie, disait M. Champfleury, puisqu'on ne veut pas me laisser vivre de mon travail. La profession d'homme de lettres devient impossible. Je me sens heureusement encore assez de ressort pour entreprendre une autre carrière. Mais qu'y a-t-il dans ce roman pour qu'on en entrave la vente? Si l'on interdit celui-là, qu'autorisera-t-on? » Il s'adressa au baron Sérurier, rapporteur de la commission du colportage, qui lui dit : « Vous attaquez la religion... — En quoi? demanda M. Champfleury, étonné. — Vous avez mis, dans votre roman, la statue d'un curé en faïence au fond d'un jardin; les enfants vont s'asseoir sur ses genoux en mangeant de la confiture, et lui en barbouillent la figure... »

M. Champfleury est grand amateur de faïences et ne doit peut-être ce goût qu'aux impressions premières de son enfance. La statue du curé en faïence n'est pas une invention de sa part; il en a vu dans les jardins de bourgeois en Picardie, recouvertes d'un chapeau de plomb pour les abriter contre la pluie.

L'obstacle mis à la vente de son livre lui causait moins d'inquiétude pour lui-même que dans l'intérêt général et supérieur de tous ses confrères. L'interprétation du baron Sérurier lui donnait à réfléchir. Il se demandait quel livre serait reconnu moral, quel livre ne le serait pas. *La Succession Le Camus* n'est pas un roman d'amour. On lui a même fait, à cause de cela, le reproche de n'être pas intéressant. L'auteur, sans se faire illusion sur le mérite de son œuvre, avait eu le projet de la présenter au concours de l'Académie pour le prix Montyon. A dire vrai, et si vous me permettez, mon cher maître, de vous exprimer mon impression personnelle dont je vous fatigue quelquefois, la *Succession Le Camus* est une de ces études éminemment *bourgeoises*, tout le contraire de ces romans *historiques* de cape et d'épée, qui passionnent tant : c'est un tableau de genre, une peinture de mœurs, rappelant les scènes de la vie anglaise reproduites par la gravure ou les romanciers de ce pays. Ce n'est pas plus amusant que cela.

Cette *Succession Le Camus* a eu pourtant sur un jeune homme une influence salutaire.

Ce jeune homme, épave provinciale, portait à Paris ses vingt ans, comme beaucoup de jeunes déclassés, fatigués de ne rien faire dans leur ville natale, et qui viennent battre le pavé de la capitale sans vocation décidée. Il tomba sur la *Succession Le Camus* un peu au hasard, et il y lut sa propre histoire : celle du petit Édouard May, qui, après avoir mené une vie inutile — sinon dissipée — en province, y avoir dépensé cinq ans (à lire les journaux) dans les cafés, avoir subi des peines correctionnelles (pour des illusions de jeunesse), s'être fait prédire cent fois qu'il ne ferait jamais rien, — et n'étant pas bien sûr que la prédiction ne se réalisât pas, — arrive à Paris, se met au travail (parce que le jeune homme, dont je parle, voit dans ce livre l'abîme de paresse ouvert devant lui), devient l'ami d'un *médecin* célèbre, qui lui trouve des dispositions, l'intéresse à ses propres travaux, et le met dans la bonne voie.

Quand il retourne dans sa famille, cinq ans après, c'est un homme transformé.

Le seul amour du livre est un amour de jeunesse et de province, interrompu nécessairement par le séjour de Paris, — un roman qui n'a ni commencement ni suite.

Je ne pousserai pas le parallèle plus loin, mon cher maître, si parallèle il y a.

L'impression que cette lecture fit sur ce jeune homme a été très *désastreuse*, et c'est un exemple de plus à ajouter à l'influence des romans *pernicieux*. Il se crut un petit May (le personnage principal du roman de M. Champfleury), et s'efforça de l'imiter; mais, si sa volonté a trahi ses efforts, s'il n'a pu atteindre à la hauteur de son modèle, il est heureux de rendre auprès de vous, mon cher maître, ce témoignage à une œuvre considérée par des esprits prévenus comme *immorale*, et qui, sans l'intervention et l'amitié du docteur Yvan, allait être proscrite des gares de chemins de fer.

M. Champfleury faisait cette objection : « Vous interdisez mon livre dans les gares de chemins de fer, et vous le laissez vendre en ville. C'est donc pour les voyageurs de chemins de fer seulement que vous redoutez les *mauvaises lectures*?[1] »

---

[1]. La mort de Champfleury, mon premier maître et mon ami — le 6 décembre 1889 — a été un écroulement pour moi.

V

M. RANC ET MADAME DE GASPARIN

(Se rapporte aux pages 277 et 282.)

M. Ranc me fournit un témoignage fortuit de la conscience littéraire de Sainte-Beuve.

Dans le deuxième article sur *Mademoiselle Eugénie de Guérin et madame de Gasparin*, qui venait de paraître dans *le Constitutionnel* (9 janvier 1865), Sainte-Beuve qualifiait d'expressions « vierges » celle-ci, entre autres, *avaient passé fleur*, employée par madame de Gasparin à propos des arbres qui sont déjà en mai dans le vallon, quand ils ne sont encore qu'en avril au sommet du col.

L'ardent et vaillant lutteur, que n'a cessé d'être M. Ranc, très affectionné de tout temps aux choses littéraires, écrivit à Sainte-Beuve, sans signer sa lettre, que l'expression, dont il faisait honneur à l'auteur des *Horizons prochains*, était commune chez les jardiniers du Poitou pour désigner ce premier moment du passage de la fleur au fruit.

En reproduisant son article dans les *Nouveaux Lundis* (t. IX), Sainte-Beuve tint compte de l'observation anonyme, dont il ne soupçonnait pas la provenance.

Il reproduisit en note le passage rectificatif de la lettre

de M. Rane, mais il maintint quand même et revendiqua pour madame de Gasparin le droit de nouveauté, qui consiste justement, selon lui, « à introduire de ces sortes d'expressions naturelles dans la langue écrite ou littéraire, et c'est ce dont je loue l'écrivain », ajoute-t-il.

FIN

TABLE

A MON AMI CAMILLE RASPAIL.................... 1

PREMIÈRE PARTIE

    I. — PAPÈTE.. 1
   II. — MON PÈRE.................................... 14
  III. — L'INSTITUTION BOULEY....................... 18
  IV. — PARTIES DE PLAISIRS........................ 20
   V. — GARNIER-PAGÈS ET JACQUES BRIVES........... 28
  VI. — 1848.. 33
 VII. — VIVE RAISSAC !............................. 37
VIII. — L'ARBRE DE LA LIBERTÉ..................... 42
  IX. — LEÇONS D'ACADÉMIE.......................... 44
   X. — ARISTIDE OLLIVIER......................... 58
  XI. — LE 2 DÉCEMBRE.............................. 62
 XII. — MAMÈTE..................................... 75
XIII. — LE PÈRE JOSEPH............................ 83
 XIV. — JEAN-BAPTISTE SOULAS....................... 86
  XV. — VIVE L'AMNISTIE............................ 98
 XVI. — M. CABOT.................................. 99
XVII. — M. GERMAIN................................ 105
XVIII. — M. SAINT-RENÉ TAILLANDIER................ 110
 XIX. — BERGMANN ET PROUDHON..................... 114
  XX. — L'ABBÉ FLOTTES........................... 118
 XXI. — LA JEUNESSE DE CONDINET.................. 120
XXII. — M. ACHILLE KUHNHOLTZ..................... 126
XXIII. — PHYSIONOMIES LITTÉRAIRES................. 128
XXIV. — PIERRE BONAPARTE......................... 130
 XXV. — FÉLIX PYAT A LONDRES..................... 141
XXVI. — COURBET.................................. 145
XXVII. — M. CHAMPFLEURY.......................... 149
XXVIII. — EN PRISON............................... 154
XXIX. — M. COMBESCURE, SÉNATEUR................. 165

DEUXIÈME PARTIE

 I. — UN BAPTÊME AUX BATIGNOLLES.................. 169
II. — DEGLI ALPI ALL' ADRIATICA................... 173

III.	— LA MASCARADE DE LA VIE PARISIENNE....	187
IV.	— RICHARD WAGNER..............................	195
V.	— TABLEAUX ET CURIOSITÉS.....................	201
VI.	— BAUDELAIRE...................................	204
VII.	— LE DOCTEUR VEYNE............................	210
VIII.	— ENTERREMENTS PRÉMATURÉS...................	217
IX.	— UN DISCOURS DE RASPAIL.....................	223
X.	— SAINTE-BEUVE MORALISTE.....................	225
XI.	— MON ENTRÉE CHEZ SAINTE-BEUVE...............	234
XII.	— JOSEPH DELORME.............................	244
XIII.	— MON JOURNAL.................................	251
XIV.	— LITTÉRATURE ET POLITIQUE...................	259
XV.	— L'AUTEUR DE « SAINTE-BEUVE ET SES INCONNUES »..................................	264
XVI.	— MANIÈRE DE TRAVAILLER DE SAINTE-BEUVE.	274
XVII.	— LE SOIR.....................................	279
XVIII.	— CONVERSATION AVEC M. BULOZ................	290
XIX.	— MADAME DE SOLMS............................	295
XX.	— ENTRETIENS DE GOETHE ET D'ECKERMANN..	299
XXI.	— A CHATOU....................................	305
XXII.	— SAINTE-BEUVE ET SON CURÉ..................	309
XXIII.	— M. LAGAER..................................	314
XXIV.	— L'ANNÉE 1867...............................	317
XXV.	— LE PRINCE NAPOLÉON........................	325
XXVI.	— HISTOIRE D'UN BUSTE........................	327
XXVII.	— LES AMIS DE LA FIN.........................	334
XXVIII.	— SAINTE-BEUVE ET PUDNER....................	341
XXIX.	— LE TEMPS...................................	348
XXX.	— LE JOURNAL DES GONCOURT....................	353
XXXI.	— DERNIÈRE SORTIE............................	357
XXXII.	— LE PRINCE NAPOLÉON ET SAINTE-BEUVE...	360
XXXIII.	— GUIRLANDE FUNÈBRE..........................	363

APPENDICE

I.	— M. JULES RENOUVIER.........................	383
II.	— ALBERT CASTELNAU...........................	385
III.	— PÉRET, MAIRE DE BÉZIERS....................	388
IV.	— LA SUCCESSION LE CAMUS.....................	390
V.	— M. RANC ET MADAME DE GASPARIN..............	393

www.ingramcontent.com/pod-product-compliance
Lightning Source LLC
Chambersburg PA
CBHW052034230426
43671CB00011B/1648